헌법 개정의 정치

– 무엇을 어떻게 바꿀 것인가 –

헌법 개정의 정치

– 무엇을 어떻게 바꿀 것인가 –

강원택 편

인간사랑

Contents

제3부 헌법 개정의 몇 가지 쟁점

책을 펴내면서

민주화 이후 20여 년을 보내면서 변화된 상황에 맞는 새로운 정치체계에 대한 사회적 관심이 높아지고 있다. 이런 움직임은 대통령직선제로 대표되는 절차적 민주주의가 자리를 잡으면서 그간의 시행착오를 토대로 보다 효율적이고 안정적인 정치질서를 모색하려는 노력으로 볼 수 있다. 미래지향적인 관점에서 헌법을 개정할 필요가 있다는 주장은 비단 학계에서 뿐만 아니라 정치권에서도 이미 제기된 바 있어서 2007년 노무현 대통령은 원 포인트 개헌을 제안한 바 있고, 최근 들어 이명박 대통령 역시 개헌이 필요하다는 점을 역설한 바 있다.

그러나 그동안 이뤄진 개헌 논의의 방향은 대체로 현행 헌법의 문제점으로부터 출발하여 개정의 필요성이나 정당성을 찾으려고 하는 것이었다. 말하자면 현행 헌법상의 문제를 교정해야 한다는 대증적(對症的) 처방에 관심을 기울였다. 그러나 헌법 개정에 대한 논의는 단기적이고 대증적인 처방을 넘어서 보다 근본적인 수준에서 이뤄지는 것이 적절하다고 생각된다.

과거 우리나라에서 이뤄진 헌법 개정의 역사를 되돌아보면 어떤 형태의 정체(政體)를 이루겠다고 하는 목표에 대한 논의가 충분치 않았다. 심지어 건국을 위한 헌법 제정 단계에서도 원래 합의된 통치형태가 하루아침에 바뀌는 등 긴 안목에서 안정적 통치체제를 이루기 위한 깊이 있는 논의와 그에 대한 사회적 합의가 이뤄지지 못했다. 그 뒤의 개정에서는 정권장악, 집권자의 장기집권 등을 목적으로 헌법 개정이 악용되었다. 1987년 민주화 이후 여야가 합의하여 만든 현행 헌법은 역사상 가장 오랜 기간 동안 유지되고 있지만, 내용상으로 볼 때는 당시 민주화의 핵심적 주장이었던 대통령직선제 요구를 반영하는 데 그쳤을 뿐, 우리나라 정치제도 운영의 원리와 민주주의 가치실현에 대한 깊이 있는 성찰은 이뤄지지 않았다.

최근의 개헌 논의 역시 권력구조 개편과 같은 정치공학적 접근에 치중되어 있을 뿐, 미래 한국 정치의 근간에 대한 사회적 합의 도출의 노력은 부족해 보인다. 과거 헌법 개정 과정에서 범했던 잘못을 반복하지 않기 위해서는 역사적 · 사상적 · 제도적 · 규범적 측면에서 헌법 개정의 의미와 전망에 대해 폭넓은 논의가 이루어지는 것이 중요하다고 생각된다. 이 연구는 바로 이와 같이 헌법을 개정하고자 할 때 고려해야 할 논의의 다양한 전제와 방향에 대한 고민으로부터 출발하고 있다.

그러나 '헌법의 개정'은 현실적으로 정치행위자들에게 매우 커다란 영향을 미치는 민감한 사안이기도 하다. 따라서 헌법 개정이 실현되기 위해서는 학문적 토의뿐만 아니라 개헌정치가 갖는 현실 정치적 의미도 살펴보아야 한다. 이를 위해서 우리 연구진은 정계, 언론계, 학계, 시민단체에서 활동하는 명사들을 초청하여 개헌에 대한 의견을 나누었고 공감대를 형성하기 위해 애썼다. 그동안 연구 모임에 참석하여 좋은 의견을 개진해 준 양상훈 조선일보 부국장, 김영춘 전 열린우리당 의원, 전영기 중앙선데이 편집국장, 김성식 한나라당 의원, 남경필 한나라당 의원, 이대근 경향신문 논설위원, 김부겸 민주당 의원, 하승창 희망과 대안 상임운영위원, 유정복 한나라당 의원, 최장집 고려대 명예교수, 조승수 진보신당 의원, 정두언 한나라당 의원께 감사의 말씀을 드린다.

또한 지난 4월 27일에는 서울 상공회의소 회의실에서 그간의 연구성과를 발표하는 자리를 마련했다. 당시 학술회의에서 매우 진지하고 생산적인 논의가 이뤄질 수 있도록 유익하고 날카로운 토론을 해준 김용호 인하대 교수, 이두아 한나라당 의원, 김호기 연세대 교수, 김의겸 한겨레신문 정치선임기자, 정종섭 서울대 교수, 김진국 중앙일보 논설위원, 장훈 중앙대 교수, 조성대 한신대 교수, 황수익 서울대 명예교수, 김재한 한림대 교수, 박두식 조선일보 논설위원, 임지봉 서강대 교수께 감사한다. 학술행사를 보도 후원해 준 중앙일보 이상일 정치부장께도 감사드린다.

함께 논의과정에 참여하지는 않았지만 그동안 우리와 유사한 문제의식을 갖고 꾸준한 연구작업을 해온 김용호 교수가 조영희 박사와 공저한 귀중한 글을 이 책에 함께 실을 수 있게 된 것도 매우 기쁜 일이다.

이 연구는 미래한국재단의 지원에 의해 이뤄졌다. 이 연구에 큰 관심을 갖는 한편 연구자들이 소신껏 연구활동을 할 수 있도록 묵묵히 지원해 준 재단 측의 배려에 감사드린다.

2010. 10. 30.

연구진을 대표하여

강원택

I.
헌법 개정 뒤돌아보기

제1장

1987년 헌법의 역사화와 시대적 소명

_조지형

I. 들어가면서 : 87년 헌법과 역사화의 조건

1987년 10월 27일, 대통령직선제를 골자로 하는 제9차 헌법 개정안이 국민투표로 확정되었다. 현행 헌법인 87년 헌법이 가능하게 된 것은 오랜 민주화 항쟁의 끈질긴 투혼의 결과였다. 또한 제12대 국회를 위한 1985년 2·12 총선에서 완승을 거둔 야 3당의 대통령직선제 요구, 전두환 대통령의 4·13 호헌조치와 6·10 노태우 대통령후보 지명, '박종철 고문치사 사건' 등의 폭력성과 야만성을 드러낸 인권침해 사건에 대한 국민의 강렬한 저항과 분노, 그리고 노태우 대표위원의 6·29 선언은 87년 헌법의 제정을 가능케 한 시대전환의 동력이었다.

또한 87년 헌법은 당시 여당인 민정당의 4인과 야당인 민주당의 4인으로 구성된 8인 정치회담에 의해 결정되었다. 6·29 선언 직후 구성된 8인 정치회담은 7월 31일부터 9월 16일까지 100여 개의 헌법 쟁점사항에 관하여 협상하고 완전합의에 도달함으로써 87년 헌법의 거의 대부분을 결정했다.[1] 그러나 국회헌법 개정특별위원회는 형식적으로 운영되었고 8인 정치회담의 협상결과에 대해 불만을 터뜨리는 것 이외에 거의 아무런 영향을 주지 못했다. 다만, 헌법개정안기초소위원회에서 전문과 본문 10장 130조 및 부칙 6조의 헌법개정안을 기초하였을 뿐이다. 말하자면 8인 정치회담의 8인이 "87년 헌법의 아버지"인 셈이다.

그러나 불행하게도 적어도 현재까지는 8인 정치회담에 참여했던 '아버지들'의 역사적 기록은 이용할 수 없다. 87년 헌법의 개정과정에 관한 이들의 직접적인 경험을 수록한 기록이 처음부터 존재하지 않았을지도 모른다. 이런 이유 때문에 8인 정치회담 주역들에 대한 헌정사적 논의조차 이루어진 적이 없다. 헌정사 기록의 부재(不在)는 필연적으로 현존 사법권력의 절대화를 초래하기 마련이다.

왜 8인 정치회담의 '아버지'들의 기록이 중요할까? 18세기 영국의 저명한 법학자 윌리엄 블랙스톤(Sir William Blackstone)은 언어의 모호성으로 인해 논란이 야기되는 경우 제정법 해석에서 다섯 가지 요소를 고려해야 한다고 지적했다. 그 다섯 가지 요소란 해당 법률의 문언(words), 콘텍스트(context),[2] 적용대상(subject-matter), 적용효과와 결과, 그리고 해당 법률의 정신과 이성(reason)이다(Blackstone, 1979 : 1 : 91). 블랙스톤은 이들 가운데 해당 법률의 진정한 의미를 발견하는 데 있어 가장 보편적이며 효과적인 요소로서 해당 법률의 '정신과 이성', 즉 법률제정자의 입법취지를 손꼽았다.

헌법의 해석에 있어서도 마찬가지이다. 8인 정치회담 주역들의 기록은 헌법의 정신과 이성을 이해하는 데 매우 중요한 자료가 되는 것이다. 미국 연방대법원의 판결문에는 "미국 헌법의 아버지" 제임스 매디슨(James Madison)과 여러 헌법제정자들(the Framers)이 항상 거론된다. 미국은 국민주권의 원칙에 기초한 민주국가이지만 미국 헌법의 '정신과 이성'이 그들에게서 비롯되기 때문이다. 그러나 매디슨의 필라델피아 제헌회의 비망록은 회의가 끝난 이후에 즉각 공개되지 않았다. 제헌회의 그 자체가 일반에 공개되지 않았던 비밀회의였던 때문이다. 매디슨의 비망록이 일반에 공개된 것은 그가 사망한 이후 연방의회가 그의 비망록을 구하여 출판한 1840년의 일이다(조지형, 2007 : 327). 이는 필라델피아 제헌회의(1787)가 개최된 지 무려 53년 후의 일이다.[3] 이처럼 8인 정치회담 주역들이 정치회담의 타협과정과 합의내용을 적어놓은 기록을 언젠가 공개한다면 87년 헌법에 대한 이해와 존경은 한층 고양될 것이 틀림없다.[4]

이 같은 사료의 절대적 한계 속에서 87년 헌법을 역사화하는 작업은 사실상 거의 불가능한 일이다.[5] "사료가 없으면 역사도 없다"(Langlois & Seignobos, 1898 : 17)는 역사학의 언명을 굳이 거론할 필요조차 없다. 그러나 본 발표에서는 87년 헌법이 어떻게 만들어졌는지를 조심스럽게 재구성하고자 한다. 특히 정치협약적 성격이 87년 헌법에 어떻게 구현되었는지에 대해 초점을 맞추게 될 것이다. 여느 헌법처럼 87년 헌법 역시 결국에는 정치적 산물이자 타협의 결과일 수밖에 없지만(신우철, 2002), 87년 헌법은 민주화 운동 주도세력이었던 민주헌법쟁취국민운동본부를 어느 정도 배제하고 국민의 참여범위를 최대한 제한했던 구체제 정치 엘리트들의 정치 게임의 결과였으며, 개헌 의제에서 직선제 개헌이라는 최소강령적 요구만을 실현하면서 실질적인 민주화의 의제를 모호하게 정의하거나 의도적으로 회피한 정치협약이었다(최장집, 2002).

본 연구에서는 정치협약의 당사자인 정치 엘리트들을 모두 살펴볼 수는 없다. 이 역시 지면의 한계와 더불어 사료의 한계에서 기인한다. 필자에게 주어진 사료란 주로 개헌안, 신문기사와 주요 정치인과 언론인들의 회고록 등이다. 사료의 단편성과 편협성 때문에 이에 근거한 주장 역시 단편적이고 편협할 가능성이 있다. 그럼에도 불구하고 87년 헌법의 역사화를 통해 이를 역사의 귀감으로 삼고 현실을 직시하며 미래의 지평을 열고자 하는 의지를 폄하하거나 포기할 수는 없다.

본 연구에서는 주로 제1야당이었던 신민당(1987년에는 통일민주당)을 중심으로 87년 헌법의 형성과정을 살펴볼 것이다. '80년 서울의 봄' 에 실패했던 개헌이 어떻게 89년에는 성공에 이르게 되었을까? 80년의 헌법안들이 어떤 과정을 통해 변화하고 87년 헌법이 정치협약적 성격을 가지게 되었을까? 이 과정에서 드러난 89년 헌법의 민주성 문제는 헌법 개정 없이 충분히 용인되거나 감내할 만한 것인가? 이 문제에 대답하기 위해서는 우선적으로 87년 헌법의 역사적 형성에 대한 실증적인 검토가 이루어져야 한다.

II. '80년 서울의 봄'과 상실된 기회

87년 헌법의 궁극적 뿌리는 1948년의 건국헌법이지만 직접적으로는 제3공화국 헌법에 근간을 두었고 '80년 서울의 봄'에서 자양분을 얻었다. 10 · 26으로 박정희 대통령이 역사의 무대에서 사라지자 유신헌법을 대체하려는 국민의 열망이 분출했다. 유신헌법 하에서는 개헌의 '개'(改)자도 언급할 수 없었던 상황이었다가 10 · 26으로 "개헌열풍에 헌법학 교수"들이 "불티나게 팔리고 갑자기 외유하는 호강까지" 누리는 상황으로 변했다(《조선일보》, 1980. 2. 3). 1980년에 개헌은 거역할 수 없는 시대적 소명이 되었다.

이와 같은 소명에 가장 민첩하게 대응한 것은 국회의 헌법개정심의특별위원회였다. 국회 개헌특위는 최규하 대통령권한대행과 김영삼 총재의 작품이었다. 1979년 11월 10일, 최규하 대통령권한대행은 시국특별담화에서 "현실적으로 가장 빠른 기간 내에 각계각층의 의견을 광범위하게 청취하여 헌법을 개정하고 그 헌법에 따라 선거를 실시"하겠다고 공약했다(《조선일보》, 1979. 11. 10). 국민들은 3개월, 늦어도 6개월 후에는 새로운 헌법을 토대로 새로운 시대를 열 수 있을 것이라는 희망과 기대에 가득 찼다. 11월 23일, 김영삼 총재는 최규하 대통령대행을 만나 3시간 넘게 시국 전반에 걸쳐 요담했다. 이 회담에서 최규하 대통령대행은 국회에서 헌법 개정 관련 특별위원회가 구성되어 우선 개헌 논의가 진행되는 것에 아무런 이의가 없음을 밝힘으로써 개헌특위가 구성되었다.

국회 개헌특위는 이례적으로 각각 14명씩 여야 동수로 구성되었다. 비록 원내총무 회담결과로 위원장은 공화당의 김택수 의원이 맡기로 타협되었지만, 여야 동수에 의한 구성은 각계각층의 의견을 묻고 전 국민적인 합의를 이끌어내겠다는 민주적 의지를 실천한 결과였다. 정당별로는 공화당 7명, 유신정우회(維新政友會) 7명, 신민당 13명, 통일당 1명으로 구성되었다. 개헌특위는 만장일치제로 운영하기로 결정하였다. 만장일치 운영원칙은 여야 합의에 도달하는데 어려움을 줄 수 있을 것으로 예상되어 국회 안팎에서 걱정과 우려가 적지 않았으나 일방적인 독주를 방지하기 위한 장치로서 수용되었다. 또한 국회 회기가 끝나더라도 개헌특위는 이에 관계 없이 계속 활동하는 것으로 합의되었다. 이는 가급적 빠른 시일 내에 국회의 헌법개정안을 확정하려는 의지를 보여주는 것이었다.

초기에 국회 개헌특위는 야당의 신속한 헌법 개정 추진으로 추진력을 얻었다. 이미 유신체제 하에서 헌법 개정을 주장하여 긴급조치 위반으로 입건되기도 했던 신민당은 10·26 직후 헌법개정안 작성에 착수하여 12월 27일에 헌법 개정 요강을 발표했다. 신민당은 공청회를 거쳐 이듬해 2월 초에 헌법시안을 확정지었다. 또한 1974년 11월에 개헌시안을 작성하고 개헌투쟁을 벌였던 민주통일당도 기존 안을 수정하여 1980년 1월 14일에 헌법시안을 발표했다.

각종 사회단체의 개헌 움직임도 국회 개헌특위에 힘을 실어주는 것처럼 보였다. 김철수 교수를 비롯한 6명의 학자는 1980년 1월 17일에 헌법안("6인학자안")을 발표했다. 기본권의 천부인권성을 강조한 6인학자안은 6년 단임의 권력분산형 대통령제에 의원내각제 요소를 대폭 가미한 것이었다. 대한변호사협회도 서울변호사회와 서울제일변호사회의 안 등을 절충하여 국무회의를 의결기관으로 하는 대통령제의 헌법안을 제시하였다. 또한 각종 사회단체들도 그 나름대로의 헌법안 또는 개헌 요강을 제시하거나 그들의 권익에 직결된 문제와 관련해 특정 권리를 요구했다. 한국여성유권자동맹은 의원내각제를 주장하는가 하면 대한교련은 교육의 전문성 보장과 교원의 우대를 요구했고, 한국노총은 노동 3권의 완전한 보장을 주장했다.

그러나 국회 개헌특위 활동의 앞길은 그리 순탄하지만은 않았다. 여권이 헌법 개정에 대해 냉담하거나 미온적인 태도를 견지했기 때문이었다. 공화당은 2월 11일에 가서야 대통령중심제를 골자로 하는 헌법 개정 요강을 마련했다. 유신헌법의 산물인 유신정우회(維新政友會)는 10·26 직후 의원총회에서 개헌안을 마련하지 않기로 결정했다가 다시 개헌안을 마련한다는 의사를 밝혔으나 구체적인 안은 제시하지 않은 채 5월 초에 이르러서도 "개헌시기를 가능한 한 늦추기를 원하고 있는" 듯한 행태를 보이고 있었다(김철수, 1986 : 296). 공화당의 뒤늦은 헌법안 제출로 국회 개헌특위 소위원회는 4월 14일에 이르러서야 절충안을 거의 확정했다. 절충안은 기본적으로 제3공화국 헌법으로의 복귀를 대전제로 하여 약간의 새로운 기본권을 첨가하는 방식으로 작성되었다.

그러나 과도정부의 성격에 대한 여야 정당과 정부의 견해 차이는 국회 개헌특위의 성공적인 활동에 큰 장애가 되었다. 1979년 12월 21일, 유신헌법의 규정에 따라 최규하 대통령대행은 대통령에 취임하면서 자신의 정부를 '위기관리 정부'로 정의했다. 지난 11월 11일에 그는 "새로 선출되는 대통령은 현행 헌법에 규정된 잔여임기를 채우지 않고" 국민적 합의로 새로운 헌법을 개정하고 정권을 이양해야 한다고 주장한 바 있었다. 따라서 여야 정당과 국회 개헌특위는 국회가 헌법개정안을 마련하면 대통령은 국회 개헌안을 그대로 공포하고 국민투표에 회부할 것이라고 기대하였다. 신민당의 박관흠 대변인은 국회 개헌특위를 통해 "민주적 개헌안을 만들어 국회안으로 확정짓고, 이를 정부에 이송하여 그대로 국민투표에 붙여 확정짓게 할 생각"임을 밝혔다(《조선일보》, 1979. 12. 21). 여야 정당과 국회 개헌특위는 과도정부 대통령의 역할은 단지 '우편배달부'의 역할 정도라고 생각했던 것이다.

그러나 최규하 대통령은 취임식에서조차 과도정부의 성격을 달리 규정했다. 그는 국회의 개헌특위와는 별도로 정부도 사회 각계 각층의 의견을 광범위하게 듣고 헌법을 연구하고 검토할 예정임을 밝혔다. 이는 단순히 국회 개헌안을 그대로 공포하지는 않을 것임을 시사하는 것이어서 헌법 개정의 주도권 문제가 정치문제로 부상할 것이라는 점이 쉽게 예상되었다. 12월 26일에 국회 개헌특위 위원장 김택수 의원은 "정부 주도로 마련한 개헌시안과 개헌특위가 성안한 시안이 내용상 큰 차이가 있을 경우 국민총화를 이루는 데 문제가 있게 된다"고 경고하고 "가능한 한 정부가 개헌안에 관한 의견을 국회로 보내 국회안으로 단일화해야 한다"고 쐐기를 박아 국회의 개헌 주도권을 정당화하고자 했다(《조선일보》, 1979. 12. 26).

국회의 개헌 주도권에 가장 근본적인 장애물은 유신헌법의 개헌절차 규정이었다. 유신헌법의 규정에 따르면, 국회 개헌안은 통일주체국민회의에 회부되어 그 의결로 확정되는 반면, 대통령이 발의한 개헌안은 국민투표에 회부되어 국회의원 선거권자 과반수의 투표와 투표자 과반수의 찬성을 얻어 확정된다. 그런데 새로운 헌법의 정통성과 민주성을 확보하기 위해서는 반드시 국민투표가 필요했다. 국회 개헌특위는 현행 헌법인 유신헌법에 따라 권위를 가지고 있는데, 유신헌법에 따르면 대통령을 거치지 않고서는 국민투표의 절차를 밟을 수 없고, 유신헌법을 무시하고 국회가 직접 국민투표에 붙이면 위헌이 되는 자가당착에 빠지게 되었다.

개헌절차의 딜레마를 인지하고 있던 많은 지식인들과 학생들은 국회나 정부가 아니라 국민이 주도권을 가지고 헌법 개정이 아닌 헌법 제정을 해야 한다고 주장했다. 일찍이 1979년 12월 13일, 한 주요 신문 칼럼에서 권영성 교수는 유신체제의 정통성 문제를 해결하고 평화적 정권이행의 역사적 사명의 완수를 위해 최규하 대통령 하에서 "안정과 질서를 유지하기 위한 준비가 어느 정도 완료되는 3-4개월 후에는 국회를 해산하고 신헌법 제정을 위한 '제헌국회'를 소집해야" 한다고 역설하고, 그것이 최규하 대통령의 "'산파역 정부'의 역사적 소명을 완벽하게 수행하는 것"임을 강조했다(권영성, 1979). 이듬해 1월 16일 국회 개헌특위가 개최한 첫 공청회에서 김철수 교수는 헌법 전문에서 보이는 바와 같이 국민이 헌법제정권과 헌법개정권이 있으므로 유신헌법의 헌법 개정 절차를 무시하고 국회가 헌법 제정회의법을 제정하여 헌법 제정회의에서 새로운 헌법을 제정하는 것이 바람직하다는 의견을 피력했다(국회, 1980a). 다른 한편 유신헌법의 정통성과 정당성 자체를 거부한 재야와 대학생들에게는 유신헌법에 따른 헌법 개정은 전혀 의미가 없었다. 대학생들이나 통일사회당 등은 유신헌법을 폐지하고 새로운 헌법을 제정해야 한다고 주장하고 "통일헌법에의 전제가 될 [새로운] 헌법의 제정을 요구"했다(김철수, 1986 : 294).

유신헌법의 철폐를 모토로 삼았음에도 불구하고 국회 개헌특위는 헌법 제정회의 방식이나 직접적인 국민투표 회부방식 등의 급진적 방식을 끝내 수용하지 않았다. 이 결정에는 국회가 국민 다수의 의사를 집약적으로 대표하고 국민적 합의를 이끌어내는 헌법기관이라는 자부심과 더불어 급진적인 방법을 채택하면 국회 개헌특위의 노력이 결국 유명무실하게 될지도 모른다는 불안이 작용했다. 헌법 개정 일정상 주도하는 것이 실질적인 개헌 주도권을 가져다 줄 것이라고 자위하기도 했다. 그래서 국회 개헌특위는 개헌일정을 가능한 한 앞당기려고 분투했다. 그러나 이 결정은 무엇보다도 급진적 방식이 당시 정당의 권력분배구조를 교란시킬 수도 있다는 정당정략적 판단에 근거하였을 것이다. 국회 개헌특위 박찬종 의원(공화)이 토로한 것처럼 제헌회의 방식은 "우리가 바라는 안정 속의 정치일정을 기대하기가 대단히 어렵"기 때문이었다(국회, 1979). 1979년 12월 17일, 국회 개헌특위가 정부의 배려나 협조를 전혀 기대할 수도 없는 헌법상 여건과 정치적 상황 속에서도 국회 개헌안이 정부에 이송되었을 때 정부는 "무조건 자구수정 같은 것도 없이 이것을 국민투표에 붙여야 한다"는 취지의 결의를 채택했다(국회, 1979 : 12).

이 결정으로 국회 개헌특위는 유신헌법의 함정에 빠졌다. 국회 개헌특위의 운명은 정부, 보다 정확히 말하자면 최고권력자의 자비에 놓여 있게 되었다. 정부는 유신헌법의 이 점을 충분히 활용하면서 개헌 주도권을 놓치지 않았다. 1월 18일 연두기자회견에서 최규하 대통령은 정부의 개헌안을 위해 이미 법제처 산하에 헌법연구반을 출범시켰으며, 3월에는 정부 헌법 개정심의위원회를 설치할 것이라고 밝혔다. 헌법연구반은 특히 이원집정부제의 유럽 국가들을 조사차 방문함으로써 정부의 개헌안 구상이 이원집정부제에 있음을 강력히 시사했다. 대통령을 직선으로 선출하는 핀란드식의 이원집정부제가 정부 내에서 진지하게 검토되고 있다는 사실이 언론을 통해 알려지기도 했다.

이럴 때마다 여야 정당은 자신들이 정의했던 '과도정부' 역할을 재생산하고 대통령중심 직선제야말로 국민적 합의임을 재차 강조했다. 그러나 별다른 정치적 효과는 없었다. 4월 17일자의《뉴욕타임즈》(*New York Times*) 인터뷰에서 신현확 국무총리가 정부 주도로 핀란드식 이원집정부제의 개헌안을 국민투표에 붙이며 1981년 봄과 여름 사이에 양대선거가 치러질 것임을 밝히자 국회 개헌특위는 국무총리의 출석을 요구하며 강력하게 반발했다. 그래도 여전히 개헌 주도권은 정부에 있었다. 신현확 총리는 5월 3일에 가서야 국회 개헌특위에 출석했고, 그동안 국회 개헌특위는 공전을 거듭해야 했다.

국회의 개헌노력이 유명무실해지는 상황 속에서도 대통령선거전에 버금가는 정치과열로 전국이 몸살을 떨었다. 김대중을 비롯한 긴급조치 위반자 678명에 대한 사면복권조치가 발표된 2월 29일 훨씬 이전부터 대권경쟁이 전국적으로 불붙었다. 4월 중순에 이르러 김대중의 신민당 입당포기 선언과 뒤이은 신당창당 및 대통령 출마의사 시사로 야권은 분열되고 3김의 대권경쟁은 가속화되었다. 신민당 내에서 동교동 세력이 주도권을 장악할 가능성이 없자 "신민당이 10·26의 주역도 신민당이고 민주주의의 구심점도 자신들이라고 하는 등 역사관의 차이로" 김대중은 신민당과 재야의 협력을 거부할 수밖에 없다고 자신의 입장을 정당화했다(김대중, 1980).

이러한 가운데 4월 15일 전두환 국군보안사령관이 중앙정보

부장 서리를 겸임하고 권력을 강화했다. 4월 30일, 한 주요 신문 인터뷰에서 전두환은 "정치인들이 국가안보를 염두에 두지 않고 정권이나 정당이익을 위해 행동하고 있는 데 대해 군은 염려스러운 국면으로 본다"고 비판함으로써 정치권과 대학가의 불안과 경계심을 고조시키는 결과를 자초했다(전두환, 1980). 학원자율화와 병영집체훈련 거부 등을 주장했던 대학생들은 정치문제로까지 이슈를 확대하고 거리로 뛰쳐나왔다. 그들은 비상계엄 철폐와 과도기간의 단축, 이원집정부제 구상의 철회와 정부 주도 개헌의 중단을 요구했다. 이에 정부 개헌특위는 예정된 공청회를 취소할 수밖에 없었으며, 곧바로 개헌 요강을 작성하기로 결정했다.

한편 국회 개헌특위는 국회 본회의 소집이 5월 20일로 예정됨에 따라 소위원회에서 축조심의를 끝내고 제출한 분야별 헌법안을 검토한 후 의결했다. 5월 7일에 권력구조를 논의하는 것을 시작으로 9일과 13일에는 기본권 분야와 경제, 사회, 기타 분야를 다루고 14일에는 미합의된 사안을 다뤘다. 드디어 5월 15일에 국회 개헌특위는 헌법 전문을 제외한 모든 부분에 여야 합의에 도달함으로써 4년 임기에 1차 중임의 대통령직선제를 골격으로 하는 전문 121조 부칙 7조의 헌법개정안을 마련하여 사실상 개헌작업을 완료했다.

유신헌법의 함정을 고려할 때 여야 정당에게 유일한 희망은 국민이었다. 국회 여야 합의안을 관철시키기 위해서는 국민의 적극적인 지지와 동원이 필요했다. 여당과 재야는 유신헌법의 무효화, 통일주체국민회의와 정부 개헌특위의 즉각 해체를 포함한 정부의 개헌 주도권에 대한 철저한 부정을 통해 국회 개헌안의 정당성과 성취가능성을 확보하고자 했다. 5월 7일과 16일 두 차례에 걸쳐 민주화 촉진 국민선언을 통해 김대중의 국민연합은 현행 헌법의 정당성을 부정하며 '최후통첩'으로 정부를 궁지로 내몰았다. 국민연합은 6월이 지나가기 전에 국회 개헌안을 국민투표로 확정해야 한다고 요구했다.

5월 9일에 김영삼 총재와 김대중은 일제히 국회 헌법개정안에 대한 국민적 지지를 호소했다. 김영삼 총재는 "과도정부가 국민적 합의를 무시할 경우 국민적 저항이 있을 것"이라고 경고하고 정부의 개헌 심의기구는 해체하여 정부의 이원집정부제에 대한 의혹을 하루빨리 불식시키는 한편, "국회가 성안한 개헌안을 국민투표에 붙여 확정해야" 한다고 역설했다(《조선일보》, 1980. 5. 10). 김대중 역시 비상계엄의 즉각적인 해제와 더불어 정부 개헌작업의 중지를 강력히 요구하는 한편, 정부의 요망사항은 국회 개헌안에 반영시켜야 한다고 주장했다. 국민의 지지와 동원은 국민적 합의로 헌법 개정을 완성시키려는 여야 정당의 마지막 희망이었다. 후에 김대중은 "마지막 수로 국민의 힘을 보임으로써 그들을 한번 막아보려" 했다고 술회했다(《동아일보》, 1987. 7. 13).

국민의 민주화 열정과 기대를 고려해 볼 때, 만약 국회 본회의에서 개헌안이 확정되어 채택된다면 여야뿐 아니라 국민적 합의를 얻은 개헌안으로 자리매김하고 유신헌법의 함정에서 스스로를 구하는 구원자가 될 수 있을 것이었다. 그러나 이제 겨우 개헌 요강 작성 단계에 진입한 정부로서는 큰 부담감을 가질 수밖에 없었다. 국민의 광범위한 지지는커녕 의심과 불신을 사고 있는 전두환 세력으로서는 중대결단을 내려야 했다. 이틀 후인 5월 17일에 비상계엄이 전국적으로 확대됨으로써 국회 개헌특위의 여야 합의안은 유명무실화되고 국민의 관심으로부터 차단되어 사라지게 되었다.

III. 8인 정치회담과 타협의 정치

'80년 서울의 봄' 처럼 87년의 여름에도 민주화에 대한 국민의 열망과 기대가 고조되었다. 1980년에 제출된 헌법안들이 그대로 혹은 약간의 수정을 거쳐 제시되었으며, 여야는 국민적 합의의 헌법을 만들기에 분주했다. '80년 서울의 봄' 은 10 · 26으로 뜻밖에 찾아왔지만 87년의 여름은 1986년부터 계속되어 온 집요한 개헌 요구의 흐름 속에서 분출된 전환기였다. 이 같은 전환기의 시대적 소명에 가장 부응한 추동력은 8인 정치회담이었다.

87년 헌법의 내용을 사실상 결정한 8인 정치회담은 통일민주당의 일방적인 작품이었다. 6 · 29 선언이 발표된 지 거의 한 달이 지난 7월 24일에 합의되어 구성된 8인 정치회담은 민정당 4인과 민주당 4인(상계동계와 동교동계에서 각각 2인)으로 구성되었다. 신속하면서도 책임 있게 추진하기 위해서 부총재급 인사들로 구성된 8인 정치회담은 실세 대표력을 부여받아 실질적인 협상이 가능했다. 여야 합의에 따라 개헌내용을 합의한 후 국회개헌개정특별위원회를 재구성한다는 원칙을 정해놓았기 때문에 8인 정치회담은 필요하다면 민정당과 민주당 양당의 총재회담이 가능하도록 열려져 있었다.

민정당은 8인 정치회담과 병행하여 신민당 및 국민당과 각각 4인 정치회담을 추진했다.[6] 그러나 4인 정치회담은 사실상 8인 정치회담의 추이와 타협결과를 확인하는 방식으로 운영된 형식상의 회담이었다. 국민당 이만섭 총재는 "개헌안을 두 정당끼리만 만드는 것도 아닐텐데 소수정당이라고 무시하고 자기네들끼리 이럴 수가 있느냐"고 항의했다(《중앙일보》, 1987. 7. 30). 신민당 이민우 총재도 8인 정치회담의 정당성을 거부하고 국회의 교섭단체에 1명씩 추가하는 10인 정치회담으로 확대하여 개최할 것을 강력하게 요구하기도 했다. 이에 8인 정치회담은 첫 모임부터 소수정당의 반발로 한때 저지되기도 했다. 그러나 민정당 이대순 원내총무는 "민주당 측이 국민·신민당도 참여하는 10인 정치회담을 거부하고 있어" 별도의 4인 정치회담으로 운영할 수밖에 없다고 난색을 표명했다(《중앙일보》, 1987. 7. 30). 여야동수와 소수정당 배려원칙을 가지고 있었던 80년 국회 개헌특위와 비교할 때 8인 정치회담은 그 구성방식에서 배타적이고 비민주적이었다.

이에 따라 8인 정치회담과 그 협상결과는 국회 개헌특위를 무력화하고 형식화할 것이라는 점이 충분히 예상되었다. 실제로 국회 개헌특위는 각 정당이 제출한 개헌안에 대해 토론할 필요도 없었을 뿐더러 토론절차 자체가 아예 없었다. 분과위원회나 소위원회를 구성하여 각 부분별로 축조심의할 이유도 없었다. 국회 개헌특위는 기껏해야 조문정리 정도만을 담당하는 유명무실한 기관으로 전락했다. 8인 정치회담이 한창 진행되고 있던 8월 17일, 김용채 의원(국민)은 "우리 특별위원회가 할 일이 과연 무엇이냐 … 소위 민정 민주 사무총장 원내총무 회담이라고 하는 4자회담에서 8인 정치회담을 만들어 가지고 거기에서 모든 헌법조문을 합의하고 그 합의된 것을 이 헌법특별위원회에 넘기면 고작 여기서는 조문정리나 하고 성안(成

案)하는 것"뿐이라며 불만을 터뜨렸다(국회, 1987a).

8인 정치회담의 또 다른 특징은 1787년 필라델피아 제헌회의처럼 비공개원칙 하에 운영되었다는 점이었다. 비공개원칙 덕분에 8인 정치회담은 여타 여야협상과는 달리 빠르고 효과적으로 진행되었다. 비공개원칙은 다른 회담에서 "고질적으로 나타나는 의식적인 강경발언"을 자제하도록 했으며, 논리와 실리에 충실하고 집중하도록 만들었다(《중앙일보》, 1987. 8. 5). 또한 필라델피아 제헌회의처럼 자신의 입장을 일관되게 유지할 필요도 없었으며, 다른 사람의 의견에 개방적인 자세를 취함으로써 쉽게 설득당할 수도 있었을 것이다(Elster, 1998).

사실 공개적으로 진행된 80년의 국회 개헌특위에서 여야합의의 마지막 순간에 헌법 전문(前文)이 타협에 이르지 못해 완전한 개헌안의 도출이 좌절된 이유는 특히 5·16의 포함 여부 때문이었다. 4·19는 민주주의의 정신과 국민의 저항권을 천명한다는 점에서 포함 여부가 쉽게 결정되었다. 그러나 5·16의 포함 문제를 둘러싸고 정당 사이에 심각한 이념적 갈등과 균열이 나타났다. 여당에게 5·16은 "근대화의 이념"을 표현하는 헌법정신으로 간주되었지만 야당에게는 "반헌정적 반민주적 사건"일 뿐이었다(국회, 1980c : 13). 결국 협상의 이유와 논리를 찾지 못한 80년의 국회 개헌특위는 합의된 헌법 전문을 도출할 수 없었다.

8인 정치회담에서는 비공개원칙과 더불어 변화된 상황으로 합의에 쉽게 도달할 수 있었다. 5·16은 제5공화국 헌법에서 이미 삭제되었기 때문에 8인 정치회담에서도 일찌감치 제외되었다. 또한 "5·18 광주의거"(민주)와 제5공화국 계승(민정)문제는 상호 양해가 가능한 타협의 등가물로 비쳐졌다. 그러나 이는 양당의 정체성 및 지지기반의 세력화 문제와 밀접히 연관되어 있어 쉽게 타협될 수 있는 성질의 것이 아니었다. 타협의 이유와 그 합리성이 국민과 지지세력의 설득을 이끌어내지 못한다면 개헌협상에 큰 반발을 불러올 수 있는 것이었다. 따라서 비공개원칙은 개헌협상에 유익한 방파제 역할을 수행했다고 할 수 있다.

그럼에도 불구하고 1986년 국회 개헌특위가 파행으로 치닫게 된 이유 중 하나가 공청회 생중계 문제라는 점을 고려한다면, 1987년에 8인 정치회담의 비공개원칙은 민주헌법을 염원하는 국민적 기대에 현저히 미치지 못하는 것이었다. 1986년 8월 박용만 의원(신민)은 개헌작업의 투명성과 공개성을 보장하기 위한 방법의 일환으로 공청회의 생중계를 요구했다. 그는 "전체 국민이 그야말로 우리가 민주헌법을 만드는 그 과정 자체를 국민에게 솔직하게 보여드리고 또 여당과 야당이 각각 헌법에 있어서 차이점이 있으면 어떤 점이 차이점이 있다 하는 것을 국민에게 하나에서 열까지 숨김 없이 있는 사실 그대로 … '제스처' 하나라도 국민 앞에 보여드리는 것, 이것이 성실한 우리가 공청회를 하는 의도"라고 역설한 바 있었다(국회, 1986 : 5). 마찬가지로 국민적 합의의 개헌안을 마련하는 데 그 진행과정을 공개하는 것은 국가권력 형태에 관한 국민의 선택권을 실질적으로 보장할 수 있는 하나의 바람직한 방법이었다. 따라서 8인 정치회담의 비공개원칙은 원천적으로 헌법의 민주성을 담보하고 국민적 합의로서의 헌법을 도출해내는 데 장애가 되었다. 결국 비공개원칙은 일정 부분 87년 헌법을 권위주의적 형태로 존치시키는 데 기여하게 될 것이었다.

80년에 비해 8인 정치회담은 상당히 자제된 사회 분위기로 인해 훨씬 유리한 상황 속에서 출발했다. 파업과 농성, 시위사태로 사회적 혼란이 가중된 80년의 개헌 실패를 염두에 둔 언론은 6·29 선언 직후부터 국민의 자제를 호소했다. 한 주요 신문은 민주화의 실패 대부분이 국민들의 과잉기대에 있었음을 지적하고 국민의 자제와 근신을 주장했다. 7월 17일 제헌절을 맞이하여 한 주요 신문은 사설에서 "요즘 각계각층에서 백가쟁명(百家爭鳴)식으로 분출되고 있는 헌법(憲法) 논의"에 우려를 표명하고 "각계의 요구를 지나치게 반영하려다 보면 번문욕례(繁文縟禮)에 빠질" 수 있다고 경고했다(《중앙일보》, 1987. 7. 17).

8인 정치회담에 또 하나의 유리한 상황은 1980년에 비해 상대적으로 정치적 안정이 이루어져 있었다는 것이었다. 무엇보다도 8인 정치회담은 결국 실세 대화였다. 전두환 세력을 전혀 고려하지 않았던 1980년의 여야합의 도출구조는 실질적인 '여'를 제외한 것이었으므로 87년에는 사뭇 달랐다. 1987년은 전두환 대통령으로부터 사실상 전권을 받은 노태우 대통령후보가 책임을 담보하는 협상과정이었다. 또한 민주당은 김영삼 총재와 김대중 민추협의장 사이의 세력균형과 마지못한 협력 속에서 개헌협상을 추진했다. 대통령 임기와 부통령제 등은 후보단일화 문제로 민주당에게 매우 민감한 사안이었으며, 5·18의 전문 포함 여부, 노동 3권, 경제조항 등은 재야의 민감한 관심사였다. 그럼에도 불구하고 정치 보스들의 절대적 지지를 받은 8인 정치회담은 재야, 특히 6월 항쟁을 이끈 국민운동본부의 영향으로 상당히 벗어나 독자적으로 움직일 수 있었다(김대영, 2006).

8인 정치회담의 구체적인 타협과정은 어떠했을까? 당시에 작성된 1차 사료의 미비로 사실상 그 타협과정과 내용은 거의 알 수 없다. 그나마 헌법재판소 신설에 대한 타협과정은 조금 알려져 있으므로 그 과정을 살펴보자. 8인 정치회담에서 민정당은 위헌법률심판권, 탄핵심판권, 위헌정당해산권, 기구 간 권한쟁의심판권을 갖는 헌법재판소를 신설하는 안을 제시했다. 8월 21일에 헌법소원심판권이 덧붙여짐으로써 8인 정치회담은 합의에 이르렀다.

헌법재판소의 신설에 관한 합의는 어떻게 가능했을까? 우선, 헌법재판소의 설명을 들어보자. 헌법재판소는 "헌법소원제도를 도입하는 과정에서 헌법재판소를 설치하고 이에 위헌법률심사권을 비롯한 헌법재판권을 부여하기로 하였다"고 설명하고 있다(헌법재판소, 2008 : 137).[7] 특히 헌법재판소는 김상철 변호사의 국민운동본부 기여설을 받아들이고 있는데, "당시 국민운동본부가 야당과 헌법 개정을 위한 협의를 하는 과정에서 위헌법률심사권은 대법원에 주고 탄핵 등 기타 헌법재판권은 독립기관인 헌법위원회에 부여하자는 여당안을 수용하되 헌법소원제도를 도입할 수 있도록 서독식 헌법재판제도를 도입하는 것이 기본권 신장에 도움이 될 것이라는 주장을 하였고, 야당에서 이에 별다른 큰 의미를 부여하지 아니한 채 이를 채택하였으며, 여당에서도 이에 쉽게 동의하여 현행 헌법재판제도가 도입된 것"이라는 것이다(헌법재판소, 2008 : 138).[8]

그러나 헌법재판소의 설명은 사실과 전혀 다르다. 첫째, 8인 정치회담 당시 여당(민정당)은 헌법위원회가 아니라 헌법재판소를 제시했다. 그러므로 헌법재판소의 설명은 의원내각제를 주장했던 민정당 헌법안(1986)과 혼동한 결과이다. 민정당은 1987년 7월 20일에 대통령직선제를 근간으로 하는 개헌안 요강을 마련했다. 이틀 후 서울 가락동 민정당 중앙정치연수원에서 열린 의원총회에서 헌법위원회를 폐지하되 위헌법률심사권과 위헌정당해산심사권을 대법원에 부여하고 탄핵심판권은 별도의 탄핵심판위원회를 설치하는 안을 마련하였다. 그런데 7월 24일에는 청남대에 있던 전두환 대통령에게 당의 개헌 요강을 보고하면서 사법부 부분의 개헌안이 변경되었다. 전두환은 "위헌법률심사권이나 위헌정당의 해산결정권 등 고도의 정치성을 띤 헌법소송 사건을 법원에서 관장하게 될 때 사법부가 안게 될 정치적 부담에 관해 심각한 우려를 나타냈다. 결국 논의결과 그동안 기능수행이 미흡했던 헌법위원회를 유지하는 것은 불가능하고 법관의 자격이 있는 재판관으로 헌법재판소를 두자는 안"으로 당론을 정해나가기로 했다(현경대, 2005 : 73).[9] 7월 29일에 민정당 중앙집행위원회는 헌법재판소를 신설하고 법관의 자격을 갖는 헌법재판관으로 구성한다는 안을 확정했다. 이에 8월 3일에 민정당은 헌특전체회의와 중앙집행위원회를 거쳐 개헌안을 확정했다. 민정당은 위헌심판권을 대법원에 부여하자는 안에 대하여 "사법부가 정치적 분쟁에 휩쓸려 독립이 위태로울 우려가 있다"는 이유로 헌법재판소안을 채택했다고 밝혔다(《경향신문》, 1987. 8. 3). 이제 민정당은 조문화된 개헌안을 가지고 8인 정치회담에 임할 수 있게 되었다.

둘째, 헌법재판소(김상철 변호사)의 주장처럼 과연 국민운동본부가 헌법소원제도의 필요성을 강조함으로써 헌법재판소안의 채택에 기여했을까? 8월 21일 헌법재판소 신설안이 합의되기 하루 전인 8월 20일 오전, 국민운동본부는 8인 정치회담의 야당 대표인 이중재, 김동영, 이용희 부총재와 회동했다. 이 자리에서 국민운동본부는 통일 논의 보장, 군·검·경찰의 정치적 중립 등을 관철시켜 줄 것을 요청했다(《동아일보》, 1987. 8. 20). 이 때 국민운동본부가 헌법소원제도를 언급했을 가능성이 있지만 이를 사실로 확인할 방법은 없다.

그러나 야당이 국민운동본부의 요청을 듣고 그 결과로 8인 정치회담에서 언급하여 합의에 이르렀을 가능성은 별로 없어 보인다. 왜냐하면 이미 8월 19일에 민주당의 이중재 의원은 "국민이 직접 위헌심사를 헌법재판소에 제소할 수 있는 길을 법률로 보장한다면 탄핵심판위원회 신설 및 법원의 위헌심사권 부여안을 철회하고 민정당안대로 헌법재판소 신설을 받아들이겠다고 말해 민정당이 이를 검토키로"(《중앙일보》, 1987. 8. 19) 하였기 때문이다. 그 후에 민정당은 논의를 거쳐 "'법률이 정하는'이라는 단서를 달아 헌법소원을 수용"하기로 결정함으로써 마침내 합의에 도달하게 되었다(현경대, 2005 : 74). 요컨대 헌법재판소는 민정당안(案)에 민주당의 제안으로 헌법소원제도가 포함되고 법률 유보조항이 추가되면서 타협이 이루어져 빛을 보게 된 것이다.

8인 정치회담은 완전히 독자적으로 운영된 협상기구가 아니었다. 8인 대표들은 소속 정당의 의견뿐 아니라 국민운동본부와 같은 사회단체 등의 의견도 간헐적으로 청취하면서 협상을 벌였다. 그들은 양보할 수 없는 부분과 양보 가능한 부분을 구분해 놓고 전략적으로 협상에 임했다. 또한 소속 정당의 협상전략과 이해관계, 재야와 일반사회의 요구에 일정 부분 차별적으로 부응하면서 협상속도를 조절했다. 그러나 그들의 의사소통 노력은 편파적이고 편향적이었다. "민주화 주체와 헌법 정립 주체가 극적으로 분리되고 단절"(서경석, 2006 : 64)되었던 것은 아니지만 그들에게 민주화 주체보다 더 중요한 것은 소속 정당의 정치적 이해관계, 특히 대권주자의 집권 가능성과 집권 후 통치 용이성이었기 때문이었다. 그럼에도 불구하고 헌법재판소의 경우에서 볼 수 있는 것처럼 8인 대표들은 양당의 개헌안을 근거로 하여 합의개헌안의 조문 하나하나에 생기를 불어넣음으로써 '87년 헌법의 아버지'가 되었다.

IV. 87년 헌법의 형성 : 그 이상형, 형성과정, 그리고 민주성

87년 헌법은 6·29 선언부터 부칙까지 타결된 9월 16일까지 약 2달 반에 걸쳐 매우 짧은 기간 동안 만들어졌다. 부칙을 제외한다면 7월 31일부터 8월 31일까지의 약 1달 동안 만들어진 헌법이다. 그러나 실제로 87년 헌법의 준비기간에는 제12대 국회선거 이후의 민주헌법 제정 투쟁기, 혹은 더 거슬러 올라가면 1980년에 이루어진 민주헌법 구상기가 포함되어야 한다. 또한 87년 헌법은 "유신(維新) 이래의 기나긴 체제 논쟁을 종식시키기 위한 합의 개헌"(《조선일보》, 1987. 9. 1)의 결과라는 점에서 유신헌법의 역사만큼이나 오래된 역사를 가지고 있다고 말할 수 있다.

첫째, 87년 헌법의 이상형은 제3공화국 헌법이었다. 6·29 직후의 긴급 인터뷰에서 김대중 민추협의장은 두 가지 이유로 제3공화국 헌법이 87년 헌법의 이상형으로서 적절하다는 주장을 펼쳤다. 그 하나는 헌법의 민주성 때문이다. 제3공화국 헌법으로의 복귀는 "독재자에 의한 헌정중단을 원위치로 일단 돌린다는 취지"를 의미한다는 설명이었다(김대중, 1987). 사실 이와 같은 유신헌법 이전으로의 복귀라는 관념은 '80년 서울의 봄' 에도 많이 공유되던 관념이었다.

그러나 제3공화국 헌법이 민주헌법의 이상형이 되기 위해서는 5·16과 박정희 정권의 정치체제의 민주성이 확고하게 정리되어야 했다. 5·16은 제3공화국 헌법의 전문에 처음 삽입되었는데, 앞서 언급한 바와 같이 80년 국회 개헌특위의 합의개헌안 전문(前文)에 삽입하는 문제로 최종 여야 합의안을 불가능하게 만들었던 쟁점이었다. 1980년 5월, 국회 개헌특위에서 김수한 의원은 "제3공화국 헌법이 마치 진선진미한 민주헌법의 교본인 양 착각하고 있는 경향"에 대해 신랄하게 비난했다(국회, 1980c : 15). 1987년 7월에도 김철수 교수는 "야당에서조차 제3공화국 헌법에로의 부활이 논의되고 있는데 유신 전의 박(朴) 정권이 과연 이상적인 정부형태였는가 되묻고 싶다"고 심각하게 개탄한 뒤, "제3공화국 헌법에로의 부활이 아닌 보다 발전적인 구상이 현실화되어야 하겠다"고 호소했다(《동아일보》, 1987. 7. 2).

제3공화국 헌법의 적절성에 대한 두 번째 이유는 헌법의 실용성 때문이다. 제3공화국 헌법을 활용하면 바쁜 정치 일정 속에 시간을 절약할 수 있다는 이유였다. 김대중 의장에게 이 이유는 '80년 서울의 봄' 이 실패를 맞게 된 것과 맞닿아 있다. "지난 80년 두 김(金) 씨 혹은 세 김(金) 씨의 다툼 때문에 민주주의가 안 됐다는 잘못된 '도그마' 가 통하고 있습니다. 그것은 전혀 사실과 다릅니다. … 다만 우리에게 실수가 있었다면 상황을 좀더 심각하게 인식, 계엄령을 즉각 해제하고 새로운 개헌안을 만들 필요 없이 제3공화국 헌법으로 복귀했어야 했는데 미적미적 시간을 늦추다 보니 그렇게 된 것입니다"(《동아일보》, 1987. 7. 9). 그러나 사실상 1980년에도 제3공화국 헌법은 개헌안의 이상형으로 작동했으며, 이를 뛰어넘으려는 노력은 거의 없었다.

그러나 '80년 서울의 봄'과 87년 서울의 여름은 개헌여건이 전혀 달랐다. 1980년은 박정희의 사망으로 우연히 찾아온 것이었고, 1987년은 온 국민의 민주항쟁의 결과로 성취된 것이었다. 1980년은 권력이 공백상태 혹은 급속한 재구성 과정으로 인해 국민적 합의의 개헌에 적대적이었으나 1987년은 살아 있는 권력이 보장하는 우호적인 개헌여건이 확보된 상태였다. 그러나 이러한 개헌정국의 상황 변화에도 불구하고 개헌안의 이상형은 여전히 제3공화국 헌법이었다. 좀더 정확히 말하자면 1980년에 비해 1987년에는 민주헌법에 대한 근본적인 반성과 성찰이 훨씬 희박했다.

둘째, 87년 헌법은 집권 후 통치의 용이성을 지나치게 고려했기 때문에 민주성이 왜곡된 헌법으로 자리 잡게 되었다. 정권장악을 목표로 하는 정치적 집단이 헌법 제정이나 개정에 참여하는 경우에 그 과정에서 정권장악의 편의성과 집권 후 통치의 용이성을 전혀 고려하지 않을 수는 없다. 그럼에도 불구하고 87년 헌법은 그 이상이었다. 집권 후 통치 용이성을 위하여 6·29 선언으로 집권이 확실시된다고 판단한 정당으로서는 민주화에 따른 대통령 권한의 축소를 최대화하기보다는 최소화하려는 노력을 경주했다. 문제는 이럴 경우에 제5공화국 헌법의 권위주의적 성격을 제대로 청산할 수 있겠느냐 하는 것이었다.

김영삼 총재도 집권 후 통치 용이성 문제를 깊이 고려했다. 6·29 선언 직후 김영삼 총재는 그 다음 주까지 민주당의 개헌안을 제시하겠다고 하면서 신민당 때 만든 개헌안을 고려하되 그 개헌안에 "몇 가지 문제 부분이 있어 손질"하여 민주당의 개헌안을 마련할 것이라고 밝혔다(《중앙일보》, 1987. 6. 30). 그가 손질을 고려한 "어색한 부분으로 지적되는 대목은 대통령의 국가원수 지위 삭제, 대통령의 중요정책 국민투표부의권 삭제, 개헌 확정에서의 국민투표 삭제 등"이었다(《동아일보》, 1987. 6. 30). 후에 민주당은 1986년의 신민당 시절에는 집권 5공 세력의 권력악용이 우려되었기 때문에 삭제하자고 주장했던 조항이었으나 민주화 세력이 집권하게 되면 '국민의 힘'에 대한 응답으로서 이를 부활해야 한다고 생각하여 그렇게 결정했다고 변명을 늘어놓았다. 이는 위민개헌(爲民改憲)이 아니라 위인개헌(爲人改憲)과 다름 없는 주장이었다.

실제로 민주당은 최종 개헌안을 만들면서 실제로 '어색한 부분'을 손질했다. 그러나 대통령의 국가원수 지위 조항은 삭제하기로 결정했다. 그러면서도 민주당은 유신헌법(과 제5공화국 헌법)에서 권위주의적 대통령의 핵심권력을 구성했던 조항을 존치시켰다. 이 조항은 유신헌법에 처음 도입된 것으로 유신체제의 정수를 장식했던 조항이었다(갈봉근, 1976). 이 조항이 규정하고 있는 대통령의 "국가의 독립, 영토의 보존, 국가의 영속성과 헌법을 수호할 책무"(유신헌법 제43조 제2항, 제5공화국 헌법 제38조 제2항)는 정부 3권을 조정하는 국가의 조정자이며 헌법의 수호자로서 갖는 권력통합적 권력이었다. 8인 정치회담 협상과정에서 대통령의 국가원수 지위 조항은 민정당의 안을 회생 통로로 하여 살아남게 되었다. 결과적으로 민주당과 김영삼 총재는 유신독재의 독소조항에서 규정한 대통령의 지위와 권한이 그대로 존치되도록 의도적으로 방치했던 것이다.

'80년 서울의 봄' 당시 유신헌법을 극복하기 위해 신민당 개헌안에는 대통령의 국가원수 지위 조항 삭제뿐 아니라 국가 수호자 조항 역시 삭제되었다. 행정수반과 외국대표로서의 대통령의 지위만 인정되었다. 그리고 국회 합의개헌안에는 공화당의 제안 때문에 국가원수 지위 조항은 존치되었지만 국가 수호자 조항은 삭제되었다. 비록 한 조항이 존치된다고 해서 유신헌법과 동일한 대통령의 지위와 권한을 갖는 것은 물론 아니다. 그러나 국가원수 지위와 국가 수호자 권한을 갖는 대통령이 삼권분립의 원칙에 의거한 지위와 권한이 아니라 입법과 사법보다 더 우월한 지위와 권한을 갖는다는 것은 분명했다. 더구나 독재체제의 완결을 위해 유신헌법에 삽입된 헌법 조항들이 완전히 청산되지 않음으로써 해당 조항들은 유신체제의 청산에 걸림돌로 작용하여 헌법문화와 정치문화에 제왕적 대통령의 면모를 지속적으로 재생산하는 결과를 가져왔다.

그리고 1987년에 김영삼 총재가 언급하지는 않았지만 민주당은 대통령의 개헌안 발의권 삭제 부분도 손질했다. 당초 1986년의 개헌안(신민)에는 대통령의 개헌발의권을 악용하여 권력을 연장했던 것을 감안하여 국회만이 개헌안을 발의하도록 규정했다. 1980년에는 1986년과 마찬가지로 신한당의 헌법개정안과 국회 합의개헌안에서 모두 국회만 개헌을 발의할 수 있도록 규정한 바 있었다. 그러나 1987년 민주당의 최종 개헌안에는 입장을 바꾸어 대통령의 개헌안 발의권을 그대로 존치하였고, 결과적으로 87년의 헌법에서도 해당 권력이 살아남게 되었다.

셋째, 87년 헌법은 대통령의 권력에 대해 지나치게 유약했던 견제권력을 그대로 유지시킴으로써 그 민주성이 왜곡되었다.[10] 민주당은 위에서 언급한 대통령의 권력만 손질한 것이 아니었다. 1986년의 개헌안(신민당)에서는 변경을 제안했다가 1987년에 민주당의 최종 개헌안에서는 존치시킴으로써 결과적으로 권위주의적 대통령의 권력을 그대로 유지시켜 주었다. 1986년에는 국무회의가 의결기관으로 격상되었으나 87년에는 제5공화국 헌법처럼 심의기관으로 유지되었다. 1986년에는 80년의 신한당 개헌안에서처럼 국회의원의 비례대표제를 헌법에서 삭제하기로 했으나 87년에는 이를 존치시켰다. 또한 1986년에는 국회의원의 청렴의무 조항을 삭제하기로 했으나 87년에는 그대로 존치되었다.

이와 같은 87년 헌법의 민주성 왜곡현상은 6 · 29 선언의 결과이기도 했고 김영삼 총재의 대선전략, 특히 야권 후보단일화 전략의 결과이기도 했다(조지형, 2006). 6 · 29 선언으로 대통령직선제는 협상대상이 아니라 협상조건이었다. 대통령직선제에 관해 여야 모두가 협상할 이유는 없었다. 이미 주어진 것이었기 때문이다. 그러나 민정당은 6 · 29 선언으로 더 이상 양보할 것이 없다는 입장을 견지함으로써 개헌협상에서 유리한 고지를 선점했다. 이와 같은 민정당의 입장은 아이러니하게도 민주세력에서 6 · 29 선언은 국민에게 '항복' 한 것이라는 주장을 반복할 때마다 더 강화되는 경향을 띠었다.

이와 더불어 개헌협상 일정을 앞당겨 후보단일화에 유리한 고지를 선점하고자 했던 김영삼 총재의 대선전략도 민주당의 협상력을 저하시키는 요인으로 작용했다. 그는 "직선제가 이미 합의돼 개헌안의 90%가 사실상 타결된 것이나 마찬가지이므로 사소한 문제에 구애될 것 없이 양보할 것은 양보하겠다"라고 자화자찬했다(《중앙일보》, 1987. 8. 13). 이에 대해 국민운동본부는 "너무 쉽게 많은 부분을 양보하고 있는 것 같다"라고 지적하고 불만을 터뜨렸다(《중앙일보》, 1987. 8. 20).

이 과정에서 87년 헌법은 87년의 민주화 열기, 나아가서 '80년 서울의 봄'의 민주화 정신조차 제대로 담아내지 못했다. 물론 87년 헌법에서 가장 중요한 것은 대통령직선제였다. 국민은 이를 권력의 정통성과 민주성을 확보하는 데 결정적인 요소라고 생각하고 있었다. 그러나 국민이 요구한 것은 그뿐만이 아니었다. '독재타도'의 시위구호에서 간명히 나타나 있는 것처럼 국민은 권력의 민주화를 요구했다. 87년 헌법은 그저 대통령직선제를 반영했을 뿐이었고, 87년에는 민주화를 위해 특별히 창의적인 발상이 도출되지 않았다. 87년 헌법은 80년의 국회 합의개헌안보다도 민주적이지 못했다. 그것은 무엇보다도 집권 후 통치의 편의성을 고려한 까닭이고 보스 정치가 횡행했던 까닭이었다.

V. 결론

지금까지 87년 헌법을 크게 두 층위에서 역사화하고자 했다. 하나는 '80년 서울의 봄'과 87년의 여름을 잇는 통시적 층위이고, 다른 하나는 6·29 선언 이후에 주로 8인 정치회담의 개헌협상이 이루어진 공시적 층위이다. 전자를 통해 1980년의 국회 개헌특위와 1987년의 8인 정치회담이 처했던 상황과 시대적 소명을 살펴보았으며, 후자는 1987년 7월과 8월의 개헌정국 공간에서 8인 정치회담의 활동

역학과 개헌담론의 역학에 대한 탐구를 통해 민주헌법 제정이라는 시대적 소명에 8인 정치회담과 민주당이 어떻게 부응했는지를 살펴보았다.

87년 헌법은 '80년 서울의 봄'의 좌절경험을 바탕으로 하여 6·29 선언으로 정점에 도달한 1985년 2·12 총선 이후의 대통령직선제 개헌운동의 결실이었다. 87년 헌법은 길게 보면 1980년 국회 합의개헌안의 부활을 의미했고, 짧게 보면 1986년 여당의 호헌(護憲)과 의원내각제 개헌안에 대한 응전이었다. 이 기간에 정당과 법조계뿐 아니라 각종 사회단체에서도 헌법안을 제시하거나 자신들의 권익과 직결된 문제와 관련하여 특정 권리를 요구했다. 그 가운데 3개의 민주당(그 이전에는 신민당) 헌법안이 있다. 80년의 헌법안, 86년의 헌법안, 그리고 87년의 헌법안이다. 물론 이 헌법안들을 일률적으로 비교하거나 통시적으로 살펴보기 어렵다. 1980년에는 유신헌법이 타도대상이었지만 1987년에는 제5공화국 헌법이 극복대상이었기 때문이다. 그럼에도 이들 헌법안들은 민주헌법을 목적으로 한다는 점에서 동일한 지향성과 비전을 가지고 있었다.

그러나 87년 헌법이 80년의 신민당 헌법안 혹은 국회 합의개헌안, 그리고 86년의 신민당 헌법안보다 더 민주적이라고 말하기는 어렵다. 여야 합의에 도달하는 과정에서 1987년은 1980년보다 훨씬 비민주적이었다. 구성방식과 운영방식에서 8인 정치회담은 80년 국회 개헌특위와 비교하면 훨씬 배타적이고, 비공개적이었으며, 비민주적이었다. 헌법안의 권력구조를 살펴보더라도 그렇다. 1987년은 야당의 집권 가능성이 매우 높았던 정치상황 때문에 집권 후 통치의 편의성을 위해 대통령의 권력은 여전히 제왕적 수준으로 존치되었고 대통령의 권력을 견제하기 위한 장치는 제대로 도입되지 않았다. 흔히 87년 헌법을 "권위주의 체제 세력과 타협한 산물"로 규정하게 되면 87년 헌법은 권위주의적 세력의 비민주성 때문에 "획기적인 개혁의 형태로 이루어진 것이 아니라, 개량주의적인 타협의 형태"로 "반동화의 개연성"을 가진 문제의 헌법으로 비난을 받는다(남복현, 2007 : 127). 분명 그러한 면이 엄존한다. 그러나 김영삼 총재와 같이 민주 세력의 엘리트들에 의해서도 87년 헌법의 개량주의적 성격이나 "헌법의 불비와 흠결"(남복현, 2007 : 128)이 조장되었다는 점도 인식해야 한다.

87년 헌법으로 나아가는 역사의 과정에서 주목할 만한 점이 있다. 먼저 5 · 17 비상계엄의 전국 확대조치가 80년의 국회 여야 합의개헌안의 완성과 밀접한 연관성이 있을 수 있다는 점이다. 당시 국회 개헌특위는 전문(前文)을 제외하고 개헌안에 대해 합의하여 국회 본회의 상정을 앞두고 있던 상태였다. 만약 국회 본회의에서 여야 개헌합의안이 채택되고 대학가를 비롯한 국민적 지지가 확보되었다면 국회 합의개헌안은 정치적으로 폭발적인 힘을 발휘할 수 있었을 것이다. 유신헌법 때문에 합헌적인 방식의 개헌이 불가능한 상태에서 여야 정당은 국민의 절대적 지지와 동원에 호소할 수밖에 없었다. 그리고 그 폭발적인 힘을 막을 수 있는 '과도정부'의 유일한 선택은 쿠데타와 같은 전면적인 무력방어밖에 없었을 것이다.

또 하나는 87년 헌법의 분야별, 권력별, 조항별 '입헌취지'(original intent)에 관해 보다 치밀한 연구가 활성화되어야 한다는 점이다. 헌정사 연구의 결여로 발생하는 단적인 예가 헌법재판소의 역사인식의 오류 문제이다. 헌법재판소의 공식적인 설명(헌법재판소, 2006 ; 헌법재판소, 2008)과 달리 헌법재판소는 1987년 개헌정국을 모태로 하여 전두환 대통령의 결단이 스며든 민정당의 헌법재판소안이라는 태아가 민주당의 이중재 의원이 헌법소원제도를 포함하자고 제의함으로써 산파의 역할을 하여 탄생함으로써 가능하게 되었다.

태양 아래 모든 것이 그러하듯 헌법도 역사적 존재이다. 헌법은 보편적 가치와 이상을 담고 있지만 동시에 역사와 호흡하며 역사의 시대적 소명을 받는다. '80년 서울의 봄' 이후 87년 헌법은 민주화의 소명으로 시대에 부응하였고, 우리 국민은 민주화의 축복을 받았다. 그러나 민주화라는 관점에서 보면 87년 헌법이 미완(未完)의 헌법이라는 사실은 분명하다. 역사에서 완전한 단절(斷絶)은 없다. 그렇다고 청산하지 않을 수는 없다. 80년의 봄에 뿌려진 씨앗이 87년의 여름을 지나며 성장하여 어느 해 가을에는 온전한 민주화의 결실을 맺게 될 것이다.

주

1. 8인 정치회담은 8월 31일에 부칙을 제외한 모든 내용에 관하여 합의에 도달했다. 9월 8일에 8인 정치회담이 재개되어 9월 16일에 헌법시행일과 국회의원 총선시기 문제를 포함한 부칙의 모든 쟁점이 타결되었다.
2. 여기에서 '콘텍스트'란 해당 법률의 전문, 해당 법률을 입법한 의회가 통과시킨 유사한 법률의 본문 문언, 해당 법률의 적용 대상과 관련되는 유사한 법률의 본문 문언을 의미한다.
3. 물론 1850년 이전에 미국 헌법의 "정신과 이성"을 살펴볼 수 있는 문서가 전혀 없었던 것은 아니다. 미국 헌법의 비준을 옹호한 『연방주의론』(*Federalist Papers*)은 1788년에 출판되었다.
4. 1980년 국회 헌법 개정심의특별위원회의 회의록을 통해 예를 들어보자. 1980년 5월 7일, 권력구조 소위원회 위원장 김수한 위원(신민)은 여야 합의의 헌법개정안 제4조 2항, 즉 "국군은 국토방위의 신성한 의무를 준수함을 사명으로 한다"는 조항을 "군의 헌법수호와 정치적인 중립을 강조"하기 위한 조문이라고 밝혔다. 비록 해당 조항에 군의 정치적 중립이라는 표현이 명시되지 않았으나 그 조항의 입헌취지를 군의 정치적 중립 보장이라고 읽을 수 있는 대목이다(국회 1980 : 2). 또한 그는 제1조 3항의 "주권자인 국민은 헌법을 수호할 권리를 가지며"라는 조문을 국민저항권의 근거가 되는 것으로 소개하고 있다.
5. 87년 헌법의 역사화를 위해 8인 정치회담 주역들의 역사기록에 못지않게 중요한 것은 87년 헌법에 대한 관점의 객관성을 확보하는 것이다. 우선, 역사는 승자의 관점뿐 아니라 패자 및 사회적 약자를 아우르는 포괄적 관점이 필요하다. 예를 들면, 남성중심적 권력자의 역사는 여성과 노동자 혹은 경계인의 관점에서 보완되고 수정되어야 한다. 6월 항쟁으로 쟁취된 6·29 선언과 뒤이은 87년 헌법 역시 승자의 관점뿐 아니라 패자, 그리고 국가공

동체의 관점에서 검토되어야 한다. 또한 흑백논리식의 절대적인 도덕적 관점을 지양하고 역사현실에 나타나는 다양한 삶과 실천의 모습을 그려낼 수 있는 유연한 관점이 필요하다. 루비콘 강을 건너 로마공화국에 '반란'을 일으킨 율리우스 카이사르(Gaius Julius Caesar)나 프랑스 공화정을 폐지하고 황제의 자리에 즉위한 나폴레옹 보나파르트(Napoleon Bonaparte)도 항상 권력찬탈자의 면모로만 평가되지 않는다. 마찬가지로 전두환 대통령 등의 제5공화국 세력이나 김영삼 민주당 총재 등의 민주세력 역시 항상 악(惡)이거나 선(善)이라는 절대적 이분법으로 평가할 수는 없다.

6. 8인 정치회담에는 민정당에서 권익현, 윤길중, 최영철, 이한동 의원이 참여했고 민주당에서는 이중재, 이용희, 이동영, 박용만 의원이 참여했다. 4인 정치회담에는 민정당의 4인 대표가 각각 2인씩 나누어 회담대표를 담당했다. 민정당과 신민당의 4인 정치회담에는 민정당의 윤길중, 최영철 의원이, 신민당에서는 최종기, 김옥선 의원이 협상에 참여했다. 민정당과 국민당의 4인 정치회담에는 민정당의 권익현, 이한동 의원, 그리고 국민당의 김광수, 이효영 의원이 대표로 참여했다.

7. 헌법재판소는『헌법재판소 20년사』에서 임두빈 전 국회의원의 증언을 인용하면서 "여당은 가능하면 정치적인 사건은 국회에서 처리되어야 하고 사법부의 심판을 받아 그 신세를 질 필요가 없다고 하면서 위헌법률심사권은 대법원에 주되 정치적인 성격이 강한 정당해산 · 탄핵 · 권한쟁의는 독립기관인 헌법위원회에 부여하자고 제의하였다고 한다"라고 소개하고 있다(헌법재판소, 2008 : 137). 이 주장은 아래에서 설명할 김상철 변호사의 주장과 더불어『헌법재판소 10년사』에서도 그대로 서술되어 있다(헌법재판소, 1998 : 73 ; 김영수 2000). 헌법위원회 설치안은 1986년부터 1987년 7월까지 민정당의 의원내각제 헌법개정안과 일치하지만 8인 정치회담 당시 타협대상이 된 민정당의 헌법개정안이 아니다.

   헌법소원제도를 도입하는 과정에서 헌법위원회를 폐지하고 헌법재판소를 설치하였다는 주장은 황호택《동아일보》논설위원에 의해 그대로 반복되었다. 황호택 논설위원은 8인 정치회담에서 민주당이 저항권 삽입보다 온건한 제안이라고 여겨졌던 헌법소원제도를 제시했고 "여야 타협으로 헌법소원제도를 도입하면서 사건이 늘어날 것에 대비해 유명무실한 헌법위원회를 없애고 헌법재판소를 설치했다"고 주장한다(황호택, 2006). 이같이 사실에 맞지 않는 주장이 지속적으로 반복되는 것을 피하기 위해서라도 헌법재판소는 정확한 사실에 근거하여 헌법재판소 제도의 도입과정을 명확하게 해야 한다.

8. 김상철 변호사의 구체적인 주장을 위해서는 김상철(1988 : 50–51) 참조.
9. 청남대 논의는 헌법소송 사건의 관장에 따른 대법원의 과도한 정치화 문제를 고려한 것으로, 당시 대법원 역시 이 문제로 대법원이 헌법재판권을 갖지 않는 것이 바람직하다는 견해를 피력한 바 있었다(이범렬 외, 1989 : 14). 대법원의 견해가 청남대 논의와 헌법재판소 설치결정에 어떤 영향을 끼쳤는지는 사료의 결핍으로 분명치 않다.

   또한 민정당의 개헌공청회에서 이강혁 교수가 "위헌법률심사권과 위헌정당해산권등 정치색채가 짙은 권한을 대법원에 줄 경우 사법부가 정치화될 우려가 있다. 따라서 사법부내 헌법재판소를 따로 두는 것이 바람직하다"는 의견을 제시했다(《동아일보》, 1987. 7. 16). 이해진 변호사는 이강혁 교수의 발표를 근거로 민정당이 헌법개정안 "골격을 바꾸어서 대법원에 주었던 위헌심사권을 빼내 가지고 헌법재판소제도를 만들"었다고 주장한 바 있다(이범렬 외, 1989 : 14). 그러나 이해진 변호사의 주장은 별로 신빙성이 없다. 이강혁 교수의 견해에도 불구하고 7월 24일의 청남대 논의 이전까지 민정당은 계속 위헌법률심사권을 대법원에 부여하는 안을 유지했기 때문이다. 이미 7월 7일에도 허영 교수가 "헌법재판 기능에 의해 사법권이 강화되기보다는 오히려 헌법재판 기능 때문에 사법부가 정치의 물결에 휩쓸려들 가능성이 더 크다는 그 역논리도 상당한 설득력"을 가지고 있다고 지적하면서 "헌법재판은 어차피 순수한 사법작용일 수 없고 정치적 색채가 짙은 법인식 기능이기 때문에 그 기능의 성질에 맞는 독립기관의 설치가 반드시 필요하다"고 주장한 바 있다(허영, 1987).
10. 물론 현실화한 것도 있다. 예를 들면 86년에는 대통령에 대한 탄핵발의를 국회 재적의원 3분의 1로 가능하도록 제안하였으나 87년에는 재적의원 과반수로 유지하기로 했다.

참고문헌

갈봉근. 1976.『유신헌법론』. 한국헌법학회 출판부.

갈봉근 외. 1988. "헌법학자들이 본 1987년 헌법."『민족지성』 제24호.

권영성. 1979. "새 헌법 이렇게."《조선일보》(12월 13일).

______. 1987. "합의개헌의 헌정사적 의의."『민족지성』 제22호.

김대영. 2006. "87년 개헌협상과 국민운동본부의 정치행위."『정신문화연구』 제29권 제1호.

김대중. 1980. "연내 권력이양 바람직 : 김대중씨 관훈클럽 1문1답."《조선일보》(4월 26일).

김도창. 1987. "제9차 개헌의 평가."『대한변호사협회지』 제136호.

김명규. 1980. "'10 · 26 사태' 100일 : 세상 많이 변했다는데."《조선일보》(2월 3일).

김영수. 2000.『한국헌법사』. 학문사.

김상철. 1988. "오전 토론요지" 중 토론내용.『서울대학교 법학(서울대학교 법학회)』 제29권 제34호. pp. 50–51.

김종철. 2005. "'정치의 사법화'의 의의와 한계."『공법연구』 제33권 제3호. pp. 229–251.

김철수. 1980.『입법자료교재 헌법』. 박영사.

______. 1986. "제5공화국 헌법 제정논의의 향방(1980년 5월 6일 탈고)."『헌법개정, 회고와 전망』. 대학출판사.

______. 1988.『한국헌법사』. 대학출판사.

남복현. 2007. "현행 헌법의 개정 필요성과 그 방향에 관한 논의의 법정책적 접근."『법과 정책연구』 제7집 제1호. pp. 117–143.

대한민국 국회. 1979.『제103회 국회 헌법 개정심의특별위원회 회의록』 제4호(12월 17일).

______. 1980a. 『제103회 국회 헌법 개정심의특별위원회 회의록』 제7호(1월 16일).
______. 1980b. 『제103회 국회 헌법 개정심의특별위원회 회의록』 제19호(5월 7일).
______. 1980c. 『제103회 국회 헌법 개정심의특별위원회 회의록』 제21호(5월 13일).
______. 1986. 『제136회 국회 헌법 개정특별위원회 회의록』 제4호(8월 25일).
______. 1987. 『제136회 국회 헌법 개정특별위원회 회의록』 제6호(8월 17일).
서경석. 2006. "헌법 개정의 논의 구조." 『민주법학』 제31호. pp. 47-71.
______. 2007. "87년 헌법체제와 헌법정치." 『민주법학』 제34호. pp. 137-167.
신우철. 2002. "헌정사연구(抄)." 『영남법학』 제2권 1호. pp. 23-67.
윤대규. 2001. "민주화와 헌법의 역할." 김일영 외. 『한국정치와 헌정사』. 한울.
이범렬 외. 1989. "헌법재판의 과제 : 좌담." 『대한변호사협회지』 제149호 1월. pp. 10-30.
이완범. 2001. "박정희 군사정부하 제3공화국 헌법 제정과정의 정치적 역동성." 김일영 외. 『한국정치와 헌정사』. 한울.
전두환. 1980. "정보부 조직운영 축소 정비 : 전두환 부장 회견." 《조선일보》(4월 30일).
조지형. 2006. "87년 헌법의 민주성과 정치협약." 『헌법 개정의 절차와 논점』. 미래한국재단. pp. 23-50.
______. 2007. 『헌법에 비친 역사』. 푸른역사.
정해구. 2005. "87년 헌정체제의 특징, 문제점, 개혁방안 : 정부형태를 중심으로." 『제3회 비판정치학대회 발표논문』(10월 29일).
최장집. 2002. 『민주화 이후의 민주주의』. 후마니타스.
한태연 외. 1991. 『한국헌법사(하)』. 한국정신문화연구원.
허 영. 1987. "직선개헌 지상공청(3) : 사법독립-대법원장 '선출제' 를." 『동아일보』(7월 7일).
헌법재판소. 1998. 『헌법재판소 10년사』. 헌법재판소.
______. 2006. 『헌법재판소법 제정 약사』. 헌법재판소.
______. 2008. 『헌법재판소 20년사』. 헌법재판소.
현경대. 2005. "정략적 개헌 논의를 경계한다 : '87년 제9차 개헌과정을 되돌아보며." 『국회보』 7월호(464호). pp. 67-75.

황호택. 2006. "헌법재판소장의 격."《동아일보》(8월 16일).

《경향신문》
《동아일보》
《조선일보》
《중앙일보》

Elster, Jon. 1998. "Deliberation and Constitutional Making." in Jon Elster, ed., *Deliberative Democracy*. Cambridge : Cambridge University Press. p. 97−122.

Langlois, Charles V. & Seignobos, Charles. 1904. *Introduction to the Study of History*. Henry Holt and Company.

Blackstone, Sir William. 1979. *Commentaries on the laws of England : A Facsimile of the First Edition of 1765−1769*. University of Chicago Press.

제2장

1960년 내각제 개헌과정과 개헌안의 주요 쟁점 분석[1)]

_김용호/조영희

I. 서론 : 문제 제기

이 글의 목적은 1960년 4·19 혁명 직후 개헌을 둘러싼 정치 환경과 정치적 쟁점, 그리고 개헌과정의 주요 특징을 설명한 후 개헌 내용에 관한 핵심쟁점을 분석함으로써 당시의 개헌과정이 오늘날 우리들에게 시사해 주는 교훈을 제시하려는 것이다. 3·15 부정선거에 항의하는 학생들과 시민들의 항쟁으로 이승만 대통령이 하야한 직후 허정 과도정부에서 민주당의 주도 아래 국회에서 여야 간의 합의로 내각제 개헌이 이루어졌다. 당시 개헌은 정치적으로 여러 가지 의의가 있었다. 첫째, 1960년 이전의 두 차례에 걸친 개헌이 집권세력의 정권연장을 위한 방편이었으나 1960년 개헌은 아래로부터의 민주적 요구를 수용한 개헌이라는 점에서 의의가 크다. 둘째, 우리의 헌정사를 보면 여야 간의 합의에 의한 개헌이 드문 편인데, 1960년의 개헌이 여야 간의 합의로 이루어진 최초의 개헌이었다는 점에서 주목할 만하다. 마지막으로 1960년 개헌은 우리 헌정사에서 매우 독특한 위치를 차지하고 있는바, 대통령제를 내각제로 변경한 개헌이었다는 점이다. 당시 이승만 독재의 원인을 대통령제 정부형태에서 찾는 경향이 매우 강했기 때문에 헌법 개정을 주도했던 국회의원뿐만 아니라, 학자 및 일반 시민 등 거의 모든 국민이 대통령제를 내각제로 변경하는 것을 자연스러운 일로 인식했던 것이다.

이렇듯 1960년 내각제 개헌이 갖는 의미에도 불구하고 개헌 후 장면 정권이 집권 9개월 동안 5차례의 내각을 개편하는 등 정치적 불안이 지속되는 가운데 마침내 군부의 정치개입으로 인해 내각제 정부는 무너졌다. 그 후 다시 대통령제로 되돌아간 후 지금까지 대통령제를 유지해 오고 있다. 그러나 비록 결과적으로는 내각제가 한국 정치사에서 실패의 경험이라고 할지라도 1960년 개헌의 환경 및 그 과정과 내용에 관해 심층적으로 분석하는 것은 매우 의미 있는 일이다. 특히 오늘날 내각제 개헌을 주장하는 이들에게 많은 교훈을 줄 수 있기 때문이다. 예를 들면 당시 정치권과 국민들은 내각제 개헌을 통해 어떤 정치적 목적을 달성하려고 했으며, 특히 내각제 구상 과정에서 얼마나 치열하게 이러한 정치적 목적을 달성하기 위해 노력하였든가를 평가해 보는 것은 오늘날에도 여전히 시사하는 바가 있을 것이다. 이러한 문제의식을 가지고 1960년의 개헌환경과 과정을 구체적으로 분석하고, 특히 과정과 내용 면에서 개헌을 둘러싼 주요 쟁점을 어떻게 조정해 나갔는지에 대해 평가해 보고자 한다.

II. 개헌의 정치적 환경 : 4·19 직후 정치상황

1960년의 개헌을 앞둔 정치적 상황은 다음과 같은 특징을 지니고 있었기 때문에 이러한 특징들이 개헌과정은 물론 개헌 이후의 정국에도 심대한 영향을 미쳤다. 첫째, 이승만 정권의 붕괴를 가져온 4·19 직후 개헌의 필요성에 대해서는 국민적 합의가 있었다. 아래로부터의 민주화를 이루어냈다는 성취감이 사회적으로 충만해 있는 상황에서 거의 모든 국민들이 개헌의 필요성을 공감하고 있었던 것이다. 특히 앞으로 이승만 정권과 같은 독재정권을 방지하려면 기존 헌법의 대통령제 정부형태를 고쳐야 한다는 인식이 사회적으로 매우 팽배해 있었다. 그 이유는 당연히 대통령에게 너무 많은 권한이 주어져 있는 대통령제의 경우 독재를 방지하려면 그의 선의에 의존해야 하는 데 반해, 내각제의 경우 총리를 비롯한 내각이 권력을 공동으로 행사하기 때문에 독재가 불가능하다고 인식했기 때문이다.

그리하여 4·19 직후 대다수의 국민들이 대통령제는 '독재'의 상징이고 내각제는 '자유'를 실현할 수 있는 민주적 정치체제라는 이분법적 사고가 자연스럽게 형성되었다. 따라서 허정 과도내각에서 이루어진 제3차 헌법 개정과정에서 내각책임제로의 개헌에 반대하는 정치세력을 찾아보기 힘들었다. 이처럼 내각제 개헌에 대한 국민적 합의가 있었기 때문에 국회에서 여야 간의 합의로 개헌이 일사천리로 이루어질 수 있었다. 허정 과도정부는 물론이고 여야 모두가 내각제 개헌이야말로 4·19로 인해서 폭발된 국민의 정치적 요구에 부응하는 길이라고 믿었다.

둘째, 이승만 정권을 무너뜨린 4·19 혁명의 핵심세력들인 학생, 언론인, 지식인들은 개헌과정에 적극적으로 참여하지 않았기 때문에 내각제에 대해 강한 애착을 가지지 않았다. 이러한 배경에는 4·19 세력들이 3·15 부정선거 규탄과 독재 타도에는 적극적이었으나 이승만 정권이 물러난 후 정국을 어떻게 운영해 나갈 것인가에 대해서는 사전에 철저히 준비하지 않았기 때문이다. 더욱이 4·19 주도세력인 대학생들은 정치적 순수성을 강조했기 때문에 현실정치의 주요 쟁점에 구체적으로 개입하지 않았고, 다만 혁명의 정신이 훼손되지 않아야 한다는 입장에서 정치권을 감시하는 역할을 맡게 되었다. 또 당시 4·19 혁명에 참여한 대학생과 언론인, 지식인들은 매우 다양한 정치이념을 지니고 있었기 때문에 개헌에 대해서도 매우 정교하고 합의된 안을 가지고 있지 못했다. 이들의 이념적 스펙트럼은 사회주의, 사회민주주의, 자유민주주의, 무정부주의에 이르기까지 매우 다양했다. 더욱이 혁명세력을 효과적으로 통제할 수 있는 리더십이나 중앙조직이 없었기 때문에 개헌을 비롯한 정치적 현안에 대한 의견이 매우 분분했다.

이러한 이유로 인해 독재정치를 타도한 가장 중요한 사회세력으로서 고도의 대중성을 갖고 있었던 학생세력은 혁명 성취 이후 정치적 힘이 약화됨으로써 개헌과정을 비롯한 정치과정에서 제한된 역할을 맡게 되었다. 그들은 조직적인 기반뿐만 아니라 혁명 성취 후에 어떠한 정치적 계획이나 비전도 갖고 있지 않았고, 단지 4·19 직후부터 1960년대 말까지 여기저기서 분출하는 사회적 요구들을 증폭시키는 계기를 만들었을 뿐이다. 연일 일어나는 시위들은 혁명 이후의 정치와 사회를 매우 불안정하게 만들었다. 그 결과 학생과 지식인 세력은 이승만 정권 붕괴 이후의 정치과정을 주도하지 못하고 정국의 주도권을 기존 정치체제 내에 있는 민주당을 비롯한 보수적인 정치세력에게 넘겨주었다. 이런 연유 등으로 인해 혁명세력들은 내각제 헌법과 개헌 후 등장한 장면 정권에 대해 강한 애착을 보이지 않았다.

물론 학생과 지식인 세력보다 조직화된 정치력을 갖고 있었던 진보세력이 4·19 이후 새로운 정치세력으로 등장할 수 있었으나 기대보다 정치적 영향력이 미약했다. 그 이유는 무엇보다도 한국전쟁 이후 한국 사회에 강한 반공주의가 자리 잡는 바람에 집권세력은 물론 일반 국민들도 진보세력을 북한 공산주의 동조세력으로 간주하는 경향이 강하여 정치적 지지기반을 구축하기 어려웠다는 데 있다. 또 1950년대 이래로 진보세력들이 갈등과 대립을 거듭하면서 4·19 당시에 분열되어 있었기 때문에 정치력을 발휘하지 못했다. 이념적으로 '혁신'을 강조하고 있었지만 그들 역시 엘리트 중심의 조직구조, 인맥 중심의 정당구조, 그리고 정치적 경쟁과정에서 비타협적이라는 점에서 한계를 보여주었다. 게다가 당시에 일반 국민 사이에 반공의식이 매우 강한데도 불구하고 진보세력들이 여전히 급진적인 형태의 사회주의적 요소와 이념을 강조하였기에 국민들로부터 외면을 당했다.

셋째, 당시 개헌은 민주당의 주도 아래 국회에서 이루어졌다. 4·19를 주도한 대학생, 지식인은 물론 새로운 정치세력으로 등장할 수 있었던 진보세력이 정치력을 발휘하지 못하고 있는 상황에서 자유당의 이승만 정권이 붕괴된 후 정치적 공백을 메울 수 있었던 유일한 정치세력이 민주당이었다. 민주당이 4·19 혁명 그 자체를 이끈 주역은 아니었지만, 적어도 4·19를 지지한 세력이었기 때문에 4·19 이후의 사태를 해결하는 과정에서 민주당이 정치변화를 주도하는 중심세력으로 부상하게 되었다. 특히 4월 23일 민주당 장면 부통령의 사임이 이승만 정권의 붕괴에 결정적인 역할을 하였다. 이승만 대통령이 하야하는 경우 민주당의 장면 부통령이 대통령직을 승계하기 때문에 이 대통령은 사퇴를 망설이고 있었다. 그런데 장면 부통령이 사퇴함으로써 자유당 정권이 바로 민주당 정권으로 바뀌는 것을 방지할 수 있게 되자 이승만이 마침내 대통령직 하야를 선언했다. 이승만 하야 직후 혁명세력들은 부정선거의 원흉으로 자유당을 지목하고 처단해야 한다는 목소리를 높였다. 비록 국회 다수를 차지하고 있던 자유당이지만 급격히 정치적 영향력을 상실함에 따라 민주당이 개헌을 비롯한 정국운영의 주도권을 가지게 된 것이다.

실제로 4·19 직후 헌법 개정의 실질적인 과정은 창당 이래 내각제를 주장해 왔던 민주당을 중심으로 하여 자유당의 개혁파들이 협력하여 추진되었다. 민주당의 입장에서 내각제 개헌은 권력구조를 정부수립시의 자신들의 구상으로 되돌리는 것이었으므로 이승만 정권의 붕괴는 그러한 제도를 도입할 수 있는 최적의 조건을 가져다 준 것이었다. 특히 민주당의 구파 세력은 이미 제2대 국회에서부터 대통령제를 내각제로 바꾸어야 한다는 주장을 해왔고, 그러한 헌법 개정을 위하여 입법 초안까지 마련해 둔 상태였다. 한편 이미 4·19 이전부터 자유당 개혁파들은 민주당 구파와 연계해서 내각제 개헌을 구상한 바 있었지만 당내 강경파의 반발로 이를 표면화시키지 못하고 있었는데, 민주당이 제4대 국회에서 내각책임제 개헌을 당론으로 정하자 자유당 의원의 다수가 이에 동조했다. 당시 자유당 세력은 개헌을 일종의 돌파구로 생각하고 있었기 때문에 민주당과 자유당 간의 전략적인 협력이 보다 쉽게 이루어질 수 있었다.

당시 개헌의 정치적 환경과 관련하여 마지막으로 지적할 것은 허정 과도정부의 빠른 출구전략에 따라 국회에서 개헌이 매우 신속하게 진행되었다는 것이다. 허정 과도정부 수반은 이승만 대통령으로부터 임명을 받았던 외무장관이었기 때문에 국민으로부터 통치를 직접적으로 위임받은 적이 없었다. 따라서 허정 과도정부의 정통성이 비교적 허약했기 때문에 국민의 지지가 약한 편이었다. 더욱이 허정 과도정부 수반은 비교적 온화한 성품의 소유자였기 때문에 혁명적인 정치상황을 주도할 수 있는 리더십을 발휘할 수 없었다. 그리하여 허정 과도정부는 4·19 혁명세력의 정치적 요구를 충족시키려는 노력 대신에 하루빨리 개헌과 선거를 치른 후 정권을 이양하는 데 우선 순위를 두었다. 4·19 혁명세력들이 3·15 부정선거 책임자 처벌, 이승만 정권 시기의 부정축재자 처벌 등을 빠른 시간 내에 처리할 것을 요구했으나 허정 과도정부는 이를 다음 정권으로 미루었다. 이처럼 허정 과도정부는 다음 정권의 수립에 우선 순위를 두었기 때문에 개헌과 선거가 매우 신속하게 이루어질 수 있었다. 더욱이 허정 과도정부는 개헌에 관하여 행정부에서 별도의 안을 만들지 않고 국회에 전적으로 맡긴 결과 행정부–국회 간의 갈등이 거의 없었고 개헌이 신속하게 이루어졌다.

그러나 문제는 국회에서 민주당 주도의 내각제 개헌안이 허정 과도정부 수립 후 단 2주 만에 마련되었다는 것이다. 이처럼 개헌과정이 급속히 진행되는 바람에 내각제에 대한 깊이 있는 토론이 불가능했다. 특히 내각제를 한국 사회에 적용할 시 발생할 수 있는 문제점 등에 대한 충분한 논의 없이 개헌이 이루어졌다. 이는 한국 정치사에서 처음으로 실험되는 내각제가 제도적·현실적으로 미비한 점을 가질 수밖에 없었다는 것을 의미한다. 결국 내각제로의 개헌과정에서 민주화의 주체였던 사회세력들이 배제된 채 기존의 보수정당과 정당 정치인들에 의해서 성급히 주도되었던 것은 개헌의 과정뿐만 아니라 개헌 이후의 상황에 결정적인 한계로 작용했다고 볼 수 있다. 이처럼 민주당이 주도한 내각제 도입을 위한 개헌과정은 몇 가지 논쟁점을 제외한다면 매우 순조롭게 진행되었다.

III. 개헌 관련 주요 정치적 쟁점

내각제 도입을 위한 헌법 개정과정의 논쟁점은 크게 두 가지이다. 첫째, 개헌의 시기와 관련된 것이다. 말하자면 선거를 먼저 할 것이냐 아니면 개헌을 먼저 할 것이냐 하는 것을 의미한다. 원칙적으로 보자면 개헌은 4·19가 타도의 대상으로 삼았던 자유당이 절대다수를 점하고 있던 제4대 국회에서 단행해야 할 문제는 아니었다. 그러나 국회해산과 개헌의 순서에 대한 문제는 권력을 포함한 정국의 향방을 결정하는 중대한 쟁점이 되어갔다. 그것은 원칙적 차원에서 개헌의 시기를 논한 것이 아니라 각 정당과 파벌들 간의 서로 다른 정치적 이해관계에서 비롯된 것이기 때문이다.

당시 주요 정치세력들의 입장을 보면 자유당의 혁신파와 민주당의 구파가 선개헌, 후선거를 주장하였고 민주당의 신파는 선선거, 후개헌을 주장하였으나 중간에 입장을 바꾸었다. 결과적으로는 개헌을 먼저 성사한 뒤 국회를 해산하고 재선거를 통해서 새로운 국회를 구성하자는 쪽으로 귀결되었다.

장면을 중심으로 한 민주당의 신파는 처음에는 이러한 입장에 대해 반대했다. 신파의 입장에서는 당장 선거를 실시하면 장면이 대통령에 당선되는 것이 확실했기 때문에 대통령직을 차지한 후 그 여세를 몰아 국회의원 선거에서도 승리하려는 의도를 갖고 있었던 것이다. 이와 반대로 구파의 입장에서는 신파의 장면이 대통령에 당선되었을 경우에는 새로운 선거에 의한 국회에서 반드시 의원내각제로의 개헌이 가능하다는 보장이 없었기 때문에 선개헌을 주장했던 것이다. 결국 이러한 논란은 국회의 다수를 차지하고 있는 자유당이 구파에 동조하고 허정 과도정부가 선개헌을 결정하고 장면이 이 안에 동의함으로써 결국은 신파세력도 선개헌, 후선거에 따라가게 되었다.

그러나 이러한 방식에 대해서 비정치인들, 일부 언론들은 반대했는데, 그것은 선거를 미루는 동안 자유당이 다시 재기하게 될 가능성이 있다고 보았기 때문이다. 이들은 우선적으로 국회를 해산할 것을 주장하였다. 이는 현존하는 국회가 정치개혁의 과제를 수행할 자격과 정당성을 결여하고 있기 때문이라는 것이다. 그러나 선선거, 후개헌도 정부통령 당선자와 국회의원들이 개헌 약속을 지키지 않을 수 있다는 점에서 채택되기 어려웠다. 결국 국회는 청산과 타도의 대상이었던 자유당 소속 의원들이 절대다수의 의석을 장악하고 있어서 청산되어야 할 이들에게 개혁의 주도권이 주어진 셈이었다.

또한 지식인층에서는 선거 이전에 헌법을 개정하려면 매우 급하게 서둘러야 하므로 과연 내각제로의 개헌이 우리 사회에 적용되었을 때 현실적으로 어떠한 양상이 나타날 것인가에 대해서 충분히 고려할 수 없다는 지적을 하였다. 내각제의 내용에 대한 충분한 이해 없이 단기간에 내각제로의 개헌을 단행하는 것은 헌법 개정을 정국수습을 위한 정치적 수단으로 인식하고 있음을 증명하는 것이었다. 뿐만 아니라 그것이 운영되는 정치적 조건들과 한국 사회에의 적합성에 관한 진지한 고려 없이 헌법 개정을 단행하는 것은 정치질서로서 한 나라의 헌법이 갖는 미래적 파급효과를 간과하는 것이기 때문이다.

이러한 맥락에서 개헌 시기를 둘러싼 논쟁은 개헌을 위한 최적의 법적 · 정치적 조건을 모색하기 위한 과정이라기보다는 정치적 상호 신뢰가 부족한 상황에서 비롯된 정치세력 간의 전략적 타협의 과정이었다. 특히 자유당의 혁신파와 민주당 구파의 정치적 이해관계는 잘 맞아떨어졌다. 자유당 혁신파는 개헌과정에서 재기할 방법을 모색했으며, 실제로 2공화국의 헌법에서 민주당이 보다 과감한 개혁안을 제시하더라도 자유당은 다수의석을 빌미로 민주당의 안을 효과적으로 저지해낼 수 있었다. 이와 관련된 대표적인 예는 독재세력에 대한 법률적 단죄와 처벌이 정치적 필요성에 의해서 흐지부지되고 이들에 대한 청산은 오직 선거를 통한 심판에 맡겨지게 된 것이다(김수진, 1996). 한편 민주당에게 내각제 개헌은 그러한 제도를 시행할 정치 · 사회적 조건의 성숙 여부에 따른 결정이라기보다는 민주당의 오랜 당론의 실현이라는 성격이 더욱 강했다(박명림, 1996). 민주당 소속 국회의원들은 제헌헌법 초안의 내각제를 대통령제로 변질케

하고 그들 정당의 전신인 한민당과 결별한 이승만 대통령과 그가 이끈 "신대통령제"에 반대하는 것에 중점을 두었던 것이다. 그들은 4·19가 가져다 준 정권교체를 내각제로 옮겨놓는 데 모든 정치적인 힘을 다했다(최장집, 1996). 이 때문에 민주당은 구체제의 의회가 개헌을 할 수 있는 정당성이 없음에도 불구하고 국민에게 의사를 확인하는 절차를 거치지도 않고 4·19 세력들을 개헌과정에서 배제시킨 채 급히 개헌을 성사시키는 데 몰두하게 된 것이다. 결국 자유당 세력은 민주당에 의탁함으로써 혁명세력에게 타도되지 않고 정치적 생명을 유지할 수 있었고, 민주당의 입장에서는 밑으로부터의 요구를 수용하기보다는 위기에 처한 구체제의 탈출을 보장하면서 그들과의 타협으로 자신들의 목적을 달성하는 가장 안전한 방법을 택했던 것이다(박명림, 1996, 219).

둘째, 내각제 정부형태를 어떤 모형에 따라서 만들 것인가 하는 점이다. 말하자면 권력구조 내에서 의회와 행정부의 관계를 어떤 수준으로 할 것인가 하는 것이다. 앞서 언급했듯이 내각제의 경험이 없을 뿐만 아니라 충분한 이해가 부족한 상황에서 순수한 내각제의 원형이라고 알려져 있던 영국식 내각제 형태를 추구했다고 볼 수 있다. 영국의 내각제는 책임 있는 양대 정당제도 하에서 민주정치를 구현하고 있으며, 다수당의 지도자가 수상을 맡아 국민의 지지와 신뢰를 얻어서 정국을 주도하는 것이 당연시되고 있다. 그러나 거의 이념형에 가까운 영국식 모델에 근접하고자 한 것은 당시 내각제에 대한 지식의 수준이 정치인들조차도 국회의 내각불신임권과 내각의 국회해산권 등 매우 협소한 차원에 머물러 있어서 다양하게 변형되거나 적용되어 온 내각제의 다양한 형태에 대해서 거의 고려하지 못했기 때문이다. 더구나 당시에만 해도 서양의 헌법이론이 체계적으로 소개되어 있지 않아서 헌법이론가들도 심도 있게 내각제의 내용과 작동방식을 충분히 이해했다고 보기 어렵다.

물론 한태연 교수가 1959년에 이미 "의원내각제 이론"에 관한 연구를 한 바 있지만, 그 이론적 내용이 개헌과정에 주도적으로 참여한 정치인과 헌법학자 대다수에게 정확히 인식되었다고 보기는 어려울 것 같다. 상황이 이럴진대 일반 국민들의 내각제로의 개헌이 독재를 막기 위한 유일한 수단이라고 본다는 것은 거의 감정적인 차원의 열망에 가까웠다고 할 수 있다. 말하자면 2공화국의 내각제가 고전적 의원내각제로의 접근을 모색한 것은 이승만 정권을 경험하면서 대통령제는 독재적이라는 경험적 비판과 반성에 바탕을 두고 있었기 때문에 의원내각제의 이념형에 가까운 영국식 내각제를 모델로 삼았던 것이다. 이러한 상황을 고려해 볼 때 대통령제에서 내각책임제로의 개헌은 의회와 행정부가 서로 간에 권력독점을 견제할 수 있다는 점에서 내각제는 매력적인 권력구조로 보였기 때문에 가능했던 것이지, 그것이 실제로 성공하기 위해서는 어떠한 정치적 환경이 주어져야 하는가에 대한 진지한 고려는 거의 없었던 것이다.

IV. 개헌과정의 주요 특징

이제 허정 과도정부 아래에서 이루어진 1960년의 제3차 헌법개정에서 내각제를 도입하게 되는 과정에 대해서 좀더 자세히 살펴보자. 내각책임제 개헌안의 마련은 1960년 4월 26일 시국수습을 위한 안건과 함께 내각제 개헌 기초위 구성에 관한 건이 국회 본회의에 상정되면서 시작되었다.

본회의에서 개헌안 기초위원회 구성을 국회 운영위원회에 맡긴 결과 다음날 운영위원회가 기초위원회 구성을 위한 방안을 마련하여 각 당에서 선발된 총 9인으로 구성된 기초위원회가 발족하였다. 자유당이 4인, 민주당이 4인, 그리고 무소속이 1인으로 구성되었는데, 이들의 사회적 배경을 보면 나이가 41–65세로 다양한 편인데, 40대가 6명으로 주류를 이루었고, 4명이 변호사 출신으로 법조인이 다수였다. 그리고 일본 대학 출신자가 4명, 경성제대가 2명, 나머지 3명은 고졸 등이었다. 이처럼 개헌안을 성안하는 기초위원회의 규모는 비교적 작았다. 신속한 처리를 위해 기초위원회 인원을 5명으로 하자는 의견이 있을 정도였다. 개헌 주도세력들은 적은 인원이 모여야 신속한 개헌이 가능하고, 또 개헌을 통해 국회가 4·19 혁명세력들의 높은 정치적 요구를 누그러뜨리고 정국의 주도권을 혁명세력으로부터 회수할 수 있을 것으로 보았기 때문이다. 우리들은 〈표–2〉에서 당시 개헌이 얼마나 신속하게 이루어졌는지 알 수 있다.

〈표–2〉에서 보는 것처럼 개헌 기초위원회가 발족한 지 10일 만에 개헌안이 만들어졌다. 이렇듯 빠른 속도로 진행된 내각책임제 개헌안은 5월 11일에 국회에 제출되었고, 30일간의 공고기간을 거쳐 6월 10일 본회의에 상정되어 3일간의 질의 토론을 거쳐 6월 15일 압도적인 지지로 통과되었다. 과도정부는 6월 27일에 민의원과 참의원 선거를 7월 29일에 실시한다고 확정 공고했다.

개헌과정의 또 다른 특징은 개헌 기초위원회가 전문가 3인

〈표-1〉 개헌안 기초위원의 사회적 배경

	소속	선거구	나이	직업	학력	비고
정헌주	민주당	경남 사천	45	남양학원 이사장	일본 중앙대학	엄상섭위원장의 사망으로 후임 위원장에 임명됨
조재천	민주당	대구	48	변호사	일본 중앙대학	
윤형남	민주당	전남 순천	49	변호사	일본 니혼대학	
한근조	민주당	서울 종로	65	변호사	일본 메이지대학	엄상섭의 후임
이재학	자유당	강원 홍천	56	관료	경성제대 법문학부	
박세경	자유당	전북 임실	41	변호사	만주 고문시험	
정운갑	자유당	충북 진천	47	관료	경성제대 법문학부	
이형모	자유당	전남 승주	47	기업인	광주고보	
황호현	무소속	강원 평창	49	관료	보통 문관시험	

(한태연, 박일경, 이태준)에 의존하는 정도가 매우 높았다는 점이다. 개헌 기초위원회 의원 9명 중에는 변호사가 4명으로 다수였지만 헌법 전문가가 없었고, 또 외국의 다양한 헌법제도에 대한 지식이 부족했으며, 특히 헌정공학적 접근을 했기 때문에 전문가의 도움이 절실했다. 개헌 기초위원회는 거의 모든 개헌사항에 대해 전문가의 의견을 구하였고, 또 기초위원회가 합의에 도달하지 못한 사항은 3인 전문가에게 방안을 강구하도록 지시했다. 한편 공법학회, 변호사회 등이 개헌 관련 의견을 공식·비공식으로 국회에 제출하여 개헌 기초위원

〈표-2〉 내각책임제 개헌과정의 주요 활동

날짜	활동내용
4월 26일	– 개헌 기초위 구성에 관한 건, 본회의 상정
4월 29일	– 내각책임제 개헌 기초위원회 발족 – 성사를 목표로 한 개헌일정에 합의
5월 2일	– 민주당과 자유당 혁신파의 개헌 요강 작성과 자유토론
5월 3일	– 개헌내용에 대한 전체적인 합의
5월 4일	– 개헌 기초위에서 개헌내용의 주요 사항에 대한 합의
5월 5일	– 개헌안 성안내용에 관한 공청회
5월 6일	– 개헌기초위에서 개헌내용 중 중요 결정
5월 7일	– 요강 작성 완료 – 정부토론 – 본격적인 조문작성 돌입
5월 8일	– 개헌안 성안 – 행정부와 사법부의 연석회의에서 성안된 개헌안에 대한 최종적 의사 교환
5월 11일	– 개헌안에 서명한 뒤 국회의장이 정부에 회부할 것을 선포함
6월 10일	– 개헌안 상정, 개헌 기초위원장 정헌주의 제안 설명
6월 11일, 13–14일	– 본회의에서 개헌안 심의 토론
6월 15일	– 개헌안 표결, 찬성 = 208, 반대 = 3, 불참 = 7
6월 17일	– 법제사법위–개헌 기초위 연석회의, 헌법 해석에 관한 건 (국회의장직 보유자의 출마에 대한 위헌 여부)

회는 이런 의견을 참조했다. 예를 들면 공법학회는 국민의 기본권 보장에 관한 의견을 제시하였고, 변호사회는 사법의 독립을 위한 방안을 제시하였다.

마지막으로 미국 정부가 한국의 개헌에 깊은 관심을 가지고 있었다. 개헌 기초위의 박세경 의원은 주한 미국대사관 직원과 면담

한 결과를 애기하면서 미국은 내각제 개헌 후 정국불안과 공산당의 준동을 어떻게 방지할 수 있을 것인지에 대해 깊은 관심을 표명했다고 말했다.[2] 박 의원은 한국이 앞으로 내각제 하에 정국안정을 도모하기 위해 양당제를 발전시켜 나갈 것이며, 또 헌법이나 법률로 공산당의 활동을 방지할 수 있다고 설명해 주었다고 밝혔다. 개헌 기초위에서 이런 점을 고려하여 정당 조항을 헌법에 삽입하고 반민주적 정당을 해산시킬 수 있는 근거를 헌법에 마련하였다.

V. 개헌안의 주요 쟁점과 합의내용 분석

이제 개헌안 초안을 마련한 개헌안 기초위원회와 개헌안을 심의한 본회의의 질의토론에 나타난 주요 쟁점을 정리해 보자. 개헌안 기초위원장 정헌주 의원은 개헌안을 본회의에 상정한 후 제안 설명을 통해 개헌의 지도이념을 3가지로 요약하였다. 첫째 "국가의 권력으로부터 국민의 자유를 어떻게 더 완전하게 보장할 수 있을 것인가", 둘째 내각책임제로 개정하는 데 있어 "어떻게 하면 다수당이 범할 수 있는 전제에 대해서 소수를 보호할 수 있느냐", 셋째 국회 불신임에 대해 "정부를 어떻게 보호하느냐" 하는 것이라고 밝혔다.[3] 정위원장이 개헌의 지도이념이라고 지적한 3가지는 이념이라기보다 가이드라인 또는 목표라고 할 수 있다. 이처럼 개헌안 기초위원회가 철학적 · 규범적 차원의 논의보다 헌정공학적 차원에서 개헌에 접근하였다고 평가할 수 있다.

개헌안 기초위원회는 이러한 가이드라인에 따라 기존 헌법의 52개조를 고쳤는데, 이를 7개 항목으로 나누어 보면 다음과 같다. 1) 국민의 권리 보장, 2) 권력구조를 현행 대통령제에서 내각제로 변경, 3) 사법의 독립을 위해 대법원장과 대법관을 대통령 임명제에서 선거제로 변경, 4) 법률의 위헌심사 등을 위해 헌법재판소 신설, 5) 공정 선거를 위해 중앙선거위원회를 헌법기관으로 설치, 6) 경찰의 중립을 보장하기 위한 기구 설치, 7) 지방자치단체의 장을 직선제로 규정 하는 것 등을 포함하였다.[4] 이 외에도 양원제 수립을 위한 참의원 구성 등이 있다.

정헌주 위원장은 개헌안 제안 설명에서 개헌안 기초위원회가 외국 제도를 많이 참고하였는데, 특히 3가지 유형의 내각제 중에서 영국의 순수형 내각제를 한국에 도입하기로 했다고 주장했다. 영국의 내각제는 국회가 내각불신임권을 가지는 동시에 내각은 국회해산권을 가지고 있어서 국회-내각 간에 권력균형이 유지되는 것으로 파악했다. 이와 대조적으로 프랑스의 3-4공화국의 내각제는 국회-내각 간의 권력균형이 국회 쪽으로 기울어져 있다고 보았다. 그 이유는 국회의 내각불신임권에 대해 내각의 국회해산권이 불가능하거나 제한되어 있었기 때문이다. 마지막 유형은 독일 바이마르 헌법이나 프랑스 2공화국처럼 권력의 비중이 내각 쪽에 기울어져 있는 경우이다. 이 제도는 대통령을 직선제로 선출하고 수상임명권이나 의회해산권을 가지고 있어서 루이 나폴레옹이나 히틀러와 같은 독재자의 등장을 가능하게 하였다고 보았다.

개헌 기초위원회와 본회의가 매우 단시간 내에 합의에 도달했지만 개헌의 주요 항목을 두고 자유당과 민주당 간에, 그리고 의원들 간에 상당한 의견 차이를 보였다. 일반적으로 이재학 의원을 비롯한 자유당은 기본권 보장 확대, 양원제 수립, 헌법재판소 신설 등에 반대하는 등 상당히 보수적인 태도를 보인 반면에 윤형남 의원을 비롯한 민주당은 대체로 기본권 신장, 참의원 구성, 헌법재판소 신설, 사법의 독립성 보장, 경찰 중립화 등에 찬성하였다. 4 · 19 의거의 여파로 인해 민주당 주도로 개헌이 이루어졌으나 자유당 의원들 중에서는 아직 정치적으로 위축되지 않고 개헌 기초위나 본회의에서 여전히 목소리를 내는 의원들이 있었다. 이제 1960년 개헌과정에서 논란이 되었던 주요 사항을 구체적으로 분석해 보자.

1) 기본권

국민의 기본권과 관련된 쟁점은 기본권 유보조항의 삭제 여부였다. 일반적으로 이재학을 비롯한 자유당 의원들은 그대로 두기를 원했으나 윤형남을 비롯한 민주당 의원들은 이를 삭제해야 한다고 주장했다. 자유당 의원들은 기본권에 대한 법률 유보조항을 없애는 경우 공산당의 활동을 막을 수 없고, "인민보"가 난무할 우려가 있다는 이유 등을 들었다.[5] 한편 민주당 의원들은 《경향신문》 폐간 사건처럼 국가가 이 조항을 악용하여 언론의 자유를 박탈할 우려가 있기 때문에 이 조항을 삭제해야 한다고 주장했다. 4 · 19 의거의 정신이 국민의 기본권을 확대 보장하는 것이라는 민주당의 주장을 자유당이 거역할 수 없었기 때문에 결국 종래 11조와 13조의 법률로서 집회, 결사, 언론, 출판의 자유 등을 제한할 수 있다는 조항에서 법률 유보조항을 삭제하는 대신 28조 2항에 "질서유지와 공공복지를 위해 필요한 경우에는 법률로서 제한할 수 있다"는 조항을 넣었다.

2) 참의원 구성과 권한

기존 헌법이 양원제를 명시하고 있었으나 그동안 이승만 정권이 참의원 구성을 연기시켰는데, 이제 자유당과 민주당이 모두 참의원을 구성하는 데 합의하였으나 구성방식과 권한에 대해서는 의견 차이가 상당했다. 이재학 의원은 근본적으로 참의원 설치에 반대하지만 참의원을 두더라도 이를 자문기관으로 만들어 지방의회에서 간접선거를 통해 참의원을 구성하자고 주장하였으나 결국 민주당 의원들이 주장한 도단위의 직선을 통한 참의원 구성안이 채택되었다. 민주당은 민의원을 견제하고 법안 심의에 신중을 기하기 위해 직선제 참의원이 필요하다고 주장했다. 한편 대부분의 의원들이 참의원보다 민의원에게 더 많은 권한을 주는 데 동의한 결과 민의원이 예산과 법률을 우선 심의하고 국무총리 인준권을 가지기로 하였다. 한편 참의원이 민의원에서 통과된 법안을 거부하는 경우 민의원은 재적의원 과반수 출석에 출석의원 3분의 2 찬성으로 법안을 채택할 수 있도록 하였다. 그 대신 법안 재심의를 위한 양원 합동회의를 도입하지 않기로 하였다.

3) 대통령 선출과 권한

대통령직선제도가 이승만 정권의 장기집권을 가져왔고 또 3·15 부정선거를 유발하여 4·19 의거가 일어난 점을 고려하여 대통령직선제를 폐지하고 간선제를 도입하는 데 대해 반대하는 사람은 거의 없었다. 그리하여 민의원과 참의원 양원 합동회의에서 재적 과반수 이상의 찬성으로 대통령을 선출하는 데는 쉽게 합의가 이루어졌다.

그러나 기존 헌법의 14조부터 19조까지 대통령의 권한을 어떻게 내각제에 부합하게 수정하느냐 하는 것이 쟁점이었다. 민주당의 경우 대통령은 국가의 의례적인 행위만을 하고 기존의 대통령이 가진 국정 권한을 모두 내각에 부여했다. 자유당의 경우 민주당 안과 비슷하지만 대통령이 국군통수권, 계엄선포권, 국회해산권, 국무회의 사회권 등을 맡아보도록 하였다. 특히 국군통수권의 경우 국무총리가 맡는 경우 당파적인 이익이 반영될 우려가 있기 때문에 대통령이 맡아야 한다는 주장이 나왔다. 예를 들면 이재학 의원은 대통령이 상당한 권한을 가지고 국무총리를 어느 정도 견제해야 한다는 논리를 펼쳤다. 그리하여 계엄선포권의 경우 대통령에게 소극적인 거부권을 주기로 합의하고 다른 모든 대통령의 권한은 의례적인 것으로 만들었다.

한편 기존 헌법에 대통령이 가진 긴급명령제도 존치 여부와 관련하여 민주당은 긴급명령제도를 없애는 대신 긴급재정처분권은 살려두되 민의원이 해산되는 경우에만 행사할 수 있도록 제안했다.

자유당의 경우 현행 제도를 그대로 두되 내각의 의결사항으로 할 것을 제안하였다. 이재학 의원을 비롯한 자유당 인사들은 우리나라는 분단국가로서 비상사태가 일어날 가능성이 높기 때문에 대통령에게 상당한 권한을 주어야 한다는 입장이었다. 대통령의 권한이 너무 적은 경우 국가운영에 어려움이 초래될 것을 우려한 것이었다. 그러나 민주당 의원들은 민주국가에서는 이런 긴급명령권을 가진 나라가 없고, 6·25 전쟁이나 화폐개혁의 경우 계엄령이나 긴급재정처분권의 일환으로 긴급명령을 포함할 수 있다는 논리를 전개하였다.

4) 국무총리 선출과 국무회의 운영방식 및 내각불신임 요건

국무총리 선출방식을 두고 다양한 의견들이 제시되었다. 선출기구(민의원 또는 양원 합동회의), 선출요건(과반수 찬성 또는 3분의 2 찬성), 국무총리 자격(민의원 또는 민의원 아닌 자) 등과 관련하여 개헌 기초위에서 많은 토론이 벌어졌다. 민주당의 내각제 안은 민의원 중심이었기 때문에 결국 양원 합동회의 대신 민의원에서 국무총리를 선출하기로 하였다. 그리고 선출요건은 다른 나라처럼 과반수 찬성으로 결정하였다. 또 한국에서 집권당의 총리 유력인사를 야당이 선거에서 떨어뜨리기 위해 노력하는 등 특수한 상황이 우려되기 때문에 민의원이 아닌 훌륭한 사람도 총리가 될 수 있도록 하자는 의견이 나왔으나 내각제 원칙에 비추어 볼 때 민의원이 아닌 사람이 총리를 하는 것은 모순이라는 의견이 지배적이었다. 그리하여 국무총리는 민의원 중에서 선출하고 또 국무위원의 절반 이상을 민의원으로 하기로 결정하였다.

국무총리 선출절차를 헌법에 구체적으로 명시한 바에 의하면 대통령이 2차례 지명하는데, 지명자가 국회의 동의를 얻지 못하면 3차에는 국회에서 선출하도록 하였다. 민의원 구성 후 5일 이내에 대통령이 총리를 지명하고, 1차 지명에서 부결된 경우 부결된 날로부터 5일 이내에 2차 지명을 하도록 하였다. 다시 부결된 경우 국회가 5일 이내에 총리를 선출하도록 하였다. 또 지명 후 국회는 24시간 후 48시간 이내에 투표하도록 헌법에 명시하였다.

한편 국무회의 운영방식과 관련하여 민주당은 내각의 운영을 국무총리가 주도하는 안을 내었으나 자유당은 국무총리가 국무원을 대표하고 법안제안도 하지만 의장은 대통령이 되고 표결권이 없도록 제안하였다.[6] 자유당은 대통령과 내각의 연결이 필요하다고 주장하였다. 당시 개헌 기초위에서 한태연 교수는 대통령이 포함된 국무회의가 있고 수상과 내각 전원이 포함된 국무회의라는 2종류가 있다고 밝혔다. 그런데 자유당은 전자의 방식을 도입하려는 것으로, 이와 같은 방식은 프랑스의 4공화국에서 대통령이 국무회의 의장을 맡은 사례에서 찾아볼 수 있다. 그런데 4 · 19 이후 대통령에 대한 불신이 매우 강한 상황에서 자유당의 제안이 받아들여질 수 없었다. 결국 국무총리가 국무회의 의장이 되도록 하였다. 그리고 내각(Cabinet) 대신 국무원(Council of Ministers)이라는 명칭을 사용하기로 하였는바, 내각이 과거 군주 시대의 냄새가 나는 반면 국무원이 민주적 인상을 주기 때문이다.[7] 국무회의는 국무원의 회의라는 의미로 사용하였다.

내각제의 요체는 국회의 내각불신임권과 내각의 국회해산권을 어떻게 규정하느냐 하는 문제이다. 이에 따라 정국안정 여부가 결정되기 때문이다. 민주당은 처음에 분단국가로서 정국안정을 위해 1년간 불신임을 하기 어렵도록 하기 위해 국무총리 취임 후 1년간 국회의 내각불신임 요건으로 3분의 2의 찬성을 주장하였다. 그러나 이것은 내각제의 기본 원리에 어긋나기 때문에 삭제하기로 결정하였다. 대신 정부의 조약비준 동의안이 통과되지 않거나 정기예산안이 법정기일 내에 통과되지 않은 경우 내각에 대한 불신임으로 간주하도록 헌법에 명시하였다. 불신임 정족수는 논란 끝에 재적 과반수로 결정하였다.[8] 불신임안이 제출된 경우 민의원은 24시간 이상 48시간 내에 표결하도록 하였다. 국무위원에 대한 개별 불신임은 헌법에 명문화하지 않고 일본처럼 정치관행으로 시행하도록 하였다.[9]

5) 헌법재판소와 중앙선거위원회 설치

기존의 헌법위원회와 탄핵재판소를 폐지하는 대신 헌법재판소를 신설하는 데 쉽게 합의했다. 그러나 헌법재판소 구성을 둘러싸고 다양한 의견들이 나왔으나 결국 9명의 재판관 중에서 대통령, 대법원, 참의원이 각3인을 선임하도록 하고 임기는 6년으로 하되 2년마다 3인씩 바꾸고 정당이나 정치에 관여하지 못하도록 하였다. 이 제도는 한태연 교수의 주장에 따라 주로 독일의 헌법재판소 제도를 따랐다. 개헌 기초위원회의 논의과정을 보면 내각제의 골격은 영국의 내각제를 기본으로 하였으나 구체적인 사항에 있어서는 이처럼 독일, 프랑스 등의 헌정제도를 차용하는 경우가 상당했다. 또 공명선거를 보장하기 위해 중앙선거위원회를 헌법기관으로 만들었는데, 중앙선거위원은 대법관 중에서 3인, 각 정당에서 6인의 위원을 선출하도록 하였다. 위원장은 대법관 위원 중에서 호선하도록 하였다.

6) 정당조항, 경찰 중립화 문제, 지방자치제도

당시 개헌을 통해 독일처럼 정당조항을 헌법에 삽입하고 반민주적 정당을 해산시킬 수 있는 근거를 마련하였다. 한편 집권세력이 그동안 지방자치단체장의 선임방식을 자의적으로 결정하는 바람에 선거제나 임명제를 왔다갔다했기 때문에 혼란이 많았으므로 앞으로 적어도 시·읍·면의 장을 직선으로 선출한다는 것을 헌법에 명시하였다. 한편 민주당은 경찰 중립화를 보장할 수 있는 방안으로 공안위원회를 설치할 수 있도록 헌법적 근거를 마련하려고 노력하였으나 이러한 조치는 국무회의에서 결정할 사항으로 넘겼다. 특히 민주당의 조재천 의원은 이러한 조항을 헌법에 명시하는 것이 민주주의를 대외적으로 과시하는 것이라고 주장하였다. 그러나 자유당의 이재학 의원은 경찰의 중립화가 경찰을 무소불위의 기관으로 만들 우려가 있다고 반대하였다. 그런데 헌법체제상 국무원에 버금가는 공안위원회를 설치하는 경우 통제할 방법이 없고, 국무원 아래에 공안위원회를 두는 경우 헌법에 명시할 필요가 없다는 판단에 따라 이를 헌법에 명시하지 않았다.

이러한 논의과정을 거쳐 확정된 개헌안의 핵심적인 요소는 결국 정부기구간의 권력배분인데, 이와 관련하여 제2공화국 내각제

〈표-3〉 제2공화국 3대 정부기구의 주요 권한과 선출방식

핵심 권력기구	주요 권한과 선출방식
대통령	1) 대통령은 국가의 원수로서 그 권한은 원칙적으로 의례적 형식적 권한에 국한함 2) 정국의 안정과 조정을 위하여 대통령에게 국무총리지명권, 국무원의 계엄선포 요구에 대한 거부권, 헌법재판소 심판관의 임명권 등과 같은 실질적 권한을 부여함 3) 대통령 선거는 양원 합동회의에서 실시 4) 대통령의 명령제정권을 삭제
국회	1) 국회는 양원제로 하고 참의원의 구성도 직선제로 함 2) 권력의 비중을 민의원에 두어 법률안 및 예산안의 우선 심의권을 가지고, 양원의 의결이 일치하지 않을 때에는 민의원의 재의로써 국회의 의결로 하게 하고 또한 정부에 대한 불신임권은 민의원에게만 부여함 3) 양원 합동회의를 원칙적으로 폐지 4) 참의원 선거를 3년마다 2분의 1씩 하게 함으로써 참의원의 계속성을 보장케 하는 동시에 민의원이 해산했을 때에는 필요한 사항에 대해서는 참의원이 국회의 권한을 대행함
국무원	1) 행정권자를 국무원으로 하고 국무원은 국무총리와 국무위원으로 조직케 하는 동시에 국무총리 및 과반수 이상의 국무위원은 국회의원으로 함 2) 국무총리는 대통령이 2회에 한하여 지명하고 민의원의 신임에 의하여 임용되지만 2회의 지명에 의해서도 민의원의 신임을 얻지 못할 때에는 민의원이 선거하게 하고 또한 국무의원의 임면도 국무총리의 권한으로 함 3) 국무원은 민의원에 대하여 연대책임을 지게 하고 정부에 대한 민의원의 불신임의결이 있을 때에 한하여 민의원을 해산함 4) 민의원은 정부를 불신임할 수 있게 하고 또한 민의원의 법정 기일 내의 예산안 불의결 및 조약의 비준 거부를 정부에 대한 불신임 결의로 간주함

출처 : 이정식, "내각제 헌법 : 이상과 현실," 한국정치외교사학회 엮음, 『한국정치와 헌정사』(한울 아카데미, 2001), pp. 260-261.

의 주요 내용을 정리해 보면 〈표-3〉과 같다. 〈표-3〉과 같은 내각제 개헌의 주요 골자는 2공화국 내각책임제 헌정의 성격을 잘 드러내고 있다. 제2공화국의 내각제에는 영국의 내각책임제의 모형을 따라서

책임정치의 구현 및 정국의 안정을 도모하기 위한 규정들을 마련하고 있다. 국무원(내각)에 대한 불신임결의안(제71조 제1항)과 국무원의 민의원(국회)해산권(제71조 제2항)을 병존시키고 있으며, 내각의 존속을 언제나 국회의 존속에 귀속(제71조 제5항)시킴으로써 상호 간의 견제가 가능하도록 하였다(김백유, 2000). 이렇듯 제2공화국의 내각제는 그 이상에 있어서는 주로 영국의 내각제 모델에 근접했다고 볼 수 있다. 그럼에도 불구하고 내각제의 실제적 운용이 영국처럼 이루어진다는 보장이 없었다.

한편 국회에서는 내각제 개헌과 함께 향후 정당정치의 전개에 영향을 끼칠 중요한 정치적 입법을 단행했는데, 특히 중요한 것은 정당에 관한 법률, 선거법, 국가보안법이다. 우선 정당에 관한 조항을 신설함으로써 정당에 대한 헌법적 지위를 부여했다. 이 법에 따라서 정당은 간단한 수속만으로 정부에 등록할 수 있게 되었고, 설립된 후에는 강력한 헌법적 보호를 받을 수 있게 된 것이다. 의원내각제가 견실한 정당정치를 전제조건으로 한다는 점을 감안할 때 이러한 입법은 적절한 조치였다. 그러나 정당법과 달리 개정된 선거법에서는 민의원 선거의 소선거구제와 단순다수결제도라는 기본 구도를 유지함으로써 새로운 정치세력의 정치사회 진입에 커다란 장애물로 기능하게 되었다. 마지막으로 1958년 12월 국회에서 자유당 단독으로 개정되었던 국가보안법을 손질하였다. 언론조항 등 국민의 기본권리를 침해하는 요소들을 상당부분 삭제하고 전체적으로 전문을 축소 조정하여 정치적 탄압의 가능성을 줄였다. 결국 전체적으로 보면 4·19 이후 비혁명적 민주이행은 내각제로의 개헌을 통하여 정부형태는 변경하였으나 보수적 정치지형을 그대로 지속할 수밖에 없는 수준의 정치개혁이라는 평가를 받았다(김수진, 1996).

VI. 결론 : 1960년 개헌과정의 교훈

1960년의 개헌은 우리나라 헌정사에서 처음으로 민주적 절차에 따라 여야 합의로 이루어졌다는 점에서 그 정치적 의의가 크다. 더욱이 독재에 항거하는 학생과 시민들의 희생에 힘입어 개헌이 가능했기 때문에 그 역사적 의미는 심대하였다. 특히 대통령제를 내각제로 바꾸는 개헌이었기 때문에 정치인들은 물론 일반 국민들의 기대가 높았다. 그러나 개헌 후 집권한 장면 정권이 단명으로 끝나는 바람에 1960년의 개헌은 한국 정치사에서 긍정적인 평가보다 부정적인 평가를 받는 경향이 발생했다.

그러나 이 논문의 주요 관심사인 개헌과정만을 보더라도 오늘날 우리들에게 많은 교훈을 주고 있다. 첫째, 3·15 부정선거와 이승만 독재에 항거하는 학생 및 시민의 궐기가 성공함으로써 개헌이 가능해졌지만, 개헌과정에서 이들의 참여는 매우 제한적이었다는 점에서 1960년 개헌의 한계가 있었다. 당시 4·19 의거에 참여한 학생, 지식인들은 국회 개헌과정에 적극적으로 참여하지 않았다. 당시 자유당이 여전히 다수를 차지하고 있는 국회에서 개헌이 이루어지고 있었기 때문에 개헌과정에 참여를 꺼렸다. 즉 4·19 혁명세력들은 타도의 대상인 자유당과 함께 개헌을 논의하는 것은 있을 수 없는 일이라고 보았다. 특히 4·19 혁명세력 중에는 사회민주주의적 성향을 가진 인사들이 많았기 때문에 민주당과 협조하여 개헌에 참여하는 것을 별로 선호하지 않았던 것으로 보인다. 더욱이 학생과 지식인들은 정치적 순수성을 강조하는 경향이 강했기 때문에 민주당을 비롯한 특정 정치세력과 결탁하거나 연계하는 것을 탐탁하게 생각하지 않은 것으로 보인다. 결국 국회를 중심으로 한 여야 정치인들이 주축이 되어 개헌이 성사되는 바람에 새로운 헌법을 지키려는 사회적 기반이 튼튼하지 못했다.

둘째, 1960년의 개헌과정은 초고속으로 진행되는 바람에 정치권의 심층적인 토론이나 학계 및 시민사회의 다양한 의견 수렴이 이루어질 수 없었다. 1960년 4월 26일 국회 본회의에 개헌 기초위원회 구성을 위한 안건을 회부한 지 약 2주일 만인 5월 8일에 개헌안이 만들어지고, 약 50일 만인 6월 15일에 개헌안이 확정되었다. 이처럼 빠른 시간 내에 개헌이 이루어진 배경에는 허정 과도내각을 비롯한 여야의 정치적 계산이 작용했다. 허정 과도내각은 4·19 세력들의 혁명적인 요구를 수용하여 개혁을 단행할 만한 리더십과 정치적 야심이 없었으므로 하루빨리 개헌을 단행하여 선거를 치른 후 신정부에게 모든 것을 떠넘기려고 했기 때문에 초고속으로 개헌을 추진하였다. 한편 타도의 대상이었던 자유당은 부정선거의 책임을 모면하기 위해 개헌을 추진하였고, 특히 내각제 개헌을 통해 정치적 생명을 연장할 수 있는 길을 모색했다. 한편 민주당의 구파와 신파는 초기에 각각 선개헌, 후선거 또는 선선거, 후개헌을 선호했지만 신파가 양보함으로써 개헌이 가능해졌다. 당시 사회 분위기가 대통령제를 독재와 동일시하는 상황에서 민주당 신파가 대통령 보궐선거를 주장하기 어려웠고, 또 개헌 없이 내각제를 위한 총선을 실시할 수 없었기 때문에 결국 선개헌, 후선거에 합의하였다. 이처럼 당시 정치권은 각 정당이나 정파의 정치적 이해관계가 맞아떨어지는 바람에 초고속의 개헌을 추진하였던 것이다. 1960년 개헌과정을 보면 결국 정치권의 이해관계가 개헌과정과 절차에 막대한 영향을 미치게 된다는 것을 알 수 있다. 1960년 당시와 비교해 볼 때 오늘날 개헌 논의가 많지만 국회에서 본격적인 개헌 발의가 이루어지지 않고 있는 것은 각 정당이나 정파의 다수가 아직도 개헌의 절박성을 느끼지 않기 때문이다.

1960년 개헌과정의 마지막 교훈은 국민들이 개헌을 통해 추구하는 다양한 정치적 가치나 목적을 어떻게 조화롭게 새로운 헌법구조에 반영할 수 있을 것인가 하는 점이 매우 중요함을 말해준다. 그 당시의 정치적 상황은 이승만 독재를 타도한 직후였기 때문에 많은 국민들과 정치인들은 독재 방지에 최우선 순위를 두고 개헌을 추구하는 경향이 강했다. 그리하여 당시 개헌과정에서 내각제에서 발생할 수 있는 정당이나 정파 간의 갈등으로 인한 정치불안 등에 대한 대비책 논의가 상대적으로 미비했다. 따라서 향후 개헌 논의는 다양한 정치적 가치를 어떻게 조화시킬 것인가, 특히 제도상의 잠재적인 문제점에 대비할 수 있는 방안이 무엇인지에 대해 심층적인 논의가 먼저 이루어져야 할 것이다. 1960년 개헌은 이러한 논의나 준비가 매우 부족했기 때문에 내각제 민주주의의 실패를 가져옴으로써 아직도 내각제에 대한 우리 사회의 불신이 정치적 유산으로 남아 있다고 해도 과언이 아니다.

주

1. 이 논문은 필자들이 미래한국재단에 제출한 2009년도 연구과제 “장면 정권의 내각제는 왜 실패했는가?”의 최종 보고서의 4장을 수정·보완한 것이다.
2. 국회사무처, 『제35회 헌법개정안기초위원회 속기록』 제1호, pp. 146-7.
3. 국회사무처, 『제35회 국회임시회의 속기록』 제33호, p. 10.
4. 위의 속기록, p. 10.
5. 위의 속기록, p. 10.
6. 국회사무처, 『제35회 헌법개정안기초위원회 속기록』 제1호, p. 111.
7. 위의 속기록, p. 112, 114.
8. 위의 속기록, p. 133.
9. 위의 속기록, p. 135.

참고문헌

1차 자료

국회사무처. 1960.『제35회 국회 임시회의 속기록』제12호, 제17호(부록), 제33호, 제33호(부록), 제34호, 제35호, 제36호, 제37호.

______. 1960.『제35회 국회 법제사법 · 헌법기초위원 연석회의 속기록』제1호.

______. 1960.『제35회 국회 헌법개정안기초위원회 속기록』제1호.

2차 자료

가. 한국 문헌

김백유. 2000. "정부위기론 : 제2공화국 의원내각제하의 정부위기를 중심으로."『사회과학논집』13권 3호. 한성대학교.

김수진. 1996. "제2공화국 정치균열의 구조와 변화." 백영철 편.『제2공화국과 한국 민주주의』. 나남.

김용호. 1990. "해방이후 군사혁명 전까지의 민주주의의 시련과 갈등 : 위에서 주어진 민주주의-제1, 2공화국에 나타난 한국 민주주의의 파행성." 한국정치외교사학회 논총 제7집.『한국민족주의와 민주주의의 갈등 구조』. 평민사.

______. 2007. "헌정공학의 새로운 이론적 틀 모색 : 한국 헌정체계의 규범적 좌표와 제도적 선택."『21세기 헌정주의와 민주주의』. 인간사랑.

박명림. 1996. "제2공화국 정치균열의 구조와 변화." 백영철 편.『제2공화국과 한국 민주주의』. 나남.

이정식. 2001. "내각제 헌법 : 이상과 현실." 한국정치외교사학회 편.『한국정치와 헌정사』. 한울아카데미.

최장집. 1996. "제2공화국 하에서의 민주주의의 등장과 실패." 백영철 편.『제2공화국과 한국 민주주의』. 나남.

나. 외국 문헌

Han, Sung-Joo. 1974. *The Failure of Democracy in South Korea*. Berkely : University of California Press.

Han, Tai Yun. 1963. "Constitutional Development in Korea." *Koreana Quarterly* 5 (Spring).

II. 헌법 개정의 정치학

제3장

헌법 개정의 바람직한 절차와 과정

_강원택

I. 들어가는 말

최근 들어 헌법 개정을 둘러싼 논의가 활발해지고 있다. 지난 2007년 초 노무현 대통령은 소위 '원 포인트 개헌'을 제안한 바 있고, 이명박 대통령 역시 2010년 광복절 연설에서 개헌의 필요성을 제기한 바 있다. 또한 김형오 국회의장은 2009년 제헌절 경축사에서 국회 내 헌법 개정 특별위원회의 설치를 주장한 바 있다. 이처럼 정치권에서 헌법 개정에 대한 언급이 빈번해지고 있는 것은 민주화 이후 20년을 넘어서고 또 현행 헌법 개정의 주체였던 이른바 '3김'의 시대가 저물면서 한 단계 진전된 새로운 통치형태로의 변화를 모색하려는 노력으로 볼 수 있다. 이에 따라 헌법 개정에 어떤 내용을 담을 것인가를 둘러싼 학문적·정치적 논의도 점차 활발해지고 있다. 지금까지의 논의과정을 지켜보면 언론과 정치권의 일차적 관심은 통치형태의 변화에 모아지고 있는 듯하다. 현행 5년 단임 대통령제로부터 4년 중임 대통령제, 내각책임제 혹은 이원정부제적 통치형태로 바꾸자는 데 개헌 논의가 집중되고 있다.

그러나 헌법 개정의 내용 못지않게 중요한 점은 개헌의 절차와 과정에 대한 것이다. 헌법 개정은 국가 통치구조의 근간을 변혁하려는 거대한 작업이기 때문에 가장 중요한 전제조건은 개정방향에 대한 국민적 합의를 도출해내는 일이다. 특히 헌법 개정이 권력구조상의 변화를 포함하고 있다면 이에 대한 폭넓은 사회적 공감대를 이뤄내는 노력은 더욱 중요하다. 사실 과거 우리 정치사에서 개헌의 절차와 과정을 보면 대부분의 경우 이런 노력이 부족했다. 오히려 이런 절차를 무시한 채 권력의 강압에 의해 무리하게 추진된 경우가 많았다. 현행 헌법이 국회에서 국회의원 2/3의 동의를 얻고 또 국민투표를 통한 승인까지 얻도록 엄격하게 개정절차를 규정하고 있는 것도 어두운 과거의 기억을 반영하는 것으로 볼 수 있다.

사실 개헌에 대한 부정적 시각은 굳이 권위주의 체제 때만의 일은 아니다. 예컨대 민주화 이후인 1990년 3당 합당 당시 시도되었던 내각제 개헌 움직임에 대해 "그 개헌에 대한 문제 제기 자체가 한국의 민주주의 발전을 위한 프로젝트가 아니라 정략적인 동기에서 비롯된 것이라는 점에서 문제가 많다. 즉 국가의 발전이나 민주주의의 신장이라는 문제의식에 기반한 깊은 고뇌의 산물이 아니라 단순한 권력욕의 산물에 불과하다는 것이 문제"(손호철, 1999 : 324)라는 비판은 통치구조 변화를 포함한 개헌 논의가 정파적 이해관계가 아니라 정치적 신뢰에 기초한 폭넓은 국민적 합의 하에 추진되어야 한다는 점을 잘 보여주고 있다.

특히 오늘날 제기되는 개헌은 이러한 과거의 경험과는 명백히 다른 정치적 환경 속에서 추진될 수밖에 없다. 혁명, 쿠데타, 체제에 대한 대중적 저항과 같은 정치적 격변 속에서 개헌의 필요성이 제기된 것이 아니며, 장기집권을 위한 권력욕으로부터 개헌 문제가 언급된 것은 더더욱 아니기 때문이다. 따라서 이런 '평시에' 개헌이라는 국가적으로 중대한 프로젝트를 성사시키기 위해서는 그 절차와 과정이 과거와는 달리 매우 어렵고 복잡할 수밖에 없을 것이다.

이 글은 최근 빈번히 제기되고 있는 헌법 개정 논의에서 그 절차와 과정의 중요성에 주목한다. 다시 말해 '무엇'을 바꿀 것인가에 못지않게 '어떻게' 바꿀 것인가에 대한 진지한 논의가 필요하다는 것이다. 이 글에서는 우선 과거 우리 정치사에 이뤄진 헌법 개정의 역사를 되돌아보고, 현실정치적으로 개헌을 가능하게 할 수 있는 바람직한 절차와 과정에 대해서 논의하고자 한다.

II. 과거 헌법 개정의 절차적 특징과 문제점

헌법 개정의 과정과 절차에 주목하는 이유는 우리 헌법의 제정과 개정이 그동안 순탄하게 이뤄졌다고 보기 어렵기 때문이다. 사실 1948년 대한민국 건국헌법 제정부터 우여곡절을 겪었다. 1948년 5월 총선을 통해 구성된 국회는 개원 후 헌법 제정을 위한 헌법 및 정부조직법기초위원회(이하 헌법기초위원회)를 구성했다. 당시 헌법기초위원회의 다수는 내각책임제를 선호했고,[1] 유진오가 마련한 헌법의 초안 역시 내각책임제를 기반으로 하고 있었다. 헌법기초위원회의 다수 위원들은 직접 선거라면 몰라도 국회에서 간접적으로 선출되는 대통령에게 행정책임까지 부여하는 대통령중심제를 채택하면 전제정치가 될 수도 있음을 우려했다(이하 심지연, 2004 : 61). 그러나 당시 국회의장으로 선출된 이승만은 대통령중심제를 선호했고, "내각책임제는 비민립적"이라고 주장했다. 그럼에도 헌법 제정 논의가 내각제의 방향으로 흘러가게 되자 이승만은 대통령제가 채택되지 않는다면 "도저히 일을 해나갈 수 없으니 나 같은 사람은 모든 것을 다 그만두고 국민운동이나 하겠다"고 최종 통보했다. 이승만의 강력한 반대에 부딪히면서 헌법기초위원회는 내각책임제를 포기하고 대통령중심제로 바꾸기로 결정했다. 내각책임제를 토대로 하고 있던 헌법안은 "한민당 출신의 기초위원이었던 김준연이 10분 내에 원안을 파기하고 대통령중심제로 바꾸는 수완을 발휘"(심지연, 2004 : 63 각주 45)하면서 일순간에 대통령중심제로 바뀌게 되었다. 이처럼 우리의 통치형태의 결정과정은 처음부터 '졸속'이라는 비판에서 벗어나기 어려웠던 것이다(강원택, 2006 : 216).

제헌헌법 이후에도 헌법 개정의 역사는 대부분 '정상적인' 절차를 거치기보다는 '일탈적인' 형태로 이뤄지는 경우가 많았다. 제헌헌법 이후 지금까지 헌법을 개정한 경우는 모두 아홉 차례이다. 헌법 개정의 주체, 개정목적, 승인절차를 중심으로 각각의 경우를 살펴보면 〈표-1〉과 같다.

모두 9차례 가운데 절차적 측면에서 볼 때 어떤 형태로든 '민주적'이라는 표현을 쓸 수 있는 경우는 4·19 혁명 이후의 두 차례

〈표-1〉 역대 개헌의 주체, 목적, 절차와 특징

일시	개헌 추진 주체	목적	승인절차	특징
1952. 7. 7.	이승만 대통령	대통령 직선제	억압적	발췌 개헌
1954. 11. 29	이승만 대통령	초대 대통령 3선 가능	억압적	사사오입 개헌
1960. 6. 15	국회	내각제 개헌	민주적	4·19 혁명
1960. 11. 29	국회	반민주행위 처벌 위한 소급입법의 근거 마련	민주적 (그러나 여론에 굴복한 형태)	형벌 불소급 원칙 위배 논란
1962. 12. 26	군부	대통령제 개헌, 민정 이양	제한적 민주적 (군정)	5·16 쿠데타
1969. 10. 21	박정희 대통령	3선 개헌	억압적	날치기 변칙 처리
1972. 12. 27	박정희 대통령	영구 집권	억압적	유신헌법
1980. 10. 27	신군부	신군부 지배 구축	억압적	제5공화국 출범
1987. 10. 29	국회	대통령 직선제	민주적	6월 민주화 항쟁

헌법 개정과 5·16 이후의 개헌, 그리고 1987년 민주화 투쟁 이후의 대통령직선제 개헌의 4차례 정도에 불과하다. 그러나 1960년 11월의 4차 개헌은 그 절차가 반드시 민주적이었다고 보기 어려운 측면도 있다. 4·19 혁명 때 부상을 당한 학생들이 국회의사당에 난입하여 '반민주행위자처벌법' 제정을 요구한 데 따른 대응으로, 반민주행위자의 참정권과 재산권을 제한하도록 한 소급입법의 근거를 마련하기 위한 개헌이었다. 5·16 군사 쿠데타 이후 국가재건최고회의에서 제안한 개헌은 최초로 국민투표에 회부되어 85%의 투표율과 79%의 찬성으로 승인되었지만, 정상적인 정치활동이 허용되지 않았던 군정시기에 이뤄진 것이라는 점에서 그 논의과정이 충분히 민주적이

라고 보기는 어렵다. 따라서 지금까지 모두 9차례의 개헌과정에서 '민주적인' 개헌절차를 거친 경우는 1960년 4 · 19 이후와 1987년 6월 항쟁 이후에 행한 두 차례에 불과하다. 그런데 이 두 경우 모두 개헌은 체제전환을 요구하는 시민적 저항에 따른 자연스러운 정치적 산물이었다. 1인 장기 독재에 대한 저항이 내각제 개헌으로 이어졌고 '부정선거', '체육관 선거'에 대한 저항이 대통령직선제 개헌으로 이어진 것이다.

헌법 개정의 목적에서 볼 때도 그간의 헌법 개정은 크게 두 가지 경우로 구분해 볼 수 있다. 하나는 정치적 변혁이 발생한 이후 새로운 체제의 수립을 위해 헌법 개정을 행한 경우이다. 4 · 19 혁명, 5 · 16 쿠데타, 12 · 12 사태, 6월 항쟁과 같이 정치적 격변을 통해 '구체제'가 붕괴되고 난 이후에 새로운 정치체제 수립을 위해 헌법 개정이 이뤄진 것이다. 또 다른 한 가지는 권력자가 자신의 권력을 강화하거나 장기집권하기 위해 헌법을 개정한 경우이다. 이승만 대통령 시절의 발췌 개헌이나 사사오입 개헌, 그리고 박정희 대통령 시절의 3선 개헌과 유신헌법 제정이 여기에 해당한다. 이승만 시대의 헌법 개정에 대해 심지연(2004 : 78-83)은 다음과 같이 서술하고 있다.

> 1952년 이승만 정부는 1월 18일 의회 표결에서 부결된 대통령직선제 개헌안을 5월 14일 다시 제출했고, 그 직후 잔여 공비를 소탕한다는 명분 하에 계엄령을 선포했다. 부산 정치파동으로 불린 억압적 환경 속에서 소위 '발췌 개헌안'이 통과되었다. 1954년에는 이승만의 3선을 가능하게 하기 위한 시도가 '4사5입' 개헌으로 처리되었다. 이는 모두 이승만의 종신집권을 꾀하고 이를 통해 자유당의 권력기반을 더욱 공고히 하며 야당세력을 무력화시키기 위한

조치였던 것이다.

박정희의 경우도 이승만 때의 개헌과 그 목적에 있어서 별다른 차이가 없다. 이 두 가지 경우를 제외하면 1948년 우리 헌법이 처음 제정된 이래 다른 목적에 의해 헌법이 개정된 적은 없다. 말하자면 정치적 격변이나 통치자의 권력욕 추구라는 '비정상적' 혹은 '일탈적' 상황에서 개헌이 이뤄진 것이지, '평상시에' 국민적 논의와 합의 도출을 통해 개헌이 이뤄진 적은 없었다.

그런데 '평상시'라는 것은 헌법과 같은 국가 통치구조의 근본적 변화에 대해 사회적으로 폭넓게 공유되는 절실함이나 시급함이 부족하다는 의미이기도 하다. 최근 개헌의 필요성에 대한 의견이 비교적 빈번하게 제기되고 있기는 하지만 헌법 개정의 강한 추진력이 생겨나지 않는 것은 바로 이와 같은 절실함, 시급함의 결여라는 상황적 요인과 깊은 관련이 있어 보인다. 이런 특성은 여론조사 결과에서도 확인해 볼 수 있다. 대부분의 여론조사는 헌법 개정에 대한 찬성이 반대보다 높게 나타나고 있는 것 같다. 그러나 조금 더 구체적으로 그 자료를 살펴보면 헌법 개정에 대한 여론의 동향이 그리 단순하지 않음을 알 수 있다. 2009년 12월 26-27일 《조선일보》와 갤럽이 조사한 여론조사에서는 "현행 5년 단임 대통령제를 4년 중임 대통령제 또는 내각책임제 등으로 바꾸는 개헌에 대해 찬성, 반대하느냐"고 개헌에 대한 입장을 물었다. 그 결과에 따르면 응답자의 53.7%가 찬성, 40.6%가 반대, 6%는 모르겠다고 응답했다. 또한 '개헌을 한다면 어떤 권력구조를 선호하는지' 물은 질문에 대해서는 48.6%가 대통령 중임제, 20.5%가 내각책임제, 24.9%가 분권형 대통령제, 그리고

5.9%가 모른다고 응답했다.[2)]

이 여론조사 결과는 매우 흥미롭다. 우선 현행 헌법을 개정하는 데 대한 찬반 여론이 사실상 양분되어 있음을 알 수 있다. 개헌에 찬성한다는 여론이 13% 가량 높게 나타나기는 했지만 전체적으로 본다면 이 정도로는 개헌의 필요성에 대한 사회적 공감대가 '폭넓게' 형성되어 있다고 보기는 어렵다. 선호하는 권력구조까지 고려하면 개헌에 대한 입장은 더욱 복잡해진다. 《조선일보》-갤럽 여론조사에서는 대통령 4년 중임제가 48.6%로 가장 높게 나타났다. 그러나 여기서의 질문은 '개헌을 한다면'이라는 전제 하에 응답한 것이다. 개헌에 반대하는 입장, 즉 현행 헌법에 대한 지지 입장을 함께 포함하는 질문이었다면 권력구조만을 두고 볼 때도 훨씬 다양한 입장으로 의견이 갈렸을 것이다. 전체적으로 볼 때 개헌에 대한 국민 여론은 두 단계로 나눠 살펴볼 수 있다. 첫째는 헌법을 바꿀 것이냐 말 것이냐 하는 것이고, 두 번째는 바꾼다면 어떤 형태로 바꿀 것인가 하는 점이다. 앞서 인용한 여론조사를 보면 헌법 개정 여부에 대해서 의견이 갈릴 뿐만 아니라, 어떤 형태로 바꿀 것인가에 대해서도 의견이 갈려 있음을 알 수 있다.

〈표-1〉에서 본 두 차례의 민주적 절차에 의한 개헌은 개헌 여부, 개헌방식이라는 두 가지 점에서 모두 공감대가 형성되어 있었다. 즉 4 · 19 이후에는 내각제로, 그리고 6월 항쟁 이후에는 대통령직선제로의 개헌에 대한 합의가 존재하고 있었던 것이다. 예컨대 4 · 19 혁명 이후의 개헌에 대한 다음의 글은 이러한 분위기를 잘 보여주고 있다.

> 금차(今次) 개헌에 있어서 대통령제를 버리고 내각책임제를 채택한다 함은 거의 밤이 지나면 아침이 오는 것이나 다름이 없을 정도로, 말하자면 지정된 코스를 밟아나가는 셈이다. … 대통령제의 지옥으로부터 우선 벗어나야 하겠으니 내각책임제를 채용하여야 하겠다는 것이 국민의 공통된 감정인 것이다 (유진오, 1963 : 144).

6월 항쟁 이후의 개헌 역시 '대통령직선제'에 대한 국민적 합의 하에 실시된 것이었다. 민주화의 요구를 권위주의 정권이 수용하기로 한 것이 6 · 29 선언이었는데, 헌법 개정을 위한 국민투표는 4개월이 채 지나지 않은 1987년 10월 27일 실시되었다. 당시 국민투표의 투표율 78.2%이었고 찬성률은 무려 93.1%였다. 이처럼 신속한 개헌과 93.1%의 찬성률은 당시 헌법 개정과 개정방향에 대한 폭넓은 사회적 합의가 존재하고 있었음을 보여주는 것이다.

이런 점을 고려할 때 오늘날 논의되고 있는 헌법 개정은 과거 두 차례의 '민주적' 개헌과정과 비교하면 상당히 다른 여건에 놓여 있음을 알 수 있다. 헌법 개정이 시급하다는 절박함이 결여되어 있고, 이 때문에 헌법 개정 자체에 대한 공감대도 폭넓게 확산되어 있다고 보기 어렵다. 더욱이 어떤 형태로 헌법을 개정해야 할 것이냐에 대해서는 여러 형태로 견해가 갈리고 있다. 만일 대통령제, 내각제와 같은 통치형태에 국한하지 않고 기본권 등 다른 헌법조항의 개정까지를 포함하는 형태로 개정의 범위를 확대시킨다면 헌법 개정에 대한 국민적 합의 도출은 더욱 더 어려울 수 있다. 최근 들어 잇달아 제기되는 정치권의 개헌 추진 움직임에도 불구하고 헌법 개정의 실현 가능성에 대해서 쉽게 판단하기 어려운 것은 이처럼 헌법 개정을 둘러싼 현재의 여건이 과거의 개헌 경험과는 질적으로 전혀 다르기 때문이다. 우리가 그동안 경험해 보지 못한 새로운 형태의 '헌법 개정의 정치'를 요구하고 있는 것이다.

III. 어떻게 바꿀 수 있을까?

오늘날 제기되는 헌법 개정 필요성에 대한 주장은 1987년 헌법에 대한 3가지 상이한 비판에서 비롯되고 있다고 할 수 있다. 첫 번째 시각은 단임 대통령제의 문제와 여소야대로 인한 대통령과 국회 간의 갈등, 그리고 그로 인한 통치력 저하의 문제와 관련된 것이다. 즉 첫 번째 시각은 단임 대통령제의 제도적 취약점을 교정하려는 데서 시작한다. 아래의 글에서 보듯이 노무현 대통령이 개헌을 제안한 이유도 이런 시각에서 이해할 수 있다.

> 87년 개헌과정에서 장기집권을 제도적으로 막고자 마련된 대통령 5년 단임제는 이제 바꿀 때가 되었습니다. … 단임제는 무엇보다 대통령의 책임정치를 훼손합니다. 대통령의 국정수행이 다음 선거를 통해 평가받지 못하고, 또한 국가적 전략과제나 미래과제들이 일관성과 연속성을 갖고 추진되기 어렵습니다. 특히 임기 후반기에는 책임 있는 국정운영을 더욱 어렵게 만들어 국가적 위기를 초래하기도 합니다. 대통령 5년 단임제를 임기 4년에 1회에 한해 연임할 수 있게 개정한다면 국정의 책임성과 안정성을 제고하고 국가적

> 전략과제에 대한 일관성과 연속성을 확보하는 데 크게 기여할 것입니다. 대통령 임기를 4년 연임제로 조정하면서 현행 4년의 국회의원과 임기를 맞출 것을 제안합니다(《머니투데이》, 2007. 1. 9).[3)]

두 번째 시각은 이와는 정반대로 '제왕적' 일 만큼 강력한 대통령의 권한을 분산시키기 위해 헌법 개정이 필요하다는 주장이다. 최근 들어 한나라당을 중심으로 제기되는 것으로 프랑스의 이원정부제와 유사한 대통령과 총리 간의 권한 분산의 형태를 추구하고 있다(《조선일보》, 2010. 7. 20).

또 다른 비판적 시각은 1987년 헌법 제정의 과정과 절차가 충분한 사회적 토론과 논의로 이어지지 못한 채 정치 엘리트 간의 협상의 산물로 만들어졌다고 하는 비판이다. 예컨대 박명림(2005 : 261-2)은 다음과 같이 1987년 헌법 제정 과정을 비판적으로 평가하고 있다.

> 1987년 헌법 제정이 장기적인 관점에서 지속 가능한 민주헌법 체제의 구축이 아닌 협약 당시의 대표세력의 단기적 정치 이해관계에 따른 헌법체제 구축이었다는 점이다. 따라서 한국 헌법체계 발달사는 … 거시적 민주헌법 체제의 구축보다는 당시 시점의 헌법 제정 세력, 또는 협약 참여 세력의 단기적인 정치적 이해의 교환의 산물이라는 점에서는 동일했다. 6월 항쟁 헌법 역시 안정적 민주헌법 체제의 구축보다는 당면과제였던 장기집권 방지라는 구 헌법체제의 극복과 또한 노태우 김영삼, 김대중으로 대표되는 3대 협약 세력의 이해 교환의 산물이었다. 헌법체제 형성에서 단기적 이해의 교환은 항상 정략성, 불완전성, 불안성을 내표한다.

최근 제기되는 개헌 주장을 본다면 제도적인 결점을 강조하는 첫 번째 혹은 두 번째 입장이 보다 주된 것으로 보인다. 그러나 1987년 헌법 개정이 충분한 사회적 논의과정을 거치지 못한 정치 엘리트의 “단기적인 정치적 이해 교환의 산물”이라는 비판도 매우 경청할 만한 지적이다. 특히 지금 논의되는 개헌이 대다수가 공감할 만한 ‘시급하고 절실한’ 정치적·상황적 요인을 갖고 있지 않다는 점을 감안한다면 개헌 논의는 소수의 정치 엘리트가 아니라 국민 다수가 함께 참여하고 그에 대한 사회적 공감대를 확산시켜 나가는 형태로 이뤄질 수밖에 없을 것이다. 헌법 개정을 위해서는 정치권에서 실질적인 논의가 진행되어야겠지만 그 전제는 국민적 공감대가 존재한다는 것이다. 즉 헌법 개정이 실현되기 위해서는 국민적 수준과 정치권 수준에서 각각 그 개정의 필요성에 대한 합의가 도출되어야 하는 것이다. 헌법 개정을 둘러싼 국민과 정치권의 시각에 대해서 각각 살펴보기로 한다.

1) 국민적 차원

현행 헌법이 제도적인 결점을 지니고 있다는 지적이 타당한 것이라고 하더라도 많은 이들이 그것을 당장 바꿔야 할 만큼 심각한 것이라고 간주하지 않는다면 문제가 있다고 하더라도 이것이 자동적으로 개헌에 대한 요구로 이어지기는 어렵다. 따라서 개헌이 현실화되기 위해서는 현행 헌법구조에 대한 폭넓고 다양한 논의가 선행되어야 한다.

그런데 개헌에 대한 '절박함의 결여'는 특히 변화로 인한 정치적 효용, 즉 정치적 결과의 불확실성(uncertainty)을 고려할 때 더욱 그 추진을 어렵게 할 수 있다. 헌법 개정, 특히 통치구조와 같은 정치제도상 변화가 발생할 때 그로 인해 수반되는 새로운 정치질서의 '불확실성'이 개헌 추진을 어렵게 만들 수 있다. 결과를 제대로 예상하기 어려운 '보다 나은' 미래보다 잘 알고 있는 '불편한' 현재를 더 선호할 수 있다. 지금 내가 확실히 받을 수 있는 1만 원이 내일 주겠다고 하는(그래서 못 받을 수도 있는 위험성을 가진) 2만 원보다 더 큰 가치가 될 수 있는 것이다. 말하자면 불확실한 미래보다 다소 문제가 있다고 하더라도 현재의 질서를 선호하는 '위험회피적'(risk-averse) 입장이 힘을 얻을 수 있다. 더욱이 과거 개헌의 역사가 통치자의 장기집권을 위한 수단으로 악용되어 온 부정적 기억도 미래의 불확실성에 대해 위험회피적인 태도를 갖도록 만들 수도 있다. 아래 인용한 글은 이런 미래의 불확실한 결과에 대한 우려를 잘 나타내고 있다.

> 이런 개헌의 필요성을 역설하는 사람들은 4년 중임제가 5년 단임제에서 나타나는 조기 레임덕과 그에 따른 국정운영의 안정성 저해를 막고 책임정치를 실현할 수 있다고 주장한다. 일면 타당한 논리다. 그러나 4년 중임제의 시스템 하에서는 오히려 5년이 아니라 4년이라는 더 짧은 기간 후에 대통령 선거를 또 해야 하는 일이 발생할지도 모른다. 따라서 권력누수가 더 빨리 일어나고 국정혼란이 더 커질 위험성도 있다. 대통령 임기 연장으로 인한 독재화의 우려도 무시할 수 없다. 선거에서 집권당 프리미엄은 여러 면에서 여전히 강력하다. 4년 중임제는 우리 헌정사에서 결코 새로운 것이 아니다. 이미 건국헌법을 필두로 하여 이승만 정권과 박정희 정권 하에서 채택된 바 있는 제도

이다. 처음에는 중임으로, 그 다음에는 삼선(三選) 금지규정 철폐로, 마지막에는 영구집권의 독재화로 예외 없이 나아갔다(임지봉, 2006 : 41).

사실 헌법 개정으로 인한 결과가 긍정적이라고 확신하는 경우에도 새로운 정치질서가 자리 잡기까지는 적지 않은 시간이 걸릴 것이다. 그리고 그 과정에는 불가피하게 혼란과 시행착오를 겪을 가능성이 크다. 말하자면 '더 높은 언덕으로 올라가기 이전에 반드시 건너야 하는 전환의 계곡' (a valley of transition)이 이러한 개헌의 정치에서도 존재하게 되는 것이다(Przeworski, 1997 : 193). 헌법 개정이 하나의 정치적 균형점에서 또 다른 정치적 균형점으로 이동을 의미한다면, 새로운 균형점에 도달하기까지는 일시적일지라도 불안정의 시기를 겪을 수밖에 없다. 따라서 모두가 공감할 수 있는 현 체제의 심각한 문제점이 드러나거나 혹은 정치제도 내부의 갈등이나 대립으로 체제가 정상적으로 작동하지 못하게 되는 경우가 아니라면 굳이 '전환의 계곡'을 건너가야 할 필요성에 대한 사회적 공감대는 약할 수밖에 없다. 따라서 헌법 개정이 제대로 이뤄지기 위해서는 정치권을 중심으로 한 논의에 앞서 일반 시민들 사이의 '운동적' (movement) 차원에서 새로운 통치구조나 헌법조항의 개정에 대한 공감대를 확산하도록 하려는 노력이 중요해 보인다.

2) 정치권 차원

또 한편 헌법 개정이 이뤄지기 위해서는 정치권 내부에서의 공감대 형성이 중요하다. 원칙적 수준에서의 공감 표시가 아니라 구체적인 여러 경쟁 정파 간의 정치적 이해관계의 접점을 개헌정치 속에서 찾아내야 한다. 그런데 현행 단임 대통령제 하에서 헌법 개정과 관련된 정치권의 주요 행위자(actors)를 단순화해서 본다면 세 개의 범주로 구분해 볼 수 있을 것 같다.

첫째, 현직 대통령이다. 국가 미래를 고려한 때문이든 현실정치적 고려 때문이든 대통령은 헌법 개정 정치에서 매우 중요한 행위자이다. 헌법에서도 대통령이 헌법 개정을 발의할 수 있는 권한을 부여하고 있다. 두 번째는 야당이다. 개헌은 정치적 경쟁의 룰의 변화를 의미한다. 따라서 야당 역시 커다란 정치적 이해관계가 이 사안에 걸려 있을 수밖에 없다. 세 번째는 집권당 내부에서 차기 대권을 희망하는 후보군이다. 같은 정당 소속이라는 점에서 대통령과 집권당 내부의 야심가들 간에는 일정한 정치적 유대가 존재하겠지만, 제도적으로 볼 때 단임 대통령제 하에서 현재의 권력과 차기를 노리는 잠재적 후보자들 간의 정치적 이해관계가 언제나 일치한다고 보기는 어렵다. 통치형태의 변화를 전제로 하는 헌법 개정은 차기 후보군에게도 경쟁규칙의 변화를 의미하는 것일 수 있다. 따라서 이 세 행위자 간 어떤 합의를 도출해낼 수 있느냐 하는 것이 정치권에서의 헌법 개정 논의에 핵심적인 중요성을 갖게 될 것이다. 다시 1987년 헌법 개정의 상황으로 되돌아가면 당시 노태우 민정당 대표가 김영삼, 김대중이 이끄는 야당이 주장해 온 직선제 개헌을 수용하면서 합의에 도달한 것이지만, 그 선언 이전에 전두환 대통령과 노태우 대표 간 이 사안을 둘러싼 의견의 일치가 보다 중요한 조건이었을 수도 있다.[4] 즉 1987년 헌법 개정의 정치에서도 현직 대통령, 집권당 내 차기 후보, 야당이라는 세 정치적 행위자 간 개정방향에 대한 합의가 필요했던 것이다.

어떤 경우에 정치권에서는 이런 변화를 추구할까? 캐츠(Katz, 2006 : 60-63)는 어떤 정당이 현재 그들이 승리를 누리고 있는 경쟁의 규칙을 바꾸려고 하거나 바꾸도록 허용하는 경우를 6가지로 정리했다. 캐츠는 1950년 이후 주로 서구 민주주의 국가에서 이뤄졌거나 제안된 주요한 선거제도 개정에 대한 14가지 사례를 토대로 어떤 경우에 집권당(혹은 집권연립)이 승리를 가져다 준 현행 선거제도를 바꾸려고 하는지 살펴보았다. 캐츠의 논리는 선거제도를 전제로 한 것이지만 이런 특성은 헌법 개정의 경우에도 유사하게 적용될 수 있을 것이다. 실제로 그 논의 속에는 1962년 프랑스 대통령 선거제도를 선거인단을 통한 간선제에서 직선제로 변경한 사례, 또한 이스라엘에서 1992년 수상을 국민 직선제로 변경했다가 2001년 이를 폐지한 사례 등이 포함되어 있다. 우리나라의 현행 헌법 역시 '대통령직선제'라고 하는 선거제도 개정과 긴밀한 관련을 갖고 있었기 때문에 이런 논리의 유추는 나름대로 의미를 찾을 수 있을 것 같다. 또한 5년 단임 대통령제를 4년 중임 대통령제 혹은 내각책임제 등으로 바꾸려는 것은 그 안에 경쟁의 방식이나 형태의 변화도 수반되어 있다고 볼 수 있다. 캐츠가 제시한 집권당이 선거제도를 바꾸려고 하는 6가지 경우는 다음과 같다.

(1) 지금은 승자이지만 기존의 규칙 하에서는 그들의 지속적인 승리가 심각하게 위협받을 수 있다고 믿을 때
(2) 승자들이 현 상황을 전적으로 통제하지 못하지만 그들이

요구받고 있는 개혁을 이끌고 갈 수 있을 때

(3) 승자연합(winning coalition) 내에서 구성원들 간 이해관계의 분열이 생겨났을 때

(4) 선거제도 개혁을 채택할 수 있는 사람들은 새로운 제도 하에서 그들의 미래 전망을 지나치게 낙관하거나 혹은 생길 수 있는 결과를 잘못 인식한 경우

(5) 정당들이 단기적인 선거에서의 혜택보다 경쟁방식에 있어서의 장기적인 변화를 더욱 중시하는 경우

(6) 정당들이 선거에서의 혜택을 다른 목표들과 교환하고자 하는 경우

이 6가지 조건을 우리 현실에 적용하여 헌법 개정을 둘러싼 가능성에 대해 살펴보기로 한다. 기존의 규칙 하에서 지속적 승리가 위협받을 때 룰의 개정을 추진한다는 첫 번째 경우는 정치적 논란만 키울 뿐 실제 헌법 개정으로 이어지지 못할 가능성이 크다. 앞서 살펴본 대로 우리나라 헌법 개정의 역사는 재임 중인 권력자가 권력 연장의 목적에서 추진한 경우가 많았다. 현행 1987년 헌법의 출발점 또한 1인의 장기 집권을 막고 공정한 경쟁의 룰을 만들자는 것이었다. 따라서 대통령이나 집권당이 권력 연장 차원에서 헌법 개정을 추진하는 경우에는 커다란 정치적 저항으로 이어지게 될 것이므로 현실정치적으로 가능한 경우로 보기는 어렵다. 야당의 반발도 거세겠지만, 만일 그러한 시도가 현직 대통령의 정치적 이해관계를 반영하는 경우라면 박정희 대통령이 3선 개헌을 시도했을 때 김종필계 인사들이 반발했던 것처럼 집권당 내 차기 후보군의 반발도 불러올 수 있다.

두 번째 경우는 1987년 민주화 직후 이뤄낸 헌법 개정의 과정을 설명하는 것으로 볼 수 있다. '직선제 개헌'은 권위주의 체제에 대항했던 민주화 운동 세력의 요구였다. 민주화 추진 세력의 요구에 더 이상 버틸 수 없는 상황이 되자 권위주의 세력은 그들이 요구받고 있던 직선제 개헌을 수용함으로써 경쟁의 규칙을 변화시켰다. 즉 집권세력은 당시의 상황을 효과적으로 통제할 수는 없었지만 그들이 요구받던 개혁을 수용하면서 그 과정에 참여할 수 있었던 것이다.

오늘날에 이러한 두 번째 방식에 의한 헌법 개정이 이뤄지기 위해서는 개헌에 대한 폭넓은 국민적 공감대가 존재하고 시민 중심의 운동적 차원에서 개헌에 대한 요구가 제기되어야 할 것이다. 즉 이 방식은 이러한 '아래로부터의 압력'에 직면하게 되어 대통령과 집권당이 그 요구를 받아들여 개헌으로 이끌고 가는 경우이다. 그러나 적어도 단기적으로 볼 때 이렇게 될 가능성은 그리 커보이지 않는다. 국민운동의 차원에서 헌법 개정 요구가 있기 위해서는 우선 개헌의 필요성에 대해 사회적으로 폭넓은 동의가 존재해야 하고, 또 무엇을 어떻게 바꿀 것인가에 대해서도 대체적인 공감대가 형성되어 있어야 한다. 즉 헌법을 어떤 형태로 바꿔야 한다는 데 대한 국민적 합의가 필요한 것이다. 그러나 위기나 격변기가 아닌 평시에 이런 사회적 공감대가 폭넓게 형성된다는 것은 쉽게 기대하기 어렵다. 앞의 〈표-1〉에서 본 대로 아홉 번의 개헌 가운데 정말 헌법을 바꿔야 한다는 사회적 공감대가 형성된 경우는 1960년 4·19 혁명과 1987년의 6월 항쟁 이후의 두 경우에 불과했다.

승자연합(winning coalition) 내에서 구성원들 간 이해관계의 분열이 생겨났을 때라고 하는 세 번째의 경우는 개헌정치의 경우에는 수정될 필요가 있다. 캐츠는 이 요인을 내각제 국가에서 상이한 정당 간의 연립정부를 염두에 두고 지적한 것으로, 선거제도 개정으로 인해 연립 파트너 선택이나 선거 결과에서 대소 정당들이 각기 새로운 정치적 기회가 만들어질 수도 있음을 전제로 한 것이다.

그러나 우리나라의 정치현실을 본다면 승자연합은 'DJP 연합'과 같은 상이한 정당 간의 연립보다는 일차적으로는 당내에서의 상이한 파벌 간의 연합이 보다 우선적인 중요성을 갖는다고 볼 수 있다. 앞서 언급한 대로 집권당 내 현직 대통령의 지지세력과 차기 유력 후보의 지지세력을 일종의 승자연합 세력으로 간주한다면 개헌을 이끌어내기 위해서는 캐츠가 말한 것처럼 승자연합 내부의 분열보다는 이해관계의 일치를 찾아내는 것이 보다 중요하다. 이 경우의 좋은 예가 1990년 3당 합당 이후의 민자당에서 찾아볼 수 있을 것이다. 3당 합당 당시 협상 실무진들은 비공개로 작성한 비밀 각서에서 "3당 합당을 이루도록 공동 노력하고 내각제 개헌을 차기 총선 전까지 실현한다"(박철언, 2005 : 478)는 조항을 포함시켰다. 그러나 3당 합당 뒤에는 현재 권력을 가진 노태우 대통령 측과 유력한 차기 후보였던 김영삼 대표 간의 이해관계가 어긋났고, 내각제 개헌은 결국 양자 간의 갈등 속에 무산되고 말았다. 현재 이명박 대통령과 박근혜 전 대표의 관계도 이와 유사한 관점에서 이해할 수 있다. 따라서 개헌이라는 거대 정치 프로젝트를 성사시키기 위해서는 승자연합을 구성하는 정당 내부의 상이한 파벌 간 서로 수용할 수 있는 합의의 공간을 만들어내는 것이 보다 중요하다.

새로운 제도 하에서 그들의 미래 전망을 지나치게 낙관하거나 혹은 생길 수 있는 결과를 잘못 인식한 경우에 정치제도 변화를 이끌 수 있다는 네 번째 사례는 사실 언제라도 일어날 수 있는 경우이다. 헌법 개정은 아니지만 1988년 국회의원 선거제도 개정을 둘러싼 협상에서 그 직전 대통령 선거에서 승리한 민정당이 단순다수제 선거제도를 수용한 것은 향후 선거결과에 대한 잘못된 판단에서 비롯된 것이다. 오늘날 개헌과 관련해서도 이런 경우는 발생할 수 있다. 즉 각 정치적 행위자의 합리적 판단이 그 의도한 결과로 이어지지 않을 수 있다는 것이다. 경우에 따라서는 용의자의 딜레마 게임(the Prisoners' Dilemma)의 경우처럼 경쟁적 입장에 놓인 정치행위자 간의 합리성 추구가 전체적으로는 최적의 결과를 낳지 못하는 경우가 생겨날 수도 있다.

그러나 이러한 경우가 성립되기 위해서는 헌법 개정을 통해 얻을 수 있는 미래의 정치적 효용에 대한 판단의 정확성 여부 이전에 주요한 정치적 행위자들이 헌정체제의 변화 자체에 대해 긍정적 평가를 내려야 한다는 전제가 충족되어야 한다. 즉 '동상이몽적 판단'이라고 하더라도 경쟁적 정치행위자들이 제도 변화를 긍정적으로 받아들일 수 있어야 가능한 일인 것이다. 그러나 그런 상황이 어떻게 형성될 수 있을지는 불분명하다. 한 가지 가능한 경우라면 어떤 취지에서든 단임으로 끝나는 현직 대통령의 개헌 제안을 차기를 노리는 집권당 내 유력 후보군들과 야당이 제도 변화로 인한 미래의 결과를 '지나치게 낙관하여' 수용하는 경우일 것이다. 전혀 가능성이 없는 경우는 아니지만 이것이 가능하기 위해서는 현재 헌법구조 하에서 경쟁의 결과가 매우 불투명해야 할 것이다. 다시 말해 현재의 제도적 조건이 자신의 선거 승리에 그다지 우호적이지 않거나 제도적 변화가 각각 자신에게 적어도 현재보다는 유리한 환경을 마련해 줄 것이라는 '낙관적인' 예측을 하는 경우에 가능한 시나리오이다.

그러나 대통령 선거를 앞두고 현 제도 하에서 승리 가능성을 점칠 수 있는 유력한 후보가 언제나 존재해 왔다. 1992년 대선 이전 김영삼, 1997년 당선 이전까지 김대중, 1997년과 2002년의 이회창, 2007년의 이명박과 박근혜가 그런 존재였다. 현재의 박근혜 역시 이런 범주에 포함될 수 있을 것이다. 현 헌정체제 하에서 집권을 유망하게 생각하는 이런 인물이 존재한다면 개헌을 통한 정치적 경쟁 규칙의 변화는 그만큼 어려울 수밖에 없다. 설사 개헌이 궁극적으로는 보다 유리한 상황을 마련해 준다고 하더라도 앞서 논의한 것처럼 변화에 따른 불확실성은 부담스러울 수밖에 없다. 따라서 차기 선거에서 승리 가능성이 크다고 생각하는 유력 후보일수록 위험회피적(risk-averse) 태도를 취하기 쉽다. 바꾸어 말하면 제도 변화로 인한 결과에 대해 '지나치게 낙관적인 전망'을 취하지 않을 가능성이 더 크다는 것이다.

단기적 혜택보다 장기적인 변화를 더욱 중시할 수 있다는 다섯 번째 경우는 일면 타당해 보이지만 여기서 중요한 전제는 장기적인 이익이 제도 변화의 주체 간에 공유되어야 한다는 점이다. 그러나 단임 대통령제 하에서 집권당의 이해관계는 정파적 입장에 따라 단기적으로 변화할 수 있다. 즉 현재 권력과 미래 권력을 지지하는 이들 간의 입장이 서로 다르다면 장기적 관점에서 서로 공유하는 이해관계는 생겨날 수 없다. 즉 이 경우가 가능해지려면 정당 내 구성원 간 미래 혜택에 대한 집단적 이해관계를 서로 공유할 수 있어야 하는 것이다.

또 다른 어려움은 정당의 제도화 수준과도 관련이 있다. 정당이 특정 정치지도자의 개인적 영향에서 벗어나 독립적이고 제도화된 조직으로 지속되는 경우에만 장기적 변화로부터의 더 큰 혜택을 기대해 볼 수 있다. 그러나 정당과 특정 인물이 동일시되는 경우에는 이런 장기적 이익을 고려하기 어렵다. 다시 말해 정당이 제도화된 조직으로 그 구성원 간 집단적인 이해관계를 공유한다고 가정하는 경우에만 제도적 변화를 통한 장기적 이익을 추구해 볼 수 있다. 또 한 가지 고려할 점은 제도 변화가 단기적으로 어려움이 예상되지만 장기적으로는 큰 혜택을 주는 것이 분명해 보이는 경우라고 해도 정당 내부 구성원의 반대를 무릅쓰고 이를 추진해 나갈 정치 리더십이 존재할 것인지의 여부도 중요한 조건이 될 수 있다.

여섯 번째는 정당들은 제도 변화로 인한 혜택을 다른 목표들과 교환하고자 할 수 있다는 것이다. 중요한 제도적 변화에 정당 간 정치적 거래는 생겨날 수 있다. 만일 어떤 정당이 통치구조의 변화를 추구하면서 경쟁 정당이 원하는 목표, 예컨대 선거제도 개정이나 정치자금법 개정과 같은 요구사항을 수용함으로써 동의를 이끌어낼 수 있다. 즉 한 정당은 헌법 개정과 같이 근본적이고 장기적인 체제의 변화를 이끌고자 하는 데 비해 다른 정당은 현실적이고 단기적인 정치적 이해관계, 혹은 경쟁 룰의 변화를 의도할 때 이러한 두 입장이 교환 가능하다면 제도 변화는 가능할 수 있을 것이다.

그렇다고 해도 헌법의 개정과 같은 중대한 사안을 두고 야당이 그 변화의 방향에 반대하면서도 '부분적인' 정치적 이익을 얻기 위해 타협적인 태도로 '교환'에 임할 것으로 볼 수는 없다. 다시 말해 헌법 개정은 다른 모든 정치적 규칙이나 제도를 압도할 수 있는 사안이기 때문에 헌법 개정 여부를 다른 목표와의 거래를 통해 이뤄내기는 어렵다는 것이다.

이상에서의 논의를 토대로 캐츠의 6가지 조건을 개헌정치에 적용한 결과는 다음과 같이 요약해 볼 수 있다.

〈표-2〉 캐츠의 6가지 경우에 대한 개헌정치 적용

캐츠의 선거제도 변화요인	한국의 개헌정치 적용
승자의 불확실한 승리 때문에 제도 변화 추진	역사적 경험으로 인해 시도하기 어렵다.
강한 변화 요구에 직면하여 수용하는 경우	국민적 요구가 전제되어야 한다.
승자연합 내의 분열	분열보다는 주요 정치적 행위자 간의 이해관계의 일치가 더욱 중요하다.
미래 전망을 '지나치게 낙관'한 결과	가능성 없지 않으나 유력 후보의 경우는 위험회피적이기 쉽다.
단기적 혜택보다 장기적 변화 선호	정당 제도화 수준, 당내에서 공유하는 장기적 혜택의 평가, 지도력 등 고려하면 쉽지 않다.
다른 정치적 목표와의 교환	중요성의 정도를 고려할 때 헌법 개정 여부를 다른 목표와의 교환을 통해 얻어내기는 어렵다.

이상의 6가지 경우를 적용했을 때 전체적으로 본다면 정치권 내부에서의 추진에 의해 현행 헌법을 수정하는 일은 그다지 용이해 보이지 않는다. 현실적으로 본다면 여당과 야당 간의 합의와 협력도 중요하지만 현재 집권자와 차기의 유력주자와 같이 집권당 내부에서의 동의와 협력도 개헌정치에서는 매우 중요한 요인이 된다. 그리고 이처럼 서로 다른 입장에 놓인 다양한 정치행위자가 서로 공유하는 이해관계를 찾기란 사실 쉽지 않은 일이다. 캐츠가 제시한 6가지

경우를 헌법 개정에 적용한 결과 정치공학적 차원의 개헌, 정치 엘리트 중심의 개헌이 갖는 한계는 너무도 분명해 보인다. 이 6가지 가운데 그나마 현실적으로 가능성이 있어 보이는 것은 '강한 변화의 요구'가 존재하는 경우이다. 국민 대다수가 현행 헌법의 문제점과 한계를 깊이 인식하고 새로운 정치환경으로의 변화를 원할 때만 헌법 개정이라는 거대 프로젝트가 성사될 가능성이 커보인다. 사실 이런 점은 민주주의 사회에서 너무나도 당연한 조건이다. 시민사회 차원에서 개헌에 대한 운동(movement)적 차원의 의사형성과 요구 결집이 이뤄질 때만 현실적으로나 규범적으로나 헌법 개정을 위한 올바른 절차가 될 것이다.

IV. 헌법 개정 실현을 위한 현실적 방안의 검토

지금까지 논의한 대로 절박함이 없는 평시에 개헌을 추진한다는 것은 매우 어려운 일이다. 불확실성의 우려를 극복하고 국민적 공감대를 형성하는 일도 쉽지 않을 뿐만 아니라 정치권에서 주요 행위자 간의 합의 도출도 용이하지 않다. 그렇다면 격변의 시기가 아니라면 개헌은 불가능할까? 어떤 경우에 헌법 개정이 실현 가능한지 그 몇 가지 방안에 대해서 살펴보기로 한다.

첫 번째, 대통령 선거를 개헌에 대한 국민적 합의 도출의 기회로 삼는 것이다. 즉 개헌에 대한 일반 국민의 관심이 크다고 한다면 대통령 선거운동 때 개헌을 공약으로 내걸고 이에 대한 논쟁을 통해 개헌에 대한 국민적 합의를 마련하는 기회로 삼아볼 수 있다. 이는 앞서 언급한 '강한 변화의 요구에 직면하여 수용하는' 경우와는 그 관계가 역전되는 방식이다. 다시 말해 아래부터의 변화 요구에 정치권이 수동적으로 이를 수용하는 형태가 아니라, 정치권이 능동적으로 화두를 던지고 대통령 선거 과정에서의 찬반 논쟁을 통해 궁극적으로 국민들이 최종적으로 개헌 여부를 선택하게 하는 방식이다. 이는 민주적 원칙에 맞으면서도 현실적으로 추진해 볼 가능성도 크다는 점에서 고려해 볼 만한 방식이다. 또한 당선자가 취임하고 난 이후에 개헌이 추진되는 경우에는 자신의 임기를 줄여야 하는 문제가 생겨날 수도 있고 혹은 정치적 의도에 대한 여러 가지 억측이 생겨날 수도 있는 만큼 '후보자' 신분일 때 이러한 문제가 논의되는 것이 보다 실현 가능성을 높일 수 있을 것이다. 다만 이런 방식이 실현되려면 개헌문제가 중요한 대선 이슈가 될 만큼 대다수 국민들이 이를 시급하면서 꼭 필요한 사안으로 받아들여야 한다. 즉 득표와 관련하여 의미를 가질 수 있어야 한다. 그렇지 않다면 눈앞의 선거 승리가 급한 후보자들이 이를 선거 이슈화할 가능성은 그리 크지 않을 것이다.

두 번째, 한 번에 모든 것을 다 바꾸겠다는 것이 아니라 합의 도출이 가장 쉽고 정치적 부담도 적은 사안부터 헌법 조항을 개정해 나가는 것이다. 여기서 중요한 점은 헌법 개정 그 자체에 대한 새로운 관행을 만들어 나가자는 것이다. 즉 정치권에서의 동의와 국민적 합의를 이끌어내기 용이한 방안에 국한하여 개헌을 해보자는 것이다.

노무현 대통령이 원 포인트 개헌을 주장했는데, 그 배경에는 전면 개헌은 힘들 것이라는 현실정치적 판단이 깔려 있다. 헌법 개정

제안이 '판도라의 상자'를 여는 것이 될 것이라는 표현 역시 개헌을 둘러싼 정치적 이견의 폭이 매우 크고 그 내용도 매우 다양할 것이기 때문에 혼란만 가중시킬 뿐, 현실적인 합의 도출의 가능성은 매우 낮다는 인식을 나타내는 것이다. 더욱이 앞서 살펴본 대로 우리 정치사를 돌아보면 개헌이 보다 나은 정치환경을 창출해낸 기억은 그리 많지 않다. 오히려 그 반대로 개헌이 정치상황을 악화시켰던 기억이 많은 만큼 개헌 그 자체에 대한 두려움도 크다. 헌법 개정의 절차를 어렵게 만들어 놓은 것도 바로 이 때문일 것이다.

따라서 헌법 개정을 가능하게 하기 위해서는 이러한 개헌 자체에 대한 두려움을 줄이도록 하는 노력이 중요해 보인다. 따라서 설사 권력구조의 변화가 가장 중요한 개헌의 목표라고 해도 이것보다 합의 도출이 쉽고 정치적 부담도 적은 조항을 대상으로 개헌을 시도함으로써 개헌 자체에 대한 우려나 두려움을 조금씩 약화시키고 점차 보다 중요한 사안으로 이어질 수 있도록 하자는 것이다. 즉 쉽고 가능한 것부터 바꿔보면서 개헌 자체에 대한 우려를 제거하고 점진적으로 개헌에 대한 새로운 인식을 만들어 가자는 것이다. 헌법 개정을 위한 국민투표 역시 대통령 선거, 국회의원 선거 혹은 지방선거 때 함께 실시하도록 하면 별도의 시기에 실시되는 것보다는 국민의 심리적 부담도 줄일 수 있을 것으로 보인다.

세 번째, 헌법 개정 논의가 정치적 논란으로 이어지기 쉬운 이유 중 하나는 시기의 애매함과 의도의 불확실성 때문이다. 2007년 노무현 대통령의 개헌 제안 때 본 대로 현직 대통령이 개헌을 제안하게 되면 제안의 타이밍과 의도에 대해서 다양한 정치적 해석이 내려지게 마련이고, 그 결과 정파적인 이해관계를 넘는 실질적인 추진력을 갖기 어렵다. 특히 노 대통령은 대통령 선거가 있는 해에 개헌을 제안함으로써 대선과정에 영향을 미치기 위한 의도로 그 순수성을 의심받았다. 따라서 개헌이 실제로 성사되기 위해서는 개헌정치를 '탈정치적 맥락' 하에 둘 수 있도록 하는 것이 중요하다.[5] 즉 개헌 논의가 당장의 현실정치적인 고려에서 한 걸음 벗어날 수 있도록 만드는 일이 필요하다.

국민 사이에 개헌에 대한 전반적인 공감이 확산되었다면 가칭 '개헌일정법'과 같은 법률을 제정하여 정해진 일정 속에서 개헌의 구체적 내용을 논의해 가는 방식을 고려해 볼 수 있을 것이다. 이렇게 된다면 개헌이라는 거대 프로젝트가 정치상황적 요인에 의해 영향받는 것을 피할 수 있을 뿐만 아니라, 개헌일정에 대한 예측 가능성을 분명히 할 수 있기 때문에 정치적 의혹의 부담에서 벗어날 수 있다. 즉 일정이 정해진 만큼 그 진행과정이 현실정치적 이해관계로부터 한 걸음 벗어날 수 있기 때문에 논의의 진정성을 높이고 불확실성을 크게 줄일 수 있다.

이상에서 살펴본 대로 '평상시'에 개헌을 실현하기 위해서는 국민들과 정치권으로부터 그 추진 자체에 대한 동의와 신뢰를 구하고 불확실성을 줄이는 한편 그 의도의 진정성을 높이기 위한 특별한 노력이 필요하다.

V. 결론

지금까지 헌법 개정이 어떤 절차와 방법을 통해 이뤄져 왔으며 또 현재 논의되고 있는 개헌 이슈의 실현 가능성에 대해 살펴보았다. 오늘날 진행되고 있는 개헌 논의는 이전과 비교할 때 매우 다른 정치적 환경 하에 놓여 있다. 과거에는 권력자의 집권욕 때문이거나 혹은 정치적 격변을 거치고 난 이후에 헌법 개정이 이뤄졌다. 오늘날에는 우선 국민 대다수가 공유하는 절박함이나 시급함은 존재하지 않는다. 개헌에 공감하는 경우라고 해도 현실정치적 역학관계나 제도 변화로 인한 미래의 효용에 대한 상이한 판단으로 인해 합의에 도달하기가 쉽지 않다.

헌법 개정을 이루기 위해서는 결국 개헌의 목적과 방향에 대한 대다수 국민의 공감을 형성하는 것이 첫걸음이 될 수밖에 없다. 현행 헌법이 완벽하지는 않더라도 그 틀 속에서 지난 20여 년 동안 심각한 체제 불안정을 경험하지 않은 채 민주화의 기틀을 구축했고 정치적 안정도 유지해 왔다. 그런 만큼 일부 문제점에도 불구하고 현행 헌법은 그 나름의 '긍정적' 평가를 받고 있다.

따라서 새로운 체제로 이행하기 위해서는 현행 통치체제의 문제점에 대한 비판보다 헌법 개정이라는 정치 시스템의 근본적 변화가 수반할 수밖에 없는 불확실성을 제거하려는 노력이 필요할 것이다. 이런 점에서 "지금까지의 개헌 논의가 다소 교과서적 이론이나 소망적 사고에 기반을 둔" 경향이 강했던 반면 "실증적 논거를 제시하고 이를 바탕으로 개헌론을 제기하는 경우는 매우 부족"(최영진 2009 : 359)했다는 지적은 매우 중요하다. 이와 함께 운동(movement)적 차원에서 폭넓은 사회적 논의를 행하거나 선거공약으로 제시되어 심도 있는 정치적 토론의 대상으로 삼는 것도 불확실성을 줄이는 한 방법이 될 것이다. 그리고 새로운 제도적 변화가 가져올 긍정적 측면에 대한 확신을 가질 수 있도록 설득하는 강한 리더십 역시 반드시 필요한 조건이다.

정치적 격변이나 위기가 없는 '평상시'는 그런 만큼 제도 변화를 향한 강한 촉발의 계기(trigger)를 찾기가 어렵다. 정치권에서의 정치공학적 논의보다 다소 시간이 들더라도 국민적 공감대를 넓히기 위한 대중적 논의의 기반을 확대하려는 노력이 무엇보다 중요한 것이다.

주

1. 당시 헌법기초위원회의 다수는 내각제를 선호했던 한민당 소속이었고 서상일 위원장 역시 한민당 소속이었다.
2. http://image.chosun.com/news/2010/20100102_02.pdf(검색일 2010. 3. 28).
3. http://www.mt.co.kr/view/mtview.php?type=1&no=2007010911345976737&outlink=1(검색일 2010. 4. 15).
4. 박철언(2005 : 261)의 회고에 따르면, 당시 노태우 대표는 "(전두환) 대통령이 '직선제' 하자고 하더라. 사태 수습을 위해서는 그 길밖에 없다고 하면서 난국 타개에 자신감을 잃은 듯하더라. 처음에는 반대 의견을 이야기했으나 결심이 강한 듯해서 오늘 일단 받아들이기로 했다. 하지만 그럴 경우에는 김대중을 사면, 복권하고 구속자도 석방해야 한다고 내가 주장했다"고 말했다고 전하고 있다.
5. 이 표현은 이 글이 발표되었을 때 토론자로 참석한 연세대 사회학과 김호기 교수의 토론에 큰 도움을 입었다.

참고문헌

강원택. 2006.『대통령제, 내각제와 이원정부제 : 통치형태의 특성과 운영의 원리』. 인간사랑.

강정인 · 김수자 · 문지영 · 정승현 · 하상복. 2009.『한국 정치의 이념과 사상』. 후마니타스.

박명림. 2005. "헌법, 헌법주의, 그리고 한국 민주주의 : 2004년 노무현 대통령 탄핵사태를 중심으로."『한국정치학회보』39집 1호. pp. 253-276.

박철언. 2005.『바른 역사를 위한 증언 1』. 랜덤하우스 중앙.

손호철. 1999.『신자유주의 시대의 한국 정치』. 푸른숲.

심지연. 2004.『한국정당정치사 : 위기와 통합의 정치』. 백산서당.

유진오. 1963.『 민주정치에의 길』. 일조각.

임지봉. 2006. "개헌, 누구를 위한 어떤 개헌이어야 하나."『인물과 사상』101호. pp. 39-48.

최영진. 2009. "개헌 주장 타당한가? 4년 중임제에 대한 비판적 검토."『사회과학연구』17집 1호. pp. 328-363.

Katz, Richard. 2006. "Why are There so Many(or so Few) Electoral Reforms?" in Michael Gallagher and Paul Mitchell(eds.) *The Politics of Electoral Systems*. Oxford : Oxford University Press. pp. 57-76.

Przeworski, Adam. 1997. *Democracy and Market*. 임혁백/윤성학 옮김.『민주주의와 시장』. 한울.

Tsebelis, George. 2009. *How Political Institutions Work*. 문우진 옮김.『거부권 행사자 : 정치제도는 어떻게 작동하는가』. 후마니타스.

제4장

헌법개정론의 원인진단과 실효성의 인과관계 : 헌법연구자문위원회의 보고서를 중심으로

_김종철

I. 문제의 제기

2009년 8월, 국회의장 자문기구 헌법연구자문위원회는 헌법 개정안을 보고하였다. 이 보고서의 발간사에서 김종인 자문위원장이 자평(김종인, 2009)하였듯이 헌정사상 국회가 주도하여 헌법개정안을 공식화하는 것은 혁명과 같은 비상상황을 계기로 하는 경우가 아닌 한 드문 예에 속한다. 1948년 단독정부 수립, 1960년의 4·19 혁명, 1987년의 6·10 시민항쟁과 같은 혁명적 계기가 도화선이 된 경우를 제외하면 헌법 개정은 권위주의적 지배행태를 보여준 행정권의 수반을 중심으로 추진되었던 것이 일반적이었기 때문이다.

〈표-1〉 제2공화국의 3대 정부기구의 주요 권한과 선출방식

헌법구분	제·개정의 정치적 계기
제헌헌법	* 단독정부 수립
제1차 개정헌법	* 정부의 대통령직선제안과 야당의 의원내각제안 교차협상 결과
제2차 개정헌법	* 초대 대통령 3선 개헌
제3차 개정헌법	* 4 · 19 민주혁명
제4차 개정헌법	* 반민주행위자 소급처벌 관련 부칙조항 보완
제5차 개정헌법	* 5 · 16 군사 쿠데타
제6차 개정헌법	* 대통령 3선 개헌
제7차 개정헌법	* 박 대통령 장기집권을 위한 친위 쿠데타(소위 '10월 유신')
제8차 개정헌법	* 신군부 5 · 17 쿠데타
제9차 개정헌법	* 6 · 10 민주항쟁과 6 · 29 선언

평상시에 국민의 대표기관인 국회가 주도하여 헌법 개정에 대한 공론화가 이루어지는 것은 그만큼 헌법체제의 변화를 원하는 우리 사회 일각의 여론을 반영한 것이라는 점에서 긍정적이다. 1987년 현행 헌법이 탄생한 이후 지속적인 민주화 과정 동안 정치적 스펙트럼의 차이를 넘어 민주화 이후의 민주주의 수준의 격상을 위해 헌정 패러다임 자체에 대한 변화를 모색하는 움직임이 꾸준히 있어온 것이 사실이기 때문이다(김종철, 2007 : 63-68 ; 한국헌법학회, 2006). 특히 1987년 짧은 시간에 극적으로 제9차 개정 헌법이 탄생함으로써 우리 사회의 변화를 제대로 수용하는 데 한계가 있었다는 지적이 다양한 정치 및 사회세력 간에 공감대를 이루어 왔다(김종철, 2007 : 68-69).

그러나 다른 한편으로 정치사회와 시민사회에서 촉발된 헌법

개정론이 다양한 정치적·사회적 욕구에 기반하고 있어 그 문제의식과 대안에 있어서도 서로 상충되는 측면이 많아 현행 헌법 자체의 문제점에 대한 비판적 관점이 동일한 것으로 단정할 수는 없다. 예를 들어 현행 헌법 제9장의 경제 관련 조항과 관련하여 일각에서는 전면 개정을 통해 자유시장경제주의를 강화하는 방향의 개헌을 주장(정순훈, 2001)하고 있는 반면, 다른 일각에서는 토지공개념을 비롯한 국가의 경제영역에 대한 개입을 더욱 강화하는 방향으로의 개헌을 주장(이호근, 2005)하기도 한다. 따라서 경제헌법의 개정론을 현행 헌법 자체에 고유한 문제점으로 단정하여 일반화하는 것은 적절하지 않다. 또 다른 예를 들자면 현행 헌법상의 권력구조에 대한 개선을 주장하는 움직임도 미시적인 관점에서 대통령과 국회 간의 권한배분 문제를 중시하거나 대통령의 임기문제를 중요한 문제로 인식하는 경향(함성득, 2009 ; 김문현, 2006 : 52-53)이 있는 반면, 대의제의 한계를 직시하여 국민주권의 강화를 요구하는 근본적인 개혁을 주장하는 경향(박명림, 2005 ; 장용근, 2006)이 있는데, 이들 견해들이 모두 현행 헌법에 고유한 현실적인 문제들을 해결하려는 태도라기보다는 이상적인 특정 정치체제를 추구하는 방편으로 헌법 개정의 필요성을 제기하는 것이라는 인상이 짙다.

더구나 헌법개정론에 대한 사회적 저변이 확대되고 있는 것은 부인할 수 없다고 하더라도 일반 시민의 차원에서 헌법 개정의 필요성을 제대로 인식·공감하고 있는 수준이 얼마나 높은지에 대해서는 회의적인 시각 또한 만만찮은 것이 사실이다(김형성, 2006 : 16). 특히 헌법 개정을 특정한 정치적 목적을 달성하기 위한 정치공학적 수단으로 인식하는 바람직하지 못한 동향이 있는 것도 부정할 수 없다(김

종철, 2006 : 8).[1]

이렇듯 헌법 개정을 둘러싸고 다양한 동기들이 작용하고 있다면 개헌 논의의 합리화를 위해서 헌법 개정의 필요성을 제기하는 원인론과 그 해결책으로서의 개헌안 간에 인과관계적 연계성을 확인하는 것이 필요하다. 개헌론이 1987년 헌법체제의 졸속성을 문제 삼고 헌정의 합리화를 추구하는 것이라면 그 목적에 맞게 개헌 논의가 진전되는 것이 헌정의 발전에 기여하게 될 것이기 때문이다. 그러나 지금까지의 개헌 논의는 이러한 합리적 공론화 과정을 거치지 않고 백가쟁명식[2]으로 진행됨으로써 사실상 현행 헌법의 문제점은 기정사실화하면서도 그 문제점을 해결하는 합리적 대안을 효과적으로 도출하는 데는 실패하고 있다. 특히 일반 국민의 개헌론에 대한 관심이 매우 수동적인 것을 감안할 때, 개헌안에 대한 합리적 공론화가 부재하게 된다면 근래의 개헌론도 결국은 국민동원적 개헌으로 귀결될 수밖에 없다.

이 글은 이러한 문제의식에 기초하여 주요한 개헌론이 제기하는 개헌의 필요성과 그 대안에 대해 원인진단과 대안의 산출효과를 비교·검토하는 방법으로 그 타당성을 검토하는 것을 일차적인 목적으로 한다. 이 글은 또한 일차적 목적을 수행하는 과정에서 개헌이 아닌 다른 대안을 통해 그러한 문제점이 해결될 가능성이 없는지에 대해서도 아울러 검토함으로써 개헌의 필요성에 대한 투입대비 산출의 효과가 가지는 상대적 가치도 평가하고자 한다.

이 글의 주요한 검토대상은 개헌 논의 가운데 특히 헌법연구자문위원회의 최종보고서(이하 "자문위 보고서"라 한다)이다. 이 자문위 보고서가 그간의 개헌 논의를 상당부분 수렴하고 있을 뿐만 아니라, 현실적으로 국회가 개헌 관련 의결권을 우선적으로 가지는 헌법개정절차를 고려할 때 향후 개헌론이 본격화된다면 이 보고서의 개헌안이 가장 유력한 논의의 준거가 될 것이기 때문이다. 한편 이 연구에서는 보고서의 모든 개헌안을 검토대상으로 할 수는 없기 때문에 개별 영역별로 인과관계적 연계성 분석을 통해 정치한 공론화가 필요한 부분을 선별하여 검토한다. 이 연구를 통해 불필요한 정략적 개헌론이 초래할 수 있는 비효율성을 제거하고 헌정의 합리화에 기여할 수 있는 바람직한 개헌 논의를 통해 헌법질서의 재편이 한국 헌정의 민주화와 자유화를 위한 본래의 목적을 유지하는 데 기여할 수 있기를 기대해 본다.

II. 자문위 보고서의 내용과 연구검토의 범위

1) 자문위 보고서의 개헌안 개요

(1) 개헌의 필요성 및 방향

자문위 보고서는 개헌 논의의 필요성이 현행 헌법체제로는 지난 20여 년 간의 국내외적 변화를 수용하는 국가 시스템의 운영이 불가능하다는 전제에 서 있음을 분명히 하고 있다. 첫째로 생명과학과 통신의 발달로 새로운 기본권이 생성되는 한편 기존의 기본권 보장체계에도 변화가 초래되어 새로운 헌법이 필요하다고 한다. 둘째로 권력구조 차원에서 권력집중적 헌정운용의 폐해와 5년 단임제로 인한 정치적 책임성의 약화나 과도한 권력투쟁으로 인한 통합력의 상실의 문제점을 개선하기 위해 합리적인 권력분산을 추구하는 새로운 권력구조가 필요하다고 한다. 셋째로 대통령제와 의원내각제적 요소의 혼재, 사법이나 헌법재판의 독립성과 체계성의 결여로 인해 생기는 헌법규범의 체계 부조화나 흠결을 보정하기 위한 새로운 헌법이 필요하다고 한다. 넷째로 평화통일, 선진화, 세계화의 시대적 흐름을 반영하기 위한 새로운 헌정질서를 모색할 필요성이 있다고 한다(헌법연구자문위원회, 2009 : 3-4).

자문위 보고서는 이러한 필요성에 기반하여 국민의 자유와 권리를 향상시키면서도 국가운영의 민주성과 효율성을 함께 향상시키는 민주적 권력구조를 설계하는 한편, 정보화와 세계화의 변화에 대응하는 미래지향적이고 지속 가능한 발전을 위한 비전을 집약하는 것을 헌법 개정의 방향으로 설정하고 있다(헌법연구자문위원회, 2009 : 4-6).

(2) 개헌 관련 구체적 제안의 개요

자문위 보고서는 실체적 내용을 기준으로 할 때 4가지 테마[3]를 정하여 개별적 개헌안을 종합적으로 정리하고 있다(헌법연구자문위원회, 2009 : 12-18).

첫째로, '헌법의 생활규범성 강화'를 주제로 국민의 권리와 의무에 관한 규정을 정비할 것을 제안하고 있다. 구체적으로는 생명 및 안전권 신설, 평등권의 차별금지 사유 확대, 소비자 기본권의 내용 구체화, 정보기본권 명문화, 지적재산권 규정의 신설, 정치적 망명권(비호청구권) 신설, 사상의 자유의 명문화, 언론·출판의 자유와 집회·결사의 자유의 분리, 사회적 기본권 관련 규정의 정비, 학교교육 진흥을 위한 국가목표 조항 신설, 법인의 기본권 주체성 명시, 국민의 의무관련 규정 정비, 국선변호인 보호범위 확대, 군인 등에 대한 이중배상금지조항 삭제 등이다.

둘째로, '민주성과 효율성이 조화된 권력구조의 구현' 을 주제로 권력집중을 방지하고 권력구조를 개편안을 제시하고 있다. 구체적으로는 국회 양원제 도입, 감사원 회계검사기능의 국회이전과 직무감찰기능 담당부분의 법률기관화, 예산법률주의의 채택과 예산결산특별위원회의 상임위원회화, 기금의 근거명시 등 국회재정통제권의 강화, 이원정부제와 대통령 4년 연임제의 복수안을 골자로 한 정부형태 개편 등이 그 내용이다.

셋째로, '사법제도의 민주성과 합리성 제고' 를 주제로 사법제도의 구성과 운영에 관한 골격을 개선하는 방안을 제안하고 있다. 구체적으로 대법원장 및 대법관 임명절차의 동일화, 대법원장 및 대법관 국회선출제, 헌법재판소 재판관의 국회선출제, 헌법재판소 재판관의 임명자격 개방, 재판을 받을 권리의 표현 정비, 추상적 규범통제제도 도입, 대통령 유고시 판정권을 신설하여 헌재에 부여, 선거재판권과 국민투표재판권 관할의 헌재이관 등이 있다.

넷째로, '변화된 헌법현실의 반영' 이라는 주제로 세계화, 다민족 및 다문화 시대의 진전, 국가 균형발전 요구, 지방자치제의 보완, 경제조항의 합리화를 위한 헌법규정의 정비를 제안하고 있다. 특히 경제조항의 합리화를 명분으로 재산권 규제 관련 조항을 통합하여 정비하는 안이 주목할 만하다.

2) 검토대상의 선별 및 그 이유

이 글에서 자문위 보고서의 제안 가운데 구체적으로 검토할 대상과 범위는 다음으로 제한한다. 우선 대상은 기본권 영역, 권력구조 영역, 사법제도 영역으로 제한한다. 또한 이 영역의 많은 개헌안 가운데 자문위 보고서가 주요한 내용으로 선별하고 있거나 사회적 관심도가 높은 경우 헌정질서의 큰 틀에 영향을 줄 수 있는 부분을 임의로 선별하였다. 지면 제한으로 인해 모든 개헌안을 망라할 수 없기 때문에 개헌의 필요성과 한계를 논하는 데 유의미한 수준 정도로 제한한 것이다.

III. 개헌 필요성의 주요 논거에 대한 인과관계론적 검토 1-기본권 영역

자문위 보고서가 제안한 개헌안 가운데 기본권과 관련한 영역을 유형별[4]로 분류하면 다음과 같다. 첫째, 헌법에 명문화되어 있지 않으나 이미 현실화되어 있는 기본권 관련 규정을 헌법화하는 경우이다.[5] 생명권과 안전권의 명문화, 소비자 기본권의 내용 구체화, 정보기본권 명문화, 사상의 자유의 명문화 등이 이 부류에 해당한다.

이 외에도 기본적 인권이 입법·행정·사법을 구속한다는 일반 규정을 둔다거나 법인이 기본권을 향유할 수 있는 지위를 명시적으로 확인하는 규정을 신설하는 제안, 평등권의 차별금지 사유에 인종이나 정치적 신념 등 보편적 기준을 추가하는 제안, 직업선택의 자유를 직업의 자유로 확장된 표현형식으로 수정하는 제안, 지적재산권 보장규정의 신설도 선언적 의미가 큰 기본권 관련 개정의 내용이 될 수 있다. 이 경우 법문상의 변화에도 불구하고 현실에서의 차이는 많지 않다. 물론 이 경우에도 실체적인 의미에서 변화가 전혀 없다고 할 수는 없다. 예를 들어 생명권을 명문화할 경우 사형제 등에 대한 위헌 판단에 있어 좀더 신중한 해석론이 가능하게 된다.

둘째, 헌법화함으로써 새로운 기본권의 보호영역이 확대되는 경우가 있다. 국선변호인 보호범위를 피의자에게도 확대하는 안, 군인 등에 대한 이중배상금지조항을 삭제함으로써 국가배상의 범위를 확대하는 안, 출산·양육을 위한 권리와 그 보장을 위한 국가목표조항을 명시하는 경우가 이 부류에 해당한다.

셋째, 기본권 관련 헌법체계의 정비에 해당하여 아무런 실질적인 변화를 초래하지 아니하는 경우이다. 납세 및 국방을 제외하고 여타 국민의 의무로 표현되고 있는 규정들을 정비하는 경우나 사회적 기본권의 조문순서를 인간다운 생활을 할 권리를 중심으로 재구성하고 그 위치도 청구권적 기본권보다 앞서 편제하는 경우이다.

각 유형별로 개정의 이유, 현재의 상황, 개정의 실익, 다른 대안의 가능성을 중심으로 인과관계적 의미를 평가해 보자.

1) 현실화되어 있는 기본권의 형식적 헌법화와 인과관계적 효과

현행 헌법상 기본권 관련 규정은 인간의 존엄과 가치 및 행복추구권을 보장하는 헌법 제10조와 열거되지 않은 자유와 권리의 보장가능성을 선언하는 헌법 제37조 제1항을 근간으로 일반적인 기본권 보장원칙을 확인하면서 제11조부터 제36조까지 개별적인 기본권을 자유와 권리의 보장 및 국가의 노력의무의 형태로 보장하는 체계로 되어 있다. 한편 헌법 제37조 제2항은 법률에 의하여 기본권이 제한될 수 있는 가능성을 허용하면서도 그 본질적 내용은 침해될 수 없다고 선언함으로써 법률에 의한 기본권제한의 한계를 설정하고 있다. 따라서 현행 헌법상의 기본권 보장체계를 자연권의 실정헌법화라는 해석론에 바탕하여 이해하는 견해를 취하지 아니한다고 하더라도 열거되지 아니하는 다양한 기본적 인권의 보장이 가능한 구조를 가지고 있다. 생명권, 사상의 자유, 알권리 등 명시적으로 표현되지 아니한 인권도 헌법해석을 통해 헌법상 보장되는 기본권으로 인정되고 실제로 보장되어 왔다.[6] 따라서 헌법의 유권해석을 통해 현실적으로 보장되어 온 기본권을 명시적으로 헌법화한다고 하여 실질적으로 기본권 보장의 수준에서 실질적으로 달라지는 바는 크지 않다.

그렇다고 앞서 언급한 바와 같이 아무런 실체적인 변화가 없다고 그 의미를 폄하할 수만은 없다. 명시적으로 인정됨으로써 그 제한에 있어 유보적인 태도를 취하기가 논리적으로 더욱 용이할 수 있

〈표-2〉 현실화되어 있는 기본권의 형식적 헌법화안의 인과관계적 상관관계

구분	현행 헌법	자문위 개헌안	실질적 개선효과의 내용과 정도		다른 대안에 의한 동일효과 달성 가능성	비고
생명권	열거되지 아니한 기본권으로 판례를 통해 인정	헌법 명문화	위헌심사의 기준 강화/입법의무의 강화	하	입법에 의한 보장 가능	사형제의 입법적 폐지
사상의 자유	판례를 통해 양심의 자유 등에 근거하여 인정	헌법 명문화	위헌심사의 기준 강화/입법의무의 강화	하	입법에 의한 보장 가능	
알권리 등	판례를 통해 표현의 자유 등에 근거하여 인정	헌법 명문화	위헌심사의기준 강화/입법의무의 강화	하	입법에 의한 보장 가능	

기 때문이다. 예를 들어 최근에도 헌재의 합헌결정(헌재 2010.02.25. 2007헌바34, 공보 제161호, 420)을 받으면서 사회적 논란이 증폭되었던 사형제도에 대한 위헌심사의 논증이 더욱 엄격해질 수 있다. 또한 사상의 자유가 명시적으로 규정됨으로써 헌재가 사상의 자유의 근거 규정인 양심의 자유의 보호영역을 매우 축소하는 해석론[7]을 펴는 경우 사상의 자유가 충분한 보호를 받지 못하게 되는 위험으로부터 벗어날 수 있는 헌법적 근거를 확보하게 되는 효과가 있다. 알권리, 정보 소외계층에 대한 정보접근권과 같은 정보기본권의 경우에도 헌법에 명문화됨으로써 이들 권리의 적극적 보장을 위한 입법의무가 강화되는 효과를 가져올 수 있다.

그러나 이런 정도의 개선효과는 헌법화만으로 달성되는 것이 아니라 사회 전반적인 인식수준이 높아져서 입법과정을 통해 법률적 보장을 강화하는 방안으로도 충분히 달성될 수 있다. 따라서 헌법개정을 통한 개선효과는 높지 않다고 볼 수 있다.

2) 새로운 기본권 보호영역의 확대와 인과관계적 효과

자문위 보고서의 제안에 따르면 헌법적 차원에서 기본권의 보호영역을 실질적으로 확대하는 경우는 바로 이 유형이다. 우선 자문위 보고서는 현재 체포 또는 구속을 당한 형사 피고인이 스스로 변호인을 구할 수 없을 때에만 인정되는 국선변호인 보호범위를 형사 피의자에게도 확대하는 안을 제시하고 있다. 현행 헌법 제12조 제4항에서 보장하는 변호인의 조력을 받을 권리를 더욱 강화하는 제안이라는 점에서 긍정적이다. 그러나 현행 헌법 하에서도 형사소송법을 통해 구속영장이 청구된 피의자를 심문하는 경우나 체포 또는 구속된 피의자가 체포·구속적부심사를 받을 때 스스로 변호인을 구할 수 없는 경우 형사 피의자에게도 국선변호인제도를 인정하고 있다.[8] 오히려 형사 피고인이든 피의자든 체포나 구속상태가 아닌 수사단계에서 제대로 변호인의 조력을 받을 권리를 실질적으로 보장받지 못하는 경우[9]가 문제가 될 수 있는데 자문위 보고서는 이 점은 개정을 제안하고 있지 않다. 결국 국선변호인제의 확대보장도 헌법 개정을 통한 개선효과는 높다고 하기 어렵다. 형사소송법 등 법률정비를 통해 얼마든지 확대할 수 있기 때문이다.

다음으로 현행 헌법 제29조 제2항의 군인 등에 대한 이중배상금지조항을 삭제함으로써 국가배상의 범위를 확대하는 안은 실질적 개선효과가 높다(윤재만, 2010 : 97). 이 규정은 대법원이 1971년 국가배상법에서 정하고 있던 내용을 위헌으로 선언(대법원 1971.6.22. 선고 70다1010)하자 유신헌법을 제정하면서 헌법에 명문화함으로써 위헌 논란을 회피하였던 것이 민주화 이후에도 잔존해 있던 대표적인 평등원칙 위반조항이었다. 현행 헌법 하에서도 헌법조항 자체에 대한 위헌심판이 청구되기도 했던 조항인데 절차법상 헌법조항을 위헌으로 판단할 수 있는 제도적 장치가 마련되어 있지 않기 때문에 계속 헌법적 효력을 유지할 수 있었다(헌재 2001.02.22. 2000헌바38, 판례집 제13권 1집, 289). 따라서 기본권과 관련하여 개헌이 필요하다고 할 때 최우선적으로 정리가 필요한 부분을 자문위 보고서가 반영한 것으로 입법적 개선과 같은 다른 대안을 통해 동일한 효과를 달성하기가 용이하지 않은 대상이라고 할 수 있다.[10)]

마지막으로 출산·양육을 위한 권리와 그 보장을 위한 국가목표 조항을 신설하는 것도 노령화 사회로 급속도로 진입하고 있음에도 저출산 문제에 직면해 있는 우리 사회의 현실에서 국민의 기본권 보장적 차원에서 대응책을 마련하는 방안이다. 그러나 구체적인 기본권으로 규정하지 아니하고 국가목표 규정으로 신설함으로써 구체적인 보장은 결국 입법에 위임하는 결과이기 때문에 실질적 개선효과가 높다고 하기 힘들다. 이런 평가는 현행 헌법 하에서도 다른 나라 헌법에서 찾아보기 힘든 매우 화려한 사회적 기본권[11)]과 다양한 국가목표 규정[12)]이 있지만 이들 영역의 기본권 보장 수준이 실제로 높다고 단언하기 힘든 점을 고려한 것이다.

3) 기본권 관련 헌법체계의 정비와 인과관계적 효과

자문위 보고서는 개헌을 한다면 기본권 관련 헌법체계를 정

〈표-3〉 제2공화국의 3대 정부기구의 주요 권한과 선출방식

구분	현행 헌법	자문위 개헌안	실질적 개선효과의 내용과 정도		다른 대안에 의한 동일효과 달성 가능성	비고
국선변호인제 확대	체포·구속 당한 형사 피고인에게만 인정	형사 피의자에게도 확대	형사절차상 권리 확대	중	입법에 의한 보장 가능	현행 형사소송법상 피의자 국선변호인제 부분 수용
이중국가배상 금지조항 폐지	군인 등 이중국가 배상금지	이중국가 배상금지 조항폐지	국가배상 불평등 상태 개선	상	입법에 의한 보장에 한계	
출산·양육을 위한 국가목표 명문화	모성보호나 보건권으로 인정	헌법 명문화	입법의무 강화	하	입법에 의한 보장 가능	

비하여 사회통합의 정치선언적 효과를 높이고자 한다. 말 그대로 현행 헌법에 있던 규정들을 재정비하는 것이므로 아무런 실질적인 변화를 초래하지 아니하는 경우이다. 예를 들어 납세 및 국방을 제외하고 불필요하게 헌법화되어 있는 여타 국민의 의무 관련 규정을 정비하거나 사회적 기본권의 조문 편제를 수정하는 것, 용어의 순화 등이다. 이런 규정의 경우 개헌의 인과관계적 효과를 논할 여지가 거의 없는 경우이다. 국민의 기본권 보장 수준이 조문의 순서나 용어에 의해 얼마나 달라질 수 있을지 가늠하기 힘들기 때문이다.

4) 소결

위에서 보듯 기본권 관련 규정에 대한 개헌 논의가 인과관계

론상 실질적으로 달성하고자 하는 효과는 그리 높은 것으로 평가하기 힘들다. 무릇 한 사회의 기본권 보장 수준에서 헌법의 명문화 단계가 문제되는 것은 기본권 보장을 정치과정의 최고 가치로 삼는 입헌주의(constitutionalism)가 반체제이념에서 체제이념으로 전환하는 혁명기이다. 입헌주의가 확고히 지도적인 체제이념이 된 이후에는 기본권의 보장 수준은 기본권의 보장범위를 어떻게 입법적으로 조정할 것인가의 문제로 전환된다.

우리 헌법의 경우와 같이 자연권적인 기본권 보장체계를 두면서도 헌법 제37조 제2항과 같이 일반적인 법률 유보조항을 두어 모든 국민의 자유와 권리를 법률로 제한할 수 있도록 하는 체제에서 기본권 보장의 실질은 입법을 어떻게 하느냐에 달려 있다. 아무리 헌법적으로 화려한 기본권 규정을 두더라도 법률의 제한강도가 높다면 그 보장 수준은 낮을 수밖에 없다. 헌법상 명백하게 보장된 국민의 자유의 향유가 원칙이 되지 못하고 오히려 예외로서만 보장되는 법률[13]이 당연시되는 나라에서 개헌담론의 실효성은 입법담론의 실효성보다 결코 높다고 할 수 없다.[14]

IV. 개헌 필요성의 주요 논거에 대한 인과관계론적 검토 2-권력구조 영역

자문위 보고서가 제안한 개헌안 가운데 권력구조와 관련한 영역은 매우 광범위하고 구체적인 제안들을 담고 있다. 따라서 여기서는 그 가운데 현실적으로 비중이 높은 부분과 정치제도의 큰 틀에 영향을 줄 수 있는 부분을 선별하여 검토대상으로 한다. 이에 해당하는 경우로는 국회 양원제 도입, 감사원 회계검사기능의 국회이전과 직무감찰기능 담당부분의 법률기관화, 이원정부제와 대통령 4년 연임제의 복수안을 골자로 한 정부형태 개편이다.

1) 국회 양원제 도입안의 인과관계론적 검토

자문위 보고서는 의회주의를 실현하는 합의체 국민대표기관의 구성방법에 대하여 찬반 논의를 거쳐 양원제를 채택하는 안을 제시하고 있다. 의회주의는 국민의 대표들로 구성되는 합의체 대의기관으로 하여금 주권자인 국민의 추정적 의사를 충분히 고려하여 국가의 구체적 정책과제를 법률의 형식으로 정립하고 그 집행이 다른 국가권력에 의해 제대로 실현되도록 정치적으로 통제하는 대의민주주의 체제 하의 입법권력의 구성 및 운영원리이다. 의회주의를 실현하는 방법으로서 이원적 원구성을 전제로 한 양원제와 일원적 원구성을 전제로 한 단원제가 선택지가 된다. 전통적으로 우리나라는 소위 제2공화국 헌법에서 양원제를 채택했던 경우를 제외하고 단원제가 지배적인 원구성방법이었다. 정치과정의 효율성 면에서 제도적 장점이 있고, 권위주의 지배체제가 일반화되었던 상황에서 번거로운 이원적 원구성이 집권층에게 친화적이지 않은 것이 그 주요한 원인으로 추정된다.

민주화 과정에서 현행 헌법상의 단원제는 여러 가지 문제점을 노정한 것으로 평가된다. 자문위 보고서가 평가하는 양원제의 장점은 결국 현행 단원제가 가진 문제점과 동전의 양면을 이룬다. 크게 세 가지 점이 지적된다(헌법연구자문위원회, 2009 : 120-127). 첫째로 의정과정에서 다수파의 횡포와 법안의 졸속 입법 가능성이 농후하고 여야 간의 정쟁이 격화되는 경향이 짙다. 둘째로 지역주의 정치문화를 배경으로 상대다수대표제를 중심으로 하는 선거제도가 도입된 결과 사표가 남발되고 투표와 의석배분 간의 비례성이 심각하게 손상되어 국회의 국민대표성이 불균형을 이룬다. 특히 지역대표와 직능대표의 필요성이 크다. 셋째로 체제갈등의 현실을 극복해야 할 통일 시대의 대비책으로 다수파의 횡포가 예견되는 단원제는 부적절하다. 반면 양원제가 연방제나 의원내각제와 같은 국가형태나 정부형태와 친화적인 원구성방법이라는 점과 이원화된 의정과정 때문에 효율성이 저하될 수 있는 가능성이 채택을 꺼리는 이유로 제시되고 있다. 사실 원구성의 문제는 국가형태, 정부형태, 선거제도, 정당제도, 정치문화 등 정치과정의 제도적·문화적 요소가 모두 연계된 문제이다. 원구성문제뿐만 아니라 정치과정의 모든 제도적 요소에 대한 실질적 평가는 연계된 다양한 제도와 문화적 요인이 복합적으로 고려될 때에만 가능하다.

그럼에도 불구하고 양원제는 다른 정치제도들의 변화에 비하여 현행 헌법이 당면한 여러 과제를 해소하는 데 독자적인 영향력을 발휘할 수 있는 여지가 매우 크다는 의미가 있다. 논란의 여지가 있지만 한국 정치과정의 주요 문제는 지역주의 정치문화, 승자독식의 상대다수제적 선거제도, 절차적 민주주의의 미비에 의한 의정과정의 비효율 등으로 진단할 수 있다(강원택, 2005 ; 강원택, 2003). 또한 이들

문제들은 서로 닭과 달걀의 관계처럼 원인과 결과의 관계가 서로 얽혀 있어 쉽게 해결하기 어려운 난제들이다. 그런데 원구성의 일원성이 이러한 문제와 직간접적으로 상승작용을 일으키는 점은 분명해 보인다. 서로 별개의 민주적 정당성을 확보하는 과정을 통해 양원제는 승자독식을 특징으로 하는 선거제도의 병폐를 완화시킬 수 있을 것이고, 지역주의 정치문화에도 이원화를 통한 완충장치를 구축할 제도선택의 가능성을 넓혀준다.

한편 양원제가 아닌 다른 대안을 통한 유사한 효과의 성취 가능성은 선거제도와 절차적 민주주의의 강화에서 찾아볼 수 있다. 선거법 개정으로 국민의 지지에 비례하는 정치세력으로 원구성이 이루어지는 방향으로 개선된다면 지역주의, 대립적 의정문화와 다수의 횡포가 일정부분 완화되는 효과가 발생할 것으로 전망된다. 또한 의정과정의 합리화를 통해 절차적 민주주의가 강화된다면 단원제로 인한 의정의 비효율성도 일정부분 극복될 수 있을 것이다. 그러나 주목해야 할 것은 이런 변화가 그 시너지 효과를 극대화할 수 있는 가능성이 양원제로부터 도출될 수 있다는 점이다. 즉 의회주의 운영의 측면에서 양원제가 독자적인 개선효과를 확보하는 대안이라는 점은 확인할 수 있다.

2) 감사원 국회이관안의 인과관계론적 검토

자문위 보고서는 예산과정에서 회계검사를 통해 국가기관의 재정작용을 통제하는 감사원을 현행 헌법상 대통령 직속에서 국회로 이관하는 안을 제안하고 있다. 다만 회계검사와 관련한 직무수행상의 독립성을 확보하도록 명문화하는 한편, 감사원의 직무 중 직무감찰기능은 분리하여 정부 소속으로 두되 법률기관으로 격하시키고 있다.

재정집행상의 불법성과 부당성을 검사하는 회계검사기능을 행정부 소속으로부터 독립시키는 것은 현대 민주국가의 보편적 경향이다. 이는 재정집행기관 내부의 회계검사는 한계를 가질 수밖에 없기 때문에 전문성과 독립성을 갖춘 외부기관의 통제가 바람직하다는 인식의 발전에 따른 것이다. 따라서 대통령 직속으로 되어 있는 감사원의 소속을 사실상 거의 대부분의 재정집행권을 가지는 정부로부터 분리시키는 것은 현대 민주주의의 발전을 수용하는 것이다(김종철, 2002). 다만 전통적 국가권력인 입법권, 행정권, 사법권 모두로부터 독립된 기관에게 회계검사권을 부여하는 방안과 의회민주주의에 기초하여 국회재정중심주의를 추구한다는 목적에 따라 회계검사기관을 의회에 소속시키는 방안으로 그 선택지가 나뉜다.

자문위 보고서는 회계검사기관을 독립기관으로 하는 안보다는 국회 소속으로 하는 안을 채택하고 있는데, 그 이유로 국회의 상시적인 재정통제권을 강화할 필요성을 제시하고 있다(헌법연구자문위원회, 2009 : 154). 그러나 국회이관시에 감사원의 정치적 중립성과 공정성이 위협받을 수 있다는 점을 한계로 인정하면서 직무수행상의 독립성을 보장할 것을 조건으로 한다. 현대 민주주의 발전과정에서 회계검사기능이 행정부의 내부통제적 성격에서 행정부 밖의 외부통제적 성격으로 전환된 것은 예산과정에서 회계검사기능이 가지는 독립성의 요청 때문이었음을 고려한다면, 의회 소속으로 전환된 경우에도 회계검사기관의 직무수행상의 독립성이 확보되어야 정당중심적 민주주의가 일반화된 현대 국가에서 정파적인 회계검사의 위험성을 극복하고 중립적인 외부 재정통제가 실현될 수 있을 것이다. 이런 전제 위에 선다면 국회의 회계검사기관을 국회에 소속시킨다는 것과 국회의 재정통제권을 강화하는 것은 타당한 이유가 될 수 없고 오히려 자가당착적 이유가 된다.

또한 국회의 재정 관련 전문성을 강화한다는 논거도 국회에 회계검사기관을 소속시키고자 하는 또 다른 이유로 제시되는데, 이 논거 또한 회계검사기능의 독립성과는 충돌한다. 재정 관련 전문성은 국회의원이나 국회 소속 사무지원기관의 전문성을 강화해야 하는 것이지 헌법상 직무독립성이 보장되는 회계검사기관을 통해 강화되는 것이 아니다. 회계검사기관은 전문적이고 중립적인 회계검사를 통해 그 소속이 어디이건 재정통제기능을 수행할 것이고, 국회는 그러한 재정통제기능의 결과를 활용할 뿐이므로 소속을 국회에 두어야만 그런 효과를 실현하게 되는 것이 아니다. 오히려 정파적 대립이 심한 우리의 의정문화에서는 회계검사의 정치적 중립성이 현재의 대통령 직속의 경우처럼 의심받을 가능성이 훨씬 크다. 더구나 국회는 예산과정에서 예산확정과 결산권을 가지고 있는데, 정당이나 지역구의 부분이익을 위해 헌법이 부여한 국가 전체의 이익을 중심으로 직무를 수행할 의무를 저버리는 일도 적지 않다는 평가를 받아온 점을 감안할 때 예산과정상 독립적이어야 할 회계검사기능을 국회에 종속시키는 것은 바람직하다고 할 수 없다(김종철, 2002 : 213-215).

아마도 회계검사기관을 국회 소속으로 하겠다는 제안의 실질적 의도는 국회의 의중에 따라 회계검사를 하도록 하겠다는 것, 즉 회계검사의 대상이나 시기를 국회가 스스로 결정하겠다는 것으로 추정된다. 그러나 이러한 생각은 앞서 지적하였듯이 현대 민주국가의 회계검사기능의 직무수행상의 독립성 강화 경향에 배치될 뿐만 아니라 현실적으로도 실현 가능성이 높지 않다. 현재에도 국정감사 및 국정조사제도, 상임위원회 제도를 통해 재정사항을 포함하여 국회가 정부를 통제할 수 있는 헌법 및 법률상의 제도는 충분하지만 재정통제가 제대로 이루어지지 못하고 있다면 그 이유는 여야 정당 간 의견의 불일치 때문이다. 회계검사기능이 국회 소속 기관으로 이관된다고 하더라도 그 직무수행상의 독립성을 보장한다면 여야 간 합의를 보기 힘든 사안, 특히 여대야소의 경우 여당이 반대하는 사안에 대한 회계검사는 불가능하다. 이 점은 국정조사권이 제대로 발동되지 아니하는 것을 감안할 때 충분히 예상되는 바이다. 물론 대통령 직속 기관일 때와 비교할 때 국회 소속 기관이 되면 아무리 직무상 독립성을 보장한다고 하더라도 국회의 요청에 더욱 충실할 가능성이 있기 때문에 현재보다는 재정통제의 가능성이 더 커질 수 있다. 그러나 현재 상태의 개선목적을 충분히 달성할 수 있는 다른 대안보다 유사한 문제가 발생할 수 있는 국회소속안을 유력하게 제시하는 것은 원인과 효과 간의 인과관계적 실효성이 크다고 할 수 없다.[15)]

한편 감사원의 소속은 헌법사항이므로 개헌이 아니면 다른 대안으로 동일한 목적을 달성할 수는 없다. 그러나 현재에도 감사원법은 소속은 대통령이라고 하더라도 직무수행상의 독립원칙을 명문화하고 있다(감사원법 제2조 제1항). 현행 법제상으로도 감사원은 직무수행상 독립기관인 셈이다. 그럼에도 불구하고 대통령의 광범위한 인사권과 예산권은 이러한 직무수행상의 독립기관으로서의 법적 목표를 달성하는 데 장애가 되고 있다. 이 점은 회계검사기관이 국회에 소속되더라도 문제가 될 소지가 있다. 인사권의 독립성이 확보되지 아니할 때 회계검사의 중립성은 끊임없는 시비의 대상이 될 것이다. 그러므로 헌법상 소속 여부에 관계 없이 직무상 독립성을 확보하기 위한 입법적 조치가 관건임을 알 수 있다. 이 점은 개헌을 통한 감사원의 소속변경의 필요성을 매우 높게 평가할 수 없게 하는 변수가 된다. 소속을 중심으로 회계검사제도를 바라보지 않고 직무상 독립성 확보를 중심으로 바라본다면 현행 체제 하에서도 대통령의 인사권을 제한하는 등의 방식을 통해 소기의 목적을 달성할 수 있는 여지가 없지 않기 때문이다.

3) 정부형태 개편안의 인과관계론적 검토

권력구조 영역에서 가장 세인의 관심을 끄는 부분은 역시 정부형태에 대한 논의이다. 실제로 개헌론이 성사된다면 가장 현실화 가능성이 높은 부분이다. 어떤 의미에서는 이 정부형태의 변경을 염두에 두고 나머지 개헌과 관련한 주제는 장식용으로 치부되는 경향마저도 있다. 그런 의미에서 인과관계론적 검토의 필요성이 가장 큰 영역 역시 이 부분일 수 있다. 그러나 그동안 숱하게 현행 정부형태의 문제점에 대한 논의가 있어 왔지만 그 원인과 추정되는 효과 간의 인과관계론적 분석은 드물었다. 또한 현행 정부형태의 문제점으로 지목되는 사안들이 개헌보다 현실적이고 효율적인 다른 대안을 통해 달성 가능한지에 대한 진지하고도 합리적인 논의가 활성화되지

〈표-4〉 이원정부제안과 대통령제안 비교

구분	이원정부제	4년 중임 정 · 부통령제
의회제도	* 양원제	* 양원제
법률안 제출권	* 국무총리가 보유	* 현행 정부의 법률안 제출권 폐지
국회해산권	* 대통령이 보유 * 국무총리는 국회의 신임요구안 부결시 국회(하원) 해산제청권 보유	* 불필요한 제도
대통령 선출 · 임기	* 국민직선 5년 단임제	* 국민직선 4년 중임제
국무회의	* 대통령의 권한에 속하는 사항에 대한 심의기관으로서 대통령이 주재	* 불필요한 제도
국무총리	* 행정부수반으로서 국회(하원)에서 선출된 자를 대통령이 임명	* 불필요한 제도
국회의원 · 장관 겸직허용 여부	* 의원의 각료겸직 허용 헌법에 명시	* 의원의 장관직 겸직금지를 헌법에 명시
해임건의/내각불신임	* 국무총리가 국회(하원)에 요청한 신임투표에 대해 국무총리 불신임시 내각 연대책임	* 현행 국무위원(장관) 해임건의 제도 폐지

출처 : 헌법연구자문위원회(2009 : 208-232) 재구성.

못했다.

자문위 보고서는 현행 정부형태의 주요한 문제점을 다음과 같이 지적하고 있다(헌법연구자문위원회, 2009 : 173-196). 첫째로, 대통령 5년 단임제는 국민의 선택권을 제한하고 정치과정에서 승자독식에 따른 폐해를 초래하며 국정운영의 효율성을 저해하는 문제점이 있다. 둘째로, 대통령 선거와 국회의원 선거 주기가 불일치하여 분점정부가 일상화됨으로써 국회와 대통령의 갈등구조가 제도화되고 있어 국정의 비효율성이 증폭되고 있다. 셋째로, 국무총리제는 대통령제 정부형태와 체계정합성이 없고 민주적 정당성이 약한 상태에서 대통령권한대행으로서의 지위를 인정함으로써 헌정의 흠결을 초래한다. 넷째로, 국회의원의 국무위원 겸직 허용 등 의원내각제적 요소가 대통령의 우월적 지위를 인정하는 방향으로 대통령제 정부형태에 도입됨으로써 제왕적 대통령제의 위험성이 제도적으로 존재한다. 다섯째로, 정부의 법률안 제출권에 의해 입법권자로서의 국회의 위상이 약화되고 정부수반인 대통령의 우월적 지위가 보장되는 효과가 있다.

이런 문제의식에 기반하여 자문위 보고서는 이원정부제와 대통령 4년 중임제 복수안을 대안으로 제시하고 있다. 그 골자를 보고서의 내용을 압축하여 정리하면 앞의 〈표-4〉와 같다. 또한 자문위 보고서는 두 대안의 장단점을 다음의 〈표-5〉와 같이 정리하고 있다. 정부형태 관련 개헌론을 뒷받침하는 자문위 보고서의 진단에 대해 정부형태 개편이 해결책이 될 수 있는지 검토하기 위해서는 현행 정부형태와의 객관적 비교가 필요하다.

첫째로, 대통령 5년 단임제 및 선거주기의 불일치로 야기되는 문제점으로 지적된 사항은 대개가 임기제의 고유한 문제라기보다는 대통령제에 내재한 구조적 문제점이다(김종철, 2007 : 82-88 ; 송기춘, 2005 : 58-59). 국민적 대표성이 입법부와 행정부에 이원화됨으로써 분점정부의 문제가 발생하는 것이 대통령제의 고유한 특성이다. 따라서 대안으로서 국회의원과 대통령의 선거주기를 일치시킨 대통령 4년 중임제를 제안하는 것(함성득, 2009 ; 강원택, 2005 : 370-374)은 외피만 대통령제지 사실상 행정권과 의회다수파의 일치라는 내각제의 본질을 추구하는 제도이다. 본질적으로 소극적 권력인 사법권력보다

〈표-5〉 이원정부제안과 대통령제안의 장·단점

구분	장점	단점
이원 정부제	* 행정부와 입법부 간의 일정부분 권력공유로 인한 책임정치의 구현 * 대통령과 국무총리(수상)가 권한을 분점하여 행사하므로 행정권 내에서의 견제와 균형이 가능 * 행정부와 의회 간의 매개역할을 통한 정당정치의 발전	* 내각과 의회에 대한 대통령의 견제권이 약하여 국무총리(수상) 및 그 소속정당이 독재화 가능 * 대통령과 국무총리(수상)가 소속정당을 달리할 경우 대통령과 내각 간의 불화와 정치적 갈등으로 정국 불안정 * 대통령의 위기를 빙자한 비상권한 남용의 우려
대통령제	* 대통령의 임기 동안 국가정책의 지속성과 행정의 안정성 확보 * 입법부와 행정부 간의 견제·균형으로 권력남용 방지 * 대통령의 정치적 책임추궁이 곤란하다는 단임제의 문제점 해결	* 국가원수와 행정부 수반을 겸하는 강력한 권한으로 인한 대통령의 독재화 우려 * 대통령과 의회가 대립하여 입법이나 예산을 의결하지 않을 경우 행정부의 기능 정지와 불안 초래 * 현직 대통령의 선거운동으로 인한 국정운영 소홀 및 혼란 가능

출처 : 헌법연구자문위원회 2009 : 208.

대통령을 가장 일상적으로 통제할 수 있는 권력은 대통령과 동급의 민주적 정당성을 확보한 의회권력인데, 바로 그 의회권력을 대통령 소속 정파에게 맡기는 것을 추구하는 정부형태는 더 이상 대통령제의 본질을 유지하고 있는 것이라고 할 수 없다(김종철, 2007 : 90 ; M. Shugart & J. Carey, 1992 : 132-136).[16] 더구나 선거주기를 일치함으로써 대통령에게 의회다수파의 지지를 확보할 수 있는 환경을 구조화하려는 발상은 "집권자로부터의 헌법 파괴"에 취약한 것을 특징(송석윤, 2010 : 36 ; 김종철, 2006 ; 89 ; 임지봉, 2006 : 41)으로 하는 우리 헌정사에 고유한 경험을 너무 쉽게 무시하는 위험성을 내포하고 있다.

둘째로, 그렇다면 현행 대통령제의 문제점과 대안 간에 인과관계적 연계성을 가지는 대안은 이원정부제안이라고 할 수 있다. 이

안은 대통령제의 문제점을 근본적으로 해소하는 것을 목적으로 의회 중심의 권력구조를 형성하고자 하는 것이기 때문이다. 다만 대통령 직선을 원하는 국민의 경로의존성을 고려하여 매우 제한된 국가원수형 헌법상의 위상을 인정하는 안이라고 할 수 있다. 이 안의 현실화를 방해하는 관건은 그러한 명목상 혹은 아주 제한된 지위에 머무르는 5년 단임의 대통령을 직접 선출하는 것만으로 국민이 만족할 것인가의 문제이다.

이원정부제안이 국민적 동의의 문제를 극본한다손 치더라도 이 글의 관심사를 기준으로 할 때 근본적 문제에 당면하게 된다. 바로 5년 단임제 대통령제의 문제로 지적되는 국정 비효율이 이 체제에서 발생하지 않으리라는 보장이 있느냐 하는 문제이다. 이 문제에 대한 이원정부제 비판론자들의 전망은 그리 밝지 않다(문광삼, 2009b).[17] 프랑스와 같은 이원정부제 국가에서 보듯 대통령과 국무총리의 소속정파가 다르거나 갈등하는 경우 현행 체제보다 더한 국정혼란과 비효율이 발생할 수 있다.[18] 오히려 현재보다 국회 다수파의 지도자가 헌법상 제도적으로 집행권의 핵심을 장악할 수 있는 지위에 있게 되는 반면, 국가원수로서 국민의 직접적인 신임을 받은 대통령이 집행권에서 사실상 배제됨으로써 양자 간의 갈등이 증폭될 수 있는 위험성마저 안고 있다.

결국 이원정부제의 경우에도 국정 비효율을 근원적으로 제거할 수 있는 개선효과를 확신할 수 있다는 실증적인 논거와 합리적인 논리를 찾기 어렵다. 사실 정부형태의 운용이 궁극적으로는 정치문화와 관련 정치제도의 상관관계 속에 이루어진다는 점을 고려할 때, 애당초 제도적 개선효과의 성패는 정치문화와 정치제도의 개혁에 의존할 수밖에 없다. 그렇다면 자연스럽게 논의의 중점은 대통령임기제나 선거주기 일치의 문제를 포함하는 정부형태의 개편이 아닌 다른 방법에 의한 현행 정부형태의 문제점을 해소하는 것은 어느 정도 가능한가로 옮겨지게 된다. 이 점은 현행 정부형태의 문제점에 대한 나머지 비판점들과의 논의를 통해 종합적으로 살펴볼 수 있다.

세 번째 문제점으로 지목되어 온 국무총리제에 대한 비판은 실질적인 의미가 많지 않다(김종철, 2007 : 70-71). 이는 헌정의 체계정합성에 반한다는 것인데, 헌정의 구체적인 구성과 운영이 헌법상의 기본원리나 원칙에 어긋나지 않아야 하는 것은 옳지만 정부형태의 구체적인 모습에서 특정한 국가기관의 존재 여부에 대한 배제원리로 기능하는 것은 적절하지 않다. 대통령제에서 국무총리 대신 부통령을 둔다고 하여 기대할 수 있는 실질적 개선효과는 그리 크다고 판단되지 않는다(김종철, 2006 : 25-26 ; 송기춘, 2005 : 61).[19)]

네 번째 문제점인 국회의원의 국무위원 겸직과 관련한 논의나 다섯 번째 문제점인 정부의 법률안 제출권의 문제점에 대한 지적은 정치문화적 효과에 불과한 측면이 많다. 특히 국무위원 겸직은 현행 헌법 하에서도 법률을 통해 충분히 그 효과를 달성할 수 있다. 정부의 법률안 제출권의 경우에도 의제설정 효과의 측면을 무시하지는 못한다고 하더라도 엄연히 제안권에 불과한 것이고, 법률의 통과여부는 전적으로 국회에 맡겨져 있다. 그렇다면 입법과정에서 국회의원 개인의 독자성을 강화하거나 합리적인 입법과정을 제도화한다면 충분히 법률안 제출권의 의미를 저하시킬 수 있다(같은 견해로는 송석윤, 2010 : 43-44). 특히 제왕적 대통령제의 위험성을 강조하면서 개헌을 통해 대통령의 권한을 축소하고 의회의 권한을 강화하는 것이 정부형태 개헌론의 주류를 이루고 있다. 분권형 대통령제나 이원정부제라는 명칭에 의해 집행권 구성과 운영상의 문제를 해소하려는 것처럼 포장되어 있으나 기실은 행정부에 속한 권한을 국회에 이관시키고 국회의 권한을 강화하려는 안이 그 실질이다.

그렇다면 현행 헌법 하에서 대통령제가 제왕적으로 운영될 수 있는 것은 대통령의 헌법상 권한이 막강해서인가? 어떤 정부형태건 민주적 법치주의와 그 파생원리로서 의회민주주의를 운영의 기본으로 삼는다면 모든 국정의 출발점은 의회의 입법이다. 대통령제라 하여 이 평범한 권력구조 운영의 요소는 변하지 않는다. 의원내각제나 대통령제, 이원정부제라는 의회와 집행부 간의 관계를 중심으로 하는 정부형태론의 관건은 이들 간의 관계를 상호 의존적 존립관계로 보느냐 별개의 국민대표성을 가지는 독립적 관계로 보느냐의 차이일 뿐, 국가운영의 메커니즘이 의회의 입법에 의한 국정과제가 일차적으로 확정되고 이차적으로 그 구체적 집행이 집행권을 가지는 정부에 의해 이루어진다는 점은 공통적이다. 더구나 우리 헌법은 제헌헌법 이래로 정부구성을 비롯한 거의 대부분의 국정운영을 구체화할 수 있는 권한을 입법권자에게 위임하고 있다. 심지어 정부조직권이나 공무원 인사권마저도 법률이 정하는 바에 따라 정하게 되어 있다(각각 헌법 제96조 및 제78조).[20] 따라서 현행 헌법 하에서 대통령의 제왕적 지위가 현실화된다면 그것은 제도적인 차원보다는 제도외적 차원의 문제일 가능성이 크다.[21]

대표적인 정치문화적 변수로 국회의원들의 자율성을 잠식할 수 있는 제도적 장치들이 집행권자인 대통령에게 전속될 수 있는 가능성이 있다. 소위 '4대 권력기관'이라는 경찰, 검찰, 국세청, 국정원이 정치현실에서 발휘하는 힘에 의해 헌법에 의해 부여된 국회의 권위는 휴지조각으로 변할 수 있다. 엄격한 공직선거법과 정치자금에 관련된 법제의 위력 하에 불법의 칼날 위에 서 있는 국회의원들이 이들 권력기관으로부터 완전히 자유로울 수는 없다. 이런 법현실과 더불어 공직후보자 선출과정에서의 중앙집권성이 결합할 때 국회의원의 자율성은 사실상 집행권자의 영향력을 벗어나기가 쉽지 않다. 더구나 각종 이권사업은 국회를 중심으로 결정되는 것이 아니라 정부를 중심으로 하기 때문에 국무위원 겸직이 국회의원의 중요한 관심사가 되고 여당의원이 되는 것이 중요해지는 이유가 된다. 그렇다면 정부형태의 문제점으로 지적되는 여러 요소들도 결국은 정치문화와 선거제도 및 정당제도와 같은 관련 정치제도의 문화적·입법적 개선을 통해 충분히 해소 가능하다는 점을 인식하는 것은 그리 어렵지 않다.[22]

사정이 이러하다면 현행 정부형태의 문제점을 해소하기 위한 대안으로 개헌이 실질적 의미를 가지려면 대통령의 지위를 변화시키기 위한 측면보다는 대통령의 초법적 권력행사가 가능하지 못하도록 4대 권력기관에 대한 헌법적 통제장치를 마련하는 것이 급선무일 수 있다. 사실 입법적으로도 달성될 수 있는 이런 개혁안이 현실권력의 거대한 힘에 부딪쳐 불가능하다면 개헌을 통해 4대 권력기관의 구성·운영에 관한 독립성과 분권화를 확보하는 대안을 마련하는 것이 훨씬 효과적이다. 문제는 이런 입법사항들은 헌법화한 비교법적 사례가 거의 없다는 점에 그 논의의 한계가 있다. 결과적으로 헌법 개정을 통하기보다는 정도에 해당하는 입법적 개선에 골몰하도록 국민의 공감대를 확보하는 것이 우선이다. 그러나 그러자면 현

〈표-6〉 정부형태 개헌안의 인과관계론적 상관관계

현행 헌법상 정부형태의 특징		자문위 개헌안		개선효과				다른 대안에 의한 동일효과의 달성 가능성 (문제점)
				내용과 정도				
구분	문제점	이원 정부제	4년 중임 정·부통령제	이원 정부제	정도	4년 중임제	정도	
대통령 단임제	국정 비효율	국민직선 5년 단임제	국민 직선 4년 중임제	대통령단임제 유지/ 대통령 지위 약화/ 국회 위상 강화	중	대통령 중간 심판	하	정치문화와 선거제도 등 정치제도의 개선으로 부분적으로 해결될 여지가 있음(임기 문제라기보다는 대통령제 고유의 문제점)
대통령과 국회의원 선거주기 불일치	국정 비효율	선거주기 불일치(대통령 임기 5년/상원의원 임기 6년, 하원의원 임기 4년)	선거 주기 일치	대통령 권력 약화와 국무총리의 의회신임 연계로 선거주기 일치 필요성 상쇄	중	분점 정부 출현 완화	중	(독재화 위험)
국무 총리제	헌정 체계 부정합성	행정부 수반으로서 국회(하원)에서 선출된 자를 대통령이 임명	불 필요한 제도	국무총리 위상 강화	하	부 통령제 도입	하	(체계 부정합성의 근거 불분명)
국회의원·장관 겸직허용	제왕적 대통령 제의 수단	의원의 각료 겸직 허용 헌법에 명시	의원의 장관직 겸직금지 헌법에 명시	국무총리 위상 강화	하	국회 위상 강화	하	현행 헌법상 법률로 겸직금지 가능 (헌법 제43조)
정부의 법률안 제출권	대통령 우월적 정치 문화	국무 총리가 보유	현행 정부의 법률안 제출권 폐지	대통령이 배제된다는 점에서 차이가 있을 뿐 현행과 동일	하	국회 위상 강화	중	입법을 통한 법률 제정과정상 국회 위상 강화 방안

〈표-7〉 권력구조 개헌안의 인과관계적 상관관계

구분	현행 헌법	자문위 개헌안	실질적 개선효과의 내용과 정도		다른 대안에 의한 동일효과 달성 가능성	비고
국회의 양원제	단원제	양원제	다수파의 횡포 완화/지역주의 완화/국민대표의 다양성 확보	상	선거제도 개편에 의해 부분적으로 대체 가능/절차적 민주주의의 강화로 부분적 대체가능	
감사원 국회이관	대통령 직속	회계검사권 국회이관/직무감찰권 법률기관화	국회의 재정통제력 강화/국회전문성 강화	하	현행 감사원의 독립기관화/입법적 보완에 의해 부분적 대체가능	사전검사와 성과검사를 중시하는 회계검사 기능의 변화에 따른 고려의 필요성
정부형태 개편	변형된 대통령제	이원 정부제	제왕적 대통령제의 폐해 극복/분점정부의 비효율성 극복	하	선거제도 개선과 권력기관통제입법을 통한 대체 가능	정치문화의 중요성/비효율성의 극대화 위험성
		대통령 4년 연임제	책임정치 강화	하	선거제도 개선과 권력기관통제입법을 통한 대체 가능	정치문화의 중요성/대통령제의 문제점을 임기제문제로 전가하는 모순

재 이들 국가권력들이 정치적으로 중립적이고 독립적이지 못하다는 점이 정치권에서 공감대를 이루어야 하는데 그것이 현실적으로 불가능한 점이 딜레마이다.

4) 소결

권력구조 영역에서 자문위 보고서의 주요 대안들을 인과관계론적 상관관계의 측면에서 종합적으로 정리하면 앞의 〈표-7〉과 같다. 전반적으로 현행 헌법체제상의 정부형태에 대한 비판론은 광범위하게 유포되고 있지만 인과관계론적 상관관계가 높지 않고 다른 대안에 의한 동일효과의 실현 가능성이 높다. 다만 양원제의 경우 헌법 개정에 의한 독자적 효과 발생의 여지가 높다고 할 수 있다.

V. 개헌 필요성의 주요 논거에 대한 인과관계론적 검토 3-사법제도 영역

자문위 보고서가 세 번째 주요한 개헌과제로 제시한 것은 '사법제도의 민주성과 합리성 제고'이다. 구체적으로 대법원장의 대법관제청권을 폐지하고 대법원장·대법관 국회선출제 및 대통령의 형식적 임명권제를 도입하는 안, 일반 법관의 임기에 관한 규정을 법률로 위임하고 재판청구권의 보장주체를 법관에서 법원으로 변경하면서 사법권의 귀속처를 법관으로 구성되는 법원이 아닌 그냥 법원으로 하는 안, 평시에 일반 법원에 군사재판권을 부여하는 안, 헌법재판관 자격의 개방과 더불어 대법관 출신이 3분의 1이 되도록 하는 한편 전원을 국회에서 선출하고 대통령은 형식적 임명권만 가지는 안, 추상적 규범통제제도 도입, 대통령 유고시 판정권을 신설하여 헌재에 부여하는 안, 선거재판권과 국민투표재판권 관할의 헌재이관 등이 있다.

1) 법원 관련 개헌 논의

대법원을 비롯한 법원의 구성방법과 관련한 제안은 그동안 사법의 관료화와 민주성 결핍을 해소하기 위해 꾸준히 제기되어 왔던 문제점이다(예컨대 송기춘, 2003). 사실 대법원은 최고법원으로서 법치국가에서 사법정책의 기본적인 방향을 가늠하는 매우 중요한 국가권력이다. 그러나 그동안 정치권력의 민주화에 관심이 집중되다 보니 사법권력의 민주화는 상대적으로 소홀히 취급되어 왔다. 사법권도 국민으로부터 위임받은 국가권력이고 주권자인 국민이 부여한 권위 하에 행사되어야 함에도 불구하고 그동안 정치적 중립성과 독립성의 원칙이 오용되면서 오히려 관료사법의 폐해를 낳고 국민의 사법 참여를 극도로 제한하는 중앙집권적이고 폐쇄적인 권력기관의 모습을 보여온 측면이 있다.

특히 국회의 동의를 받기는 하지만 대통령의 지명을 받은 대법원장이 대법관임명제청권을 가질 뿐만 아니라, 일반 법관에 대한 인사권을 통해 사법권을 수직적으로 통제할 수 있는 체제이다.[23] 따라서 자문위 보고서가 대법원장과 대법관을 소수파 보호를 보장하는 엄격정족수인 국회에서 재적 3분의 2의 찬성을 요건으로 선출한 후 대통령에게 형식적 임명권을 부여하도록 하는 개헌안을 제안한 것은 사법권력 구성의 민주성을 강화하고 다양성확보를 제도화한다는 점에서 긍정적이다. 그 개선효과도 개헌을 통해 충실히 달성될 수 있다. 그러나 엄밀히 말하자면 현재에도 국회가 입법을 통해 국회동의권을 활용하여 상당부분 달성할 수 있는 효과라는 점에서 최상의 개선효과를 부여할 수는 없다. 그러나 앞서 검토한 다른 개헌안에 비해 개헌을 통한 개선효과가 상대적으로 높은 부분임을 부인하기 힘들다.

일반 법관의 임기를 법률 위임사항으로 하고, 재판청구권의 보장주체를 법관이 아닌 법원으로 표현을 수정하면서 사법권의 귀속처를 "법관으로 구성되는 법원"이 아닌 "법원"으로 하는 안(자문위보고서, 2009 : 273)은 그동안 국민의 사법 참여를 강화하기 위한 방안으로 논의되어 온 배심제를 본격적으로 도입하는 데 장애가 되어온 걸림돌을 제거하는 것이다. 법원의 구성원을 법관으로 하고 대법원장과 대법관이 아닌 법관의 임명을 대법관회의의 동의를 얻어 대법원장이 임명하도록 하지만 법관은 일반 공무원과 달리 강한 신분보장을 받도록 헌법화(헌법 제106조)되어 있기 때문에 일반인의 사실심재판에 대한 결정권을 인정하는 배심제를 도입하는 데 위헌론이 제기되어 온 것이 사실이다. 국민의 사법 참여를 강화하기 위해 「국민의 형사재판 참여에 관한 법률」에 의해 도입된 배심원제도는 이러한 위헌론을 피하기 위해 배심원의 의견에 권고적 효력[24)]만을 부여하는 한편, 국민참여재판청구권을 제한할 수 있는 권한[25)]을 법원에 부여하는 등 많은 제한을 두고 있다. 따라서 재판 관련 국민 참여의 폭을 확대하기 위한 제안은 사법의 민주화를 위한 중요한 진전을 의미한다. 물론 현행 헌법 하에서도 해석과 입법을 통한 참심제와 배심제의

〈표-8〉 사법제도 개헌안의 인과관계적 상관관계 1 – 법원영역

구분	현행 헌법	자문위 개헌안	실질적 개선효과의 내용과 정도		다른 대안에 의한 동일효과 달성 가능성	비고
대법원 구성 방법	대법원장의 제청에 의한 대법관의 대통령 임명/국회의 동의 하에 대통령의 대법원장 임명	대법원장과 대법관의 국회(하원) 선출 및 대통령의 형식적 임명권	대법원의 민주적 정당성 강화	중	대법원장 임명 절차의 민주적 정당성 강화 입법안에 의한 부분적 개선 가능	
일반 법관 임명 및 임기 규정	대법관회의의 동의 하에 대법원장의 권한	복수안 중 해당 법원 추천 후 대법원장 임명안/임기 법률에 위임	사법관료화 지양/국민의 사법 참여방안 강화	중	입법에 의한 부분적 개선 가능	'법원'에 의한 재판을 받을 권리로의 개정과 결합효과/해당 법원추천 제도의 문제점 고려 필요
배심제	법관에 의한 재판을 받을 권리라는 표현 및 일반 법관의 신분보장규정에 의한 위헌론	법원에 의한 재판을 받을 권리로 수정하고 일반 법관의 신분보장규정 일부를 입법에 위임	국민 사법 참여 강화로 인한 사법민주화	중	헌법해석이나 입법에 의한 부분적 개선 가능	
군사 법원	평시와 비상시 구분 없이 군사법원 운영가능	평시 일반 법원의 군사 재판 담당	사법권 독립 강화/군 관련 사건 권리구제 강화	하	헌법해석이나 입법에 의한 부분적 개선 가능	

도입 가능성이 완전히 배제된 것은 아니지만[26] 가장 확실한 해결책은 위헌론의 근거가 되는 헌법규정을 조정하는 것이다.

또한 평시 군사법원에 의한 재판의 경우도 사법권의 독립과 민주성을 강화하고 군관련 재판에 있어 국민의 권리 구제 가능성을 높여준다는 점에서 긍정적이다(송기춘, 2009). 그러나 이 개선안은 입

법이나 헌법해석을 통해서도 상당부분 개선이 가능하다는 점에서 개헌을 통한 개선효과가 독립적이라고 평가하기에는 부족하다.

2) 헌재 관련 개헌 논의

한편 헌법재판제도에 대한 자문위 보고서의 개선안도 전반적으로 개헌의 필요성을 담고 있는 바람직한 방향으로의 제안이라고 평가할 수 있다. 헌재의 구성에 있어서 민주적 정당성과 전문성을 강화하는 방안은 우리 민주주의의 발전을 위한 중요한 과제의 하나이다(김종철, 2005a). 우선 헌법재판관 자격의 개방과 더불어 대법관 출신이 3분의 1이 되도록 하는 한편, 전원을 국회에서 선출하고 대통령은 형식적 임명권만 가지는 안은 민주적 정당성을 강화하고 재판관 구성의 다양성을 확보하는 진일보한 제안이다. 물론 그 필요성이 인정된다면 개헌이 아니더라도 관행이나 입법을 통해 부분적으로 달성할 수 있는 방안이기는 하지만 개선효과의 독자성이 어느 제안보다도 크다.

추상적 규범통제제도 도입, 대통령 유고시 판정권을 신설하여 헌재에 부여하는 안, 선거재판권과 국민투표재판권 관할의 헌재이관은 헌법재판권을 더욱 강화하여 헌법재판소를 헌정의 중심적 권력통제기관으로 자리매김하는 데 필요한 건설적 제안이다. 그러나 헌법재판의 개혁을 위해 그동안 논의되어 왔던 재판소원의 허용이나 중요 헌재 결정에 대한 과도한 엄격정족수를 요구하는 헌법규정(제113조 제1항)의 문제점을 개선하는 데 유보적인 태도를 취하고 있는

〈표-9〉 사법제도 개헌안의 인과관계적 상관관계 2 – 헌법재판 영역

구분	현행 헌법	자문위 개헌안	실질적 개선효과의 내용과 정도		다른 대안에 의한 동일효과 달성 가능성	비고
헌법 재판관 임명방법	국회 3인 선출, 대법원장 3인 지명, 대통령 직접 임명 3명/재판관 전원에 대한 대통령의 형식적 임명권	재적의원 3분의 2 이상의 찬성으로 국회(하원)에서 선출하되 재판관 3분의 1은 대법관 중에서 선출	민주적 정당성 강화	상	관행이나 입법에 의해 부분적 대안모색 가능	
위헌법률 심사제	구체적 규범통제	구체적 규범통제 외 추상적 규범통제도입	헌법규범력의 강화/ 소수자 보호 강화	중	헌법소원제도를 활용한 부분적 보완 가능	
대통령 유고 결정권	흠결	대통령 유고 결정권 헌재 부여	헌정절차 보완	하	입법에 의한 개선 가능	
선거재판 및 국민투표 재판권	입법사항	관할권 헌재 부여	헌재의 위상 강화	하	입법에 의한 부분적 개선 가능	

것에 비하면 실질적인 의미는 그다지 크지 않다.

3) 소결

사법제도의 민주화와 합리화를 위한 개헌제안은 상대적으로 실질적 개선효과가 높다. 그동안 우리 사회가 정치권력 중심의 민주화에 관심을 쏟아온 나머지 지속된 노력에도 불구하고 사법민주화에 대한 인식이 상대적으로 낮은 탓일 수 있다. 특히 1987년 헌법 제정시 헌재의 창설 등을 통해 진일보했으나 헌법재판의 활성화만도

제도적 수월성에 기초한 것이라기보다는 과거 권위주의 체제의 유산이 잉태한 과거청산의 동인이 매우 컸다는 점을 인식할 필요가 있다. 그 결과 사법제도의 경우 특히 그 구성에 있어 사법관료화와 비민주성이 매우 강하게 관철될 수 있는 기본구조를 유지하였고, 심지어 인권과 민주주의의 신장을 위해 도입된 헌법재판기관의 구성에도 그런 잘못된 경향이 관철되었다. 즉 대법원과 헌재의 구성에 민주적 정당성을 확보하려는 노력은 상대적으로 미약했다. 또한 민주화 이후 강화되고 있는 '정치의 사법화'가 부정적 효과를 끼칠 위험성이 높아지는 것에 대한 우려도 높다(김종철, 2005b). 그러나 자문위 보고서는 이 점을 매우 세밀하게 검토하고 구체적이고 바람직한 개선안을 제시하고 있다. 즉 검토결과 그 인과관계론적 상관관계가 상대적으로 높은 개헌과제를 제시하고 있는 것이 사법제도 영역이라고 할 수 있다.

VI. 결론

개헌 논의는 국가의 최고법의 안정성에 영향을 준다는 점에서 충분한 현실적실성을 갖추어야 그 정당성을 확보할 수 있다. 특히 개헌의 원인이 되는 기존 헌정체제의 문제점을 해결하는 수단은 헌법을 개정하는 방법 외에도 입법이나 정치의식의 변화와 같은 정치문화의 개조일 수도 있다. 따라서 개헌의 원인과 효과 간에 인과관계적 상관관계를 살피고 다른 대안을 통해 문제해결의 가능성을 상호 비교하는 연구는 개헌의 현실적실성을 강화하는 전제가 된다.

현재 여러 정황을 통해 향후 6·2 지방선거 이후 개헌 논의가 활발히 전개될 수 있는 가능성이 점쳐지고 있다. 그리고 그 개헌 논의의 중심에는 2009년 국회의장 자문기구인 헌법연구자문위원회가 보고서를 통해 제안한 헌법 전반에 걸친 개정안이 자리할 것이 예상된다. 개헌에 현실적실성이 요청된다면 현실적인 요청은 유력한 이 개헌안의 주요 부분에 대해 그 인과관계론적 상관관계를 살펴보는 것은 유의미한 연구과제이고, 이 글은 이러한 목적의식을 실현하기 위한 시론적 연구이다.

자문위 보고서가 제안한 여러 개헌안 가운데 기본권 영역, 권력구조 영역, 사법제도 영역으로 구분하여 분석한 바에 따르면 다음과 같은 개괄적 결론에 도달한다. 첫째, 기본권 영역의 인과관계론적 의미는 그리 높게 평가할 수 없으며, 이미 현실화된 수준을 명문화하는 것 이상의 실질적 의미를 확고하게 보여주지 못하고 있다. 다만 군인 등에 대한 이중국가 배상의 문제 등에서 개헌의 독자적 개선효과가 일부 확인되기는 하지만 이 정도의 효과만으로 개헌의 필요성을 적극적으로 유도하는 데는 한계가 있다. 둘째, 권력구조 영역의 인과관계론적 의미는 정치권에서의 적극적인 관심에도 불구하고 국민적 공감대를 확산시키기에 충분한 수준을 보여주고 있지 못하다. 여전히 현행 체제 하에서 입법이나 정치문화의 개혁을 통한 점진적 헌정개혁의 여지가 훨씬 커 보인다. 또한 이원정부제와 같은 유력한 대안들이 국민적 공감대를 형성하는 데도 한계를 보일 가능성이 많다. 셋째, 사법제도의 민주화는 한국 민주주의가 보여준 발전을 더욱 강화하기 위해 가장 유력하게 고려해 볼 수 있는 개헌의 과제로 판단된다. 아이러니하게도 현재 사법개혁 논의가 의정과정에서 활발하게 진행되는 것과도 오버랩되는 부분이다. 한나라당이 주도하는 사법개혁 논의가 정치적 동기에서 현실 사법권력의 중립성과 독립성을 훼손할 수 있는 압박적 효과를 가진다고 하더라도 그 논제가 가지는 개혁과제로서의 의미는 여전하다. 다만 이 영역도 다른 영역과 마찬가지로 입법이나 문화적 개선의 여지가 완전히 배제될 수는 없다는 점, 국민들이 개헌의 필요성을 강하게 느낄 만한 쟁점유발 효과의 폭발성이 정부형태와 같은 전통적 개헌 논의에 비하여 현저히 떨어진다는 점 등에서 개헌유도력에는 한계를 보일 것으로 전망된다. 그럼에도 불구하고 입헌주의의 공고화라는 목적을 기준으로 할 때 현행 헌법체제 하에서 가장 개헌의 필요성이 강한 부분은 전통적인 관심영역인 정부형태와 관련된 부분이라기보다는 사법제도의 민주화와 합리화를 위한 개헌과제라고 할 수 있다.

주

1. 노무현 정부 말기 노무현 대통령이 소위 '대통령 4년 연임제 도입을 위한 원 포인트 개헌'을 제안했을 당시 다가오는 대통령 선거에 영향을 미치고자 하는 정치적 동기에서 비롯된 제안으로 단정하고 공론화 자체를 거부하는 움직임이 있었다. 현 정부 차원에서도 정권 재창출이나 정치세력 판도의 변화를 추구하는 관점에서 개헌론을 제기하는 것은 아닌지 의구심이 제기되기도 하고, 국회의 기득권을 강화하려는 의도를 경계하는 시각이 제기되기도 한다.
2. 백가쟁명식 제각각의 개헌 논의가 난무하는 것은 헌법의 역사성과 사회성을 간과하고 제도물신주의에 빠져서 순수이념형적 제도의 평면적 비교에 빠지기 때문이다(유사한 견해로는 송기춘, 2010 : 60-61 ; 송석윤, 2010 : 35-39).
3. 실체적 내용에는 변화를 주지 않는 기본권 조항의 순서변경이나 일본식 표현의 순화 등이 '헌법의 체계적합성 제고 및 용어순화'의 주제로 제시되어 있으나 인과관계론적 상호 관련성을 논하는 이 연구의 목적에 비추어 관련성이 적기 때문에 여기서 별도로 정리하지 아니한다.
4. 자문위 보고서는 기본권 관련 규정의 개정유형을 기본권체계 및 기본권총론의 정비, 기존 권리와 의무의 정비, 새로운 기본권 규정의 신설, 국가인권보장제도의 헌법화로 구분하고 있다(헌법연구자문위원회, 2009 : 45-119). 그러나 필자는 이 분류는 현행 헌법과 개정 헌법 간 헌법생활상의 실질적인 차이를 기준으로 하지 않기 때문에 개헌의 필요성에 대한 인과관계적 인식을 하기에 적합하지 않다고 생각하므로 그 실질적 차이를 기준으로 분류한다.
5. 자문위 보고서는 이 유형을 새로운 기본권 규정의 신설로 유형화하고 있다. 명문화되지 않았던 인권을 명문화한다는 점에서 틀리지 않은 분류이지만

현행 헌법에서도 동일한 지위가 사법과정을 통해 확인되어 왔다는 점에서 형식상의 정비와 실질적으로 다르지 않으므로 새로운 기본권을 창설하는 듯한 인상을 주는 것은 적절하지 않다.

6. 헌재는 생명권이 "모든 기본권의 전제로서 기능하는 기본권 중의 기본권" (1996.11.28. 95헌바1, 판례집 8-2, 537, 545 ; 헌재 2010.02.25, 2007헌바34, 공보 제161호, 420)이라고 일관되게 확인해 왔으며, 사상의 자유도 헌법상 보장되는 양심이란 "세계관 · 인생관 · 주의 · 신조 등은 물론 이에 이르지 아니하여도 보다 널리 개인의 인격형성에 관계되는 내심에 있어서의 가치적 · 윤리적 판단도 포함된다"(헌재 1991.4.1. 89헌마160, 판례집 3, 149, 153 ; 1997.3.27. 96헌가11, 판례집 9-1, 245, 263 ; 1997.11.27. 92헌바28, 판례집 9-2, 548, 571)고 결정한 바 있으며, 정부에 대한 정보공개청구권으로서의 알권리도 표현의 자유의 핵심적 전제가 된다(헌재 1989.9.4. 88헌마22, 판례집 1, 176, 188 ; 1991.5.13. 90헌마133, 판례집 3, 234, 245-247)고 함으로써 헌법상의 기본권으로 인정하고 있다.

7. 준법서약서에 대한 위헌 여부를 논하면서 헌재는 헌법이 보호하고자 하는 양심이란 "어떤 일의 옳고 그름을 판단함에 있어서 그렇게 행동하지 않고는 자신의 인격적 존재가치가 파멸되고 말 것이라는 강력하고 진지한 마음의 소리로서의 절박하고 구체적인 양심"(헌재 2002.04.25, 98헌마425, 판례집 제14권 1집, 351, 363-363)으로 매우 축소 해석하여 양심의 자유의 보호범위에 대한 혼란을 초래하고 있다.

8. 형사소송법 제201조의2 제8항 및 제214조의2 제10항.

9. 체포 또는 구속의 여부를 떠나 자신에게 불리한 형사상의 책임을 추궁당할 때 변호인의 조력을 받을 권리가 실질적으로 필요한 때이며, 경제적 빈곤 때문에 이같은 헌법상의 기본권이 제대로 보장받지 못하는 것은 적법절차의 원칙이나 평등보호의 원칙에 비추어 바람직하지 않다(문재완, 2004 : 83-84).

10. 해석론을 통한 해결방안에 대하여는 송기춘(2001) 참조.

11. 인간다운 생활을 할 권리(헌법 제34조 제1항), 교육을 받을 권리(헌법 제31조 제1항), 쾌적한 환경에서 생활할 권리 등(헌법 제35조 제1항).

12. 연소자의 근로에 대한 특별한 보호(헌법 제32조 제5항), 여자의 복지와 권익의 향상(헌법 제32조 제4항), 노인과 청소년의 복지향상(헌법 제34조 제4항), 재해예방(헌법 제34조 제6항), 쾌적한 주거생활 보장(헌법 제35조 제

3항), 모성보호 및 국민보건(헌법 제36조 제2항 및 제3항) 등.

13. 굳이 이념적 경향이 반영된 특별형법인 국가보안법은 예외로 하더라도 공직선거법이나 집회및시위에 관한 법률 등 숱한 공안 관련 법률이 한국 기본권 보장의 현주소를 여실히 보여준다.

14. 오히려 이러한 기본권 규정의 과부하 현상을 헌법적 차원에서 정비하기 위하여 기본권 축소형 개헌이 필요하다는 주장(김일환, 2009)도 있다. 그러나 이 경우도 충분히 입법적 조청을 통해 해소하는 것이 바람직하지 기존의 헌법상 기본권 규정을 삭제하거나 한계지우는 것은 기본권 보장에 역행할 우려가 있기 때문에 적절하지 못하다고 본다.

15. 회계검사기능의 성격이 변하고 있다는 점도 감사원의 국회이관의 의미를 반감시킬 수 있다. 오늘날 회계검사는 전통적 합법성 검사의 비중이 줄어들고 정책집행의 경제성과 실효성을 검사하는 성과검사의 중요성이 커지고 있다. 또한 사후검사 중심에서 사전검사의 중요성이 강조되고 있다. 즉 회계검사기관의 전문성이 입법뿐만아니라 행정적 정책결정 과정에서도 사전적으로 영향을 미칠 수 있도록 하는 제도적 장치를 검토해야 한다. 나아가 최고 회계검사기관의 검사기능은 주요 국책사업이나 주요한 정책현안에 집중하고 나머지 회계검사기능은 다양한 차원에서 분권화되는 것이 바람직하다. 이런 관점에서 보면 최고 회계검사기능은 더더욱 전통적 의회주의적 관점에서 이해되기보다 새로운 독립기관형의 차원에서 구상되어야 할 실체적 필요성이 있다(김종철, 2002 : 216–223).

16. 자문위 보고서는 양원제를 도입함으로써 이를 완충하려고 하나 양원제가 이런 왜곡된 정부형태를 보완하기 위한 목적으로는 그 본래의 의의를 발휘하기 어렵다. 하원의 다수파와 대통령이 일치된 견해를 보일 때 상원이 제대로 된 완충적 작용을 하는 것은 쉽지 않기 때문이다. 상원과 하원의 의견 불일치일 경우 결국 하원의 우위를 인정하게 될 것이기 때문이다(이 점은 헌법연구자문위원회, 2009 : 228). 자문위 보고서도 전제하고 있듯이 대통령제에서 양원제의 의의는 하원의 다수파와 대통령이 갈등하는 경우 조정적 역할을 하는 것에 더 가치를 둔다고 할 것이다(헌법연구자문위원회, 2009 : 227).

17. 이원정부제의 옹호론자 역시 그 전제조건이 필요함을 분명히 함으로써 이원정부제안의 도입이 정치문화적으로 쉽지 않은 과제임을 부정하지 않고 있다(조병윤, 2009 참조).

18. 한편으로는 일인독재의 방지라는 단임제의 장점도 단임제의 단점으로 지적되는 국정비효율 논점과 더불어 논의될 필요가 있다. 자문위 보고서의 정부형태 관련 대안은 둘 다 모두 국정비효율 논점 못지않게 단임제에 비하여 일인독재의 방지에 취약할 수 있는 대안이라는 점을 충분히 고려하지 못하고 있는 한계가 있다.
19. 반면 규범적 차원에서 국민주권의 원칙에 비추어 국무총리제는 바람직하지 않다는 의견도 없지 않다(문광삼, 2009a 참조).
20. 비교법적 연구를 원용하면서 우리 헌법상 대통령의 권한이 과도하지 않다는 점을 강조하면서 제왕적 대통령제의 폐단을 강조하는 개헌론을 경계하는 견해로는 박기덕(2007 : 120-122) 참조.
21. 적어도 이처럼 자유민주주의의 요체는 정부형태를 불문하고 의회민주주의임을 인식하지 못하고 봉건주의의 잔재인 '나랏님 사상'에 근거한 대통령중심적 사고방식이 지배하는 정치문화의 후진성을 극복하는 것이 중요하다. 대통령제에서 대통령의 헌법상의 위상과 권위를 무시하자는 것이 아니라 삼권초월적인 권위주의적 잔영에 현혹되어서는 안 된다는 것이다.
22. 예를 들어 미국식 대통령제의 경우 '약한 정당'과 의원 개개인의 강한 독립성이 결합된 정당제도를 가지는 반면, 우리의 경우 정당 자체가 근대 정당으로서의 기초가 약하기는 하지만 헌정 시스템에서의 정당의 기능은 매우 '강한 정당'을 전제로 하는 정치문화가 발달(강원택, 2006 : 92 ; 송석윤, 2010 : 36 ; 박기덕, 2007 : 124-125)되어 있기 때문에 이런 정치문화나 정당제도에 대한 변화가 제도개선의 선결과제이거나 대안일 수 있다.
23. 이 외에도 헌법재판소나 중앙선거관리위원회의 구성에도 단독으로 관여할 수 있는 헌법상의 권한이 있는데, 그 민주적 정당성에 대한 비판이 있어왔다(김종철, 2005a : 27).
24. 법 제48조 제4항.
25. 법 제9조.
26. 예컨대 이종수(2003) 및 황성기(2004) 참조. 반면 현행 헌법상 참심제와 배심제 도입의 위헌론은 권영설(2004) 참조.

참고문헌

강원택. 2003.『한국의 선거정치』. 푸른길.

_____. 2005.『한국의 정치개혁과 민주주의』. 인간사랑.

_____. 2006.『대통령제, 내각제와 이원정부제』. 인간사랑.

권영설. 2004. "배심제 · 참심제의 도입논의와 그 헌법적합성의 문제."『법과사회』 제26호. pp. 97-121.

김문현. 2006. "헌법 개정의 기본방향."『공법연구』 제34집 제4권 제2호.

김일환. 2009. "헌법 기본권편 개정의 쟁점과 대안."『공법연구』 제38집 제1호 제1권. pp. 1-26.

김종인. 2009. "머리말."『국회의장자문기구 헌법연구자문위원회 결과보고서』. 헌법연구자문위원회.

김종철. 2002. "감사조직의 개편방향-감사원의 소속과 기능의 재편론을 중심으로-."『공법연구』 제31집 제2호. pp. 195-223.

_____. 2005a. "헌법재판소구성방법의 개혁론."『헌법학연구』 제11집 제2호. pp. 9-48.

_____. 2005b. "'정치의 사법화'의 의의와 한계-노무현 정부 전반기의 상황을 중심으로."『공법연구』 제33권 제3호. pp. 229-251.

_____. 2006. "1987년 헌법의 개정론에 대한 비판적 고찰."『정책연구』 제148호. pp. 1-49.

_____. 2007. "대통령 4년 연임제 '원 포인트' 개헌론에 대한 비판적 검토."『헌법학연구』 제13권 제1호. pp. 61-104.

김형성. 2006. "헌법 개정의 과제와 전망."『헌법학연구』 제12권 제1호. pp. 9-36.

문광삼. 2009a. "헌법 개정의 방향-통치구조 개편의 쟁점과 대안-."『공법연구』 제38집 제1호 제1권. pp. 27-58.

_____. 2009b. "이원정부제에 대한 비판과 순수대통령제 개헌의 제안-헌법연

구자문위원회 결과보고서에 나타난 권력구조에 대한 비판적 검토와 대통령 제-." 『공법연구』 제38집 제2호. pp. 151-175.
문재완. 2004. "변호인의 조력을 받을 권리와 법률자문의 보호." 『인권과 정의』 제335호.
박기덕. 2007. "한국의 정부형태 및 권력구조 논쟁 : 쟁점의 본질과 효율적 대안." 『한국정치연구』 제16집 제1호. pp. 111-140.
박명림. 2005. "87년 헌정체제 개혁과 한국 민주주의-무엇을, 왜, 어떻게 바꿀 것인가?" 『창작과 비평』 제130호.
장용근. 2006. "직접민주주의 규정의 헌법 개정에 대한 검토." 『헌법학연구』 제12권 제4호.
송기춘. 2001. "국가배상법 제2조 제1항 단서에 대한 법원 및 헌법재판소의 해석과 헌법 제29조 제2항의 개정론." 『헌법학연구』 제7권 제4호. pp. 262-301.
______. 2003. "대법원장의 대법관임명제청권에 대한 헌법학적 논의." 『민주법학』 제23호. pp. 263-283.
______. 2005. "정부형태와 국가경쟁력-최근의 개헌 논의와 관련하여-." 『세계헌법연구』 제11권 제1호. pp. 47-68.
______. 2009. "'군사재판을 받지 않을 권리'에 관한 소고." 『공법연구』 제37집 제4호. pp. 193-227.
______. 2010. "헌법 개정 논의에 붙여 : 지금 우리에게 필요한 것은 무엇인가?" 국회사무처 · 국회입법조사처 · 한국헌법학회. 『4 · 19 혁명정신과 헌법 개정』(4 · 19혁명 50주년기념 공동학술대회 자료집). pp. 55-84.
송석윤. 2010. "4 · 19 혁명이 헌정사에 남긴 영향과 우리의 과제-의회민주주의의 정착을 위하여-." 국회사무처 · 국회입법조사처 · 한국헌법학회. 『4 · 19 혁명정신과 헌법 개정』(4 · 19 혁명 50주년기념 공동학술대회 자료집). pp. 17-51.
이종수. 2003. "시민의 사법 참여에 관한 헌법적 검토." 『법과사회』 제25호. pp. 9-29.
임지봉. 2006. "누구를 위한, 어떤 개헌이어야 하는가." 『인물과 사상』 통권 제101호.
윤재만. 2010. "헌법 개정, 전면개정인가 부분개정인가-기본권보장제도 디자인으로서의 헌법 개정-." 국회사무처 · 국회입법조사처 · 한국헌법학회. 『4 · 19 혁명정신과 헌법 개정』(4 · 19 혁명 50주년기념 공동학술대회 자료집). pp.

87-105.

정순훈. 2001. “경제적 자유 보장을 위한 헌법 개정 방향.” 『인권과 정의』 제297호. pp. 88-107.

조병윤. 2009. “책임정치를 실현하는 정부형태로서의 분권형 이원정부제와 국민주권의 실질화-국회 헌법연구자문위원회 보고서의 이원정부제 안과 관련하여-.” 『공법연구』 제38집 제2호. pp. 113-149.

이호근. 2005. “경제민주주의 : 쟁점과 대안.” 「한국의 헌법질서와 민주주의 : 과제와 전망」. 연세대학교 국가관리연구원 2005년 추계학술회의(2005. 11. 18) 자료집.

한국헌법학회. 2006. 『헌법 개정연구』. 한국헌법학회.

함성득. 2009. “한국 대통령제의 발전과 권력구조 개편 : ‘4년 중임 정부통령제’ 도입에 관한 소고.” 『서울대학교 법학』 제50권 제3호. pp. 203-234.

헌법연구자문위원회. 2009. 『국회의장자문기구 헌법연구자문위원회 결과보고서』. 헌법연구자문위원회.

황성기. 2004. “한국에서 참심제와 배심제의 헌법적합성.” 『법과 사회』 제26호. pp. 123-143.

M. Shugart & J. Carey. 1992. *Presidents and Assemblies-Constitutional Design and Electoral Dynamics*. Cambridge Univ. Press.

제5장

개헌 논의의 정치사회학과 정상화 방안 모색

_박성우

I. 서론 : 개헌과 개헌 논의의 정치사회학

우리 헌법은 1948년 건국 헌법부터 1987년 현행 헌법에 이르기까지 총 9차례 개정된 바 있다. 이 때까지의 개헌주기를 산술적으로 계산하면 평균 4년 남짓에 불과하다. 그마저 9차례의 개헌 중에는 발췌 개헌, 사사오입 개헌, 삼선 개헌, 유신 개헌 등과 같은 수치스런 역사를 포함하고 있다.[1] 이와 같은 우리 헌정사에 비추어 볼 때 1987년에 개정된 현행 헌법이 근 사반세기 동안 변함 없이 유지되어 왔다는 점은 긍정적으로 평가할 만하다. 민주화 이후 4차례에 걸친 정권교체가 현행 헌법의 권한 아래 평화적으로 이뤄졌고, 과거와 같이 정권연장을 위한 헌법 개정이 더 이상 허용되지 않는다는 의미에서 적어도 형식적인 의미의 헌법적 안정성이 유지되고 있기 때문이다. 이 같은 헌법적 안정성은 무엇보다도 헌법 개정을 집권연장이나 새로운 권력창출의 수단으로 악용하려는 어떠한 시도도 용납하지 않겠다는 우리 국민의 성숙한 시민의식에 힘입은 바 크다. 헌법 개정에 대한 비판적 국민의식은 분명 헌법 개정을 정략적 수단으로 사용하려는 일체의 시도를 좌절시키는 데 크게 기여했다. 그러나 모든 헌법 개정을 전면적으로 부정하는 것만으로 헌법적 안정성을 이룰 수 있는가? 우리는 노무현 정부에서 나타난 일련의 헌법사태(대통령 탄핵사건, 수도이전 위헌판결)[2] 등을 통해 헌법 개정을 무조건 부정하는 것만으로 헌법적 안정성이 보장될 수 없음을 깨달은 바 있다. 원칙적으로 진정한 의미의 헌법적 안정성은 시대에 따라 변모하는 헌법현실과 현존하는 헌법규범과의 괴리를 좁힐 때 가능한 일이다.

최근 빈번하게 개헌론이 제기되고 있다는 사실은 우리 사회의 헌법현실과 헌법규범과의 괴리가 헌법 개정을 요구하는 수준에 이르렀음을 의미한다고 볼 수 있다. 그러나 현재의 국민의식은 헌법 개정에 대해 비교적 낮은 관심을 보이거나 대체로 부정적인 견해를 갖고 있는 듯하다.[3] 우리 국민이 헌법 개정에 대해 소극적 태도를 보이는 것은 건국 이후 수난의 역사로 점철된 우리 헌정사의 특성과 특히 지난 노무현 정부 때부터 부각되기 시작한 헌법정치의 경험과 깊이 연관되어 있다. 일반적으로 개헌 논의가 권력구조 개편에 집중될 때 헌법 개정을 제안하는 것은 곧바로 정치집단의 정략적 목표를 달성하기 위한 수단으로 비춰지기 쉽다. 87년 헌법체제에서 주로 정치권을 중심으로 주기적으로 제기되어 왔던 개헌 논의 중 어느 것이 정략적 수단에 불과한 것이었는지, 또 어느 것이 진정성이 있는 것이었는지 판단하기는 쉽지 않다.

그러나 일반 국민에게 비교적 널리 알려져 있는 굵직한 사건들(예컨대 1990년의 3당합당, 1997년의 DJP연합, 그리고 2002년 노무현·정몽준 후보연합, 노무현 정부 초기의 개헌론, 그리고 2007년 노무현 대통령의 원 포인트 개헌론 등)만 보더라도 정치권의 개헌 논의에 진정성이 있다고 받아들이기 어려운 측면이 있었다. 여기서 지적하고자 하는 것은 정치권의 개헌 논의가 한국 정치와 민주주의 발전을 위해 얼마나 진정성을 갖고 있었는가를 따지자는 것이 아니다. 다만 우리 국민의식 속에는 헌법 개정에 대한 제안 혹은 개헌 논의 자체를 부정적으로 보는 시각이 깊숙이 자리 잡고 있다는 점을 지적하는 것이다.

이런 한국 사회의 분위기를 잘 파악하고 있는 정치권은 개헌 논의에 대해 비교적 신중한 태도를 보인다. 현상타파를 위해 정치적 모험을 시도해야 할 정치세력을 제외하면 대부분의 정치세력은 개헌 논의에 대해 대체로 소극적인 반응을 보인다. 특히 정권 초반에는 무리한 개헌 논의로 쓸데 없이 국정을 혼란에 빠뜨리지 말아야 한다는 명분론과 정권 말기에는 차기의 유력한 대권후보가 개헌이라는 예측 불가능한 카드를 선뜻 받아들이지 않으려는 현실적인 어려움으로 인해 정치권의 개헌론은 실효성을 거두기 어려운 실정이다. 반면 시민사회는 87년 헌법의 한계와 미비점을 지적하며 끊임없이 개헌 논의를 축적해 왔다. 그러나 시민사회의 개헌 논의는 궁극적으로 개헌을 성공적으로 이끈다는 생각보다는 개헌 논의를 통해 자신들의 가치를 재확인하고 자신들의 가치에 입각한 개헌의 기본 방향을 제시하는 데 목적을 두고 있다. 즉 어느 정도 타협과 협상을 통해서라도 실질적으로 개헌을 성공시키려는 구체적인 전략을 모색하는 데에는 힘을 기울이지 않는다는 것이다.

우리 사회의 헌법규범과 헌법현실 사이에 괴리가 있다고 인정되는 한 앞으로도 개헌 논의는 끊임없이 이어질 전망이다. 그러나 개헌에 대한 국민의 전반적 인식이 부정적이고, 정치권은 이런 현실을 외면할 수 없는 실정이며 시민사회도 전략적 구상을 하지 않는 상태라면, 앞으로 획기적인 정치적 이변이 일어나지 않는 한(물론 이런 정치적 이변은 일어나지 않는 편이 더 좋을 것이다) 우리의 현행 헌법은 예상과 달리 또 다른 사반세기 동안 혹은 그 이상 지속될지 모를 일이다. 이런 상황에서 개헌 논의는 어떤 의의가 있는가? 현실적으로 개헌의 성사가 대단히 불투명한 상태에서 개헌 논의란 각 정치세력들의 정파적 이해관계를 반영하는 정략적 수단이자 수사(修辭)에 불과한 것인가? 한국 사회에서 개헌 논의는 소모적이고 불필요한 논쟁인가?

이 글은 1987년 이후 지금까지의 개헌 논의가 정치 엘리트 간의 역학관계를 반영하는 정치적 수단의 요소가 있음에도 불구하고 앞으로의 개헌 논의는 개헌의 성사 여부와 관계 없이 민주주의의 공고화와 헌법정치의 실현이라는 정치발전에 기여할 수 있음을 주장할 것이다. 이를 위해 개헌 논의의 실효성을 헌법 개정의 성사 여부보다 우리 사회의 전반적인 정치발전과 진정한 헌법정치의 실현이라는 관점에서 접근할 것이다. 특히 우리의 개헌 논의는 늘 그 진정성이 의심되어 온 우리 헌정사의 특수한 맥락과 최근 부각되고 있는 '정치의 사법화' 라는 정치사회학적 구조 안에서 자리매김되어야 한다는 점을 지적할 것이다. 결론적으로 우리 사회의 개헌 논의는 그 진정성 문제와 정치의 사법화 문제가 적절히 고려될 때 국민교육과 사회통합의 기능을 수행할 것이며, 궁극적으로는 헌법규범과 헌법현실의 괴리를 좁히는 진정한 헌법정치의 실현이 가능하다고 주장할 것이다.

II. 개헌의 필요성과 개헌 논의의 진정성 문제

헌법이론적 관점에서 개헌 논의는 정치생활을 규율해야 할 헌법규범이 규범적 효력을 발휘하지 못하고 헌법현실과 유리되는 현상을 보일 때 헌법 개정을 통해 헌법규범과 헌법현실의 격차를 줄이는 것을 목적으로 한다(장영수, 2005). 1987년 개정된 우리 헌법(이후 87년 헌법으로 약칭)은 오늘날의 헌법현실과 얼마나 유리되어 있는가? 약개정된 지 약 23년을 경과한 우리 헌법은 그간의 정치적·사회적 현실의 변화를 얼마나 무리 없이 포용하고 있는가? 그간의 우리 헌법현실의 변화가 얼마나 절실히 헌법 개정을 요구하고 있느냐의 문제이다. 이에 대해서는 상반된 평가가 내려지고 있다. 현행 헌법은 21세기에 새롭게 직면하고 있는 현실을 충분히 반영하지 못하므로 새로운 헌법규정이 필요하다는 헌법 개정에 대한 적극적인 견해와 헌법현실의 변화를 어느 정도 인정하더라도 적절한 헌법해석과 하위 법률의 입법, 제도의 개선 등으로 문제를 해결할 수 있다는 헌법 개정에 대한 소극적인 견해로 나뉜다.[4)]

헌법 개정의 필요성 여부를 판단하기 위해서는 우선 87년 헌법에 대한 평가가 선행되어야 할 것이다. 이에 대한 평가 역시 엇갈린다. 87년 헌법은 보수적 연대의 결과물이라는 태생적 한계로 인해 왜곡과 형해화가 심하고 그 당시의 헌법현실조차 제대로 반영되지 못했다는 평가가 있는 반면(박명림, 2010 ; 서경석, 2007 ; 이승우, 2007), 87년 헌법은 수차례에 걸친 우리 헌법 개정의 역사 속에서 이미 사회적으로 전향적인 요소들을 많이 수용한 상태라는 해석도 있다. 또 87년 헌법을 그 당시의 헌법현실의 관점에서는 긍정적으로 평가하더라도 이제 사반세기를 지난 이 헌법은 영토조항, 통일조항, 정보통신, 기본권 조항 등에 대한 신설과 개정을 통해 새롭게 태어나야 한다는 주장도 있다(권영설, 2006 ; 최우정, 2007).

헌법 개정에 좀더 신중해야 한다는 입장도 다양한 근거를 갖고 있다. 우선 87년 헌법 개정 이후 정치적 · 사회적 현실이 변화한 것을 인정하더라도 헌법규범과 현실의 차이는 생각만큼 심각하지 않다는 것이다. 또 87년 당시 예견하지 못했던 새로운 현실이 대두된 것에 대해서는 해석을 융통성 있게 하면 될 일이지 섣부르게 헌법 개정을 시도함으로써 법적 안정성을 해칠 일이 아니라는 것이다. 더구나 개헌 논의의 실제적인 영향력을 행사하고 있는 정치 엘리트들은 새로운 헌법현실의 반영 측면에서보다 정치적 이해관계를 중심으로 권력구조 개편 논의에만 집중하는 경향이 있으므로 국민 전체가 이들의 개헌 논의에 무분별하게 편승할 경우 심각한 국론분열을 초래할 것이라는 우려도 있다. 설령 정치권의 개헌 논의를 활용하여 권력구조 이외의 경제조항이나 기본권 조항에 대한 헌법개혁을 "끼워넣기"식으로 시도할 경우 향후 헌법 개정의 정당성을 유지하기 어렵다는 것이다.

그런데 헌법 개정의 불가피성을 논하기에 앞서 우리 사회가 갖고 있는 개헌 논의의 독특한 배경을 주목할 필요가 있다. 우리 사회의 개헌 논의는 헌법 개정의 필요성 혹은 불가피성의 진위만을 따지는 것이 아니라, 헌법 개정을 주장하는 사람들의 진정성을 보다 심각하게 문제 삼는다는 것이다. 개헌의 필요성에 대한 근거가 아무리 설득력이 있더라도 그 주장을 펴는 주체의 진정성이 의심스러우면 국민적 합의를 도출하기 어렵다. 이는 진정성이 의심되는 한 개헌이 성사되는 데 한계가 있음을 의미한다. 역설적이게도 개헌의 실질적인 주체가 되어야 할 정치권의 개헌 논의가 진정성 면에서 가장 큰 의심을 받아왔고, 이런 경향은 우리의 개헌 논의의 성격을 규정하는 데 주요한 변수로 작용해 왔다.[5)]

정치권의 개헌 논의가 진정성 측면에서 부정적 평가를 받아온 우리 헌정사를 반추해 볼 때 그리 놀라운 일이 아니다. 87년 이전의 헌정사에서 헌법 개정은 권력연장을 획책하거나 권위주의 통치를 강화하기 위한 시도였음은 주지의 사실이다(장영수, 2005). 87년 현행 헌법의 효력이 발생한 이후에도 정치권의 개헌 논의는 정치세력 간에 집권 가능성을 전제로 정부형태를 결정하는 것에 집중되어 있었다. 현행 헌법이 규정하고 있는 방식대로 선거를 치를 때 집권 가능성이 높다고 판단되면 새로운 정부형태로의 전환을 모색하는 개헌 논의에 소극적인가 하면, 집권 가능성이 떨어지는 정치세력은 의원내각제 내지 이원집정부제로의 개헌론을 제기하곤 하였다.[6)] 이런 분위기에서 정치권의 개헌 논의에 진정성을 인정해 주기란 어려운 일이다.

지난 참여정부에서는 어느 때보다 정치권에서 개헌 논의가 활발히 전개되었다고 할 수 있으나 개헌 논의의 진정성 측면에서는 여전히 부정적인 효과만을 낳았다. 이 시기는 헌법규범과 헌법현실의 격차가 가장 컸던 때이면서 진정한 헌법정치의 실현이 이뤄지지 못한 때라고 할 수 있다. 당시 노무현 대통령은 2002년 선거 직후 "개헌 논의는 2006년부터 시작하는 것이 바람직하며(중략) 순수대통령제, 내각제, 분권형 대통령제 중 어느 것을 택할지는 국민의 뜻에 따르면 되지만 대통령제를 하려면 2006년 말까지 개헌을 마무리해야 2007년 말에 대선을 치를 수 있다"고 언급함으로써(《한국일보》, 2002. 12. 27), 2002년 대선기간 동안 구체화되었던 정몽준과의 분권형 대통령제 개헌약속을 완전히 파기했다. 적어도 2005년 말까지 개헌 논의를 하지 않겠다는 의사를 밝힌 것이다. 이후 17대 총선 직후 정치권 일부에서 권력구조를 중심으로 개헌론이 제기된 바 있으나 '민생론'과 '시기상조론' 등에 밀려 주목받지 못했다.

이 중 2005년 여름 노무현 대통령의 연정제의는 정치권뿐 아니라 언론과 학계에 이르기까지 사회 전체의 반향을 불러일으켰다.[7] 그러나 이마저도 시간이 흐를수록 개헌 논의의 진정성은 퇴색되고 정략적인 공방으로 이어졌으며, 결국 대통령의 연정제의는 임기 말을 내다본 고단수의 "정치적 술수"라는 평가를 받기에 이르렀다.[8] 이 시점에 이르면 그동안 반복적으로 개헌론이 제기되고 폐기되어 온 경험으로 인해 정치권의 모든 개헌 논의의 진정성이 의심받는 단계에 도달한 듯싶다. 이런 상황에서 2007년 1월 노무현 대통령은 4년 중임 대통령제의 이른바 '원 포인트' 개헌안을 제시했으나 정치권의 반응은 냉랭했다. 이와 같이 노무현 정부에서 가장 많은 개헌론이 제기된 바 있지만 그 때마다 그 진정성이 의심되어 폐기되기가 일쑤였다(김용철, 2007 : 106).[9] 이명박 정부에서도 최근 들어 현행 5년 단임 대통령제의 미비점을 보완하기 위해 4년 중임제를 제안하는 목소리가 높아져 있지만, 역시 정치권 내부에서조차 그 진정성을 신뢰받지 못하는 형편은 과거와 다를 바 없다.

이와 같이 우리 헌정사에서 특히 바로 이전 정부에서 가장 빈번하게 제기되었던 개헌론이 대부분 진정성에 대한 의심으로 결실을 얻지 못한 경험은 현재의 개헌 논의에 어떤 영향을 미치고 있는가? 무엇보다 가장 큰 결과는 정치권에 의해 제기되는 개헌론이 그 개헌의 필요성에 대한 실질적인 논의에 이르기도 전에 진정성 검증에서 왜곡되고 고사되는 경향이 있다는 것이다. 개헌의 현실적인 추진력을 갖고 있는 주체가 정치권, 특히 국회임에도 불구하고 바로 그 정치권의 개헌론이 가장 큰 의심을 받고 있는 실정이다. 따라서 개헌 논의가 실질적인 진전을 이루기 위해서는 우리 사회의 개헌 논의가 개헌의 불가피성과 이에 대한 진정성에 대한 의심이 복잡하게 얽혀 있는 정치사회학적 특성을 갖고 있다는 점을 이해해야 한다.

이와 같은 정치사회학적 현실은 정치권으로 하여금 개헌 논의에 독특한 태도를 갖게 하였다. 개헌 논의의 시작은 현실적으로 정치권의 이해관계가 어느 정도 일치할 때 정치적 타협에 의해 가능하다. 그러나 개헌 논의에 진정성에 대한 기본적인 신뢰가 국민으로부터 확보되지 않는 상태에서 무리하게 개헌을 주장하는 것은 정치적 모험을 시도하는 것이나 다름 없다. 이 때문에 정치 엘리트들은 대부분 개헌의 필요성에 대해서는 인정하면서도 구체적인 개헌주장에 대해서는 조심스러운 입장을 갖게 된다. 현 정부 들어 개헌 논의의 가장 큰 성과는 2009년 8월 발표된 국회의 헌법연구자문위원회의 결과 보고서이다. 이 보고서는 87년 헌법의 미비점을 전문부터 총강,

기본권, 국회, 정부형태, 사법기관, 지방자치, 경제조항 등에 이르기까지 포괄적이고 세부적인 항목에서 논하고 있으며, 개헌의 필요성과 불가피성을 가장 체계적으로 제시한 것으로 평가받고 있다. 그럼에도 불구하고 이 보고서는 이후 국민적인 관심을 끌지 못했다. 이 역시 이 위원회의 발족이 국회의장의 정치적 입장을 반영하기 위함이 아닌가라는 우리 사회에 팽배해 있는 개헌 논의의 진정성에 대한 전반적인 의구심과 무관하지 않다. 헌법 개정의 필요성에 대해서 이론적으로 동의하더라도 현실적으로는 그 진정성에 대해 의심을 품는 한 개헌 논의 자체가 국민적 호응을 얻은 데 한계가 있다는 것을 입증하는 사례이다.

개헌의 필요성이 증대되고 개헌이 불가피한 상황에 이르렀다는 인식에도 불구하고 번번이 개헌 논의가 진전되지 못하는 현상은 우리 사회에 어떤 영향을 미칠까? 우선 우리 정치의 발전과 민주주의의 공고화를 위해서는 여전히 권력구조와 관련된 헌법조항 개정이 가장 큰 의의를 갖고 있음에도 불구하고 정작 권력구조와 관련된 개헌 논의가 결실을 맺기 대단히 어렵다는 문제를 야기한다. 보다 일반적으로 말하자면 우리의 헌법규범과 헌법현실의 격차를 개헌을 통해 해소하기 어렵다는 것이다. 이로 인해 사회갈등이 심화될 가능성은 자명하다.

이러한 양상은 지난 노무현 정부 때 소위 "헌법사태"란 이름으로 전개되었던 민주주의와 헌정주의의 갈등상황에서 경험한 바 있다. 만약 우리 사회의 민주적 요구와 헌정주의 원칙이 권력구조와 관련된 헌법조항에 조화롭게 투영되어 있었다면 우리 사회는 당시에 지불한 바 있는 엄청난 사회적 비용을 허비하지 않았을 것이다. 개헌의 필요성이 논의의 진정성 문제에 가로막혀 그 본질에 이르지 못하게 되면 앞으로 얼마나 많은 사회적 비용을 더 지불해야 할지 모른다. 따라서 무엇보다 시급한 것은 개헌 논의의 진정성 굴레에서 벗어나 실질적으로 개헌 논의를 시작하는 것이다.

우리 헌정사와 그 간에 축적되어 온 정치적 경험에 비추어 볼 때 정치권에서의 개헌 논의를 진지하게 받아들이기 어려운 측면이 있다. 그러나 우리 사회는 정치권의 개헌 논의에 대해 의구심을 보이면서도 학계와 시민사회를 중심으로 87년 헌법 개정의 불가피성에 논의를 진전시켜 온 경험을 갖고 있다. 개헌의 불가피성을 주장하는 이들의 논의가 각 항목별로 얼마나 타당한가를 이 글에서 논할 수는 없다. 다만 개헌 논의에 포함되어 있는 권력구조 및 정부형태 조항, 기본권 조항, 경제조항 등의 타당성을 논함에 있어 이것들을 주장하는 주체의 정치적 입장에 따라 이들을 평가하지 말고 보다 순수하고 객관적인 관점에서 각각의 개헌 논의를 평가할 필요가 있음을 강조하는 바이다. 개헌을 주장하는 이들의 의도에 진정성이 일부 결여되어 있다고 하더라도 이들의 논의를 객관적으로 검토하는 것이 선행되어야 한다. 나아가 이러한 객관적인 검토가 전문가 수준에서 머무는 것이 아니라 국민전체의 논의로 확산되어야 한다.

이와 같이 개헌 논의를 진행하기 위해서는 개헌의 타임 테이블을 미리 정해놓고 개헌 가능성을 점치며 현실적으로 가능한 범위에서 개헌을 시도하자는 태도는 반드시 지양되어야 한다. 정치권의 이와 같은 태도야말로 그 의도가 순수하더라도 진정성을 의심하게 되는 행태이다. 비록 개헌이 지연되거나 혹은 개헌이 성사되지 않더라도 우리 사회의 변화된 현실을 규정할 헌법규범이 어떠해야 하는

지에 대해 국민 전체가 납득하고 합의해야 한다. 이런 전제 하에서 우리의 개헌 논의는 그 본연의 의의를 회복할 수 있을 것이다.

III. 정치의 사법화와 개헌 논의

개헌 논의 본연의 의의를 회복하기 위한 첫 번째 요건이 개헌 논의의 진정성 굴레에서 벗어나 개헌의 필요성과 불가피성을 객관적으로 논해야 한다는 것이라면, 개헌 논의의 진전을 위해 두 번째로 고려해야 할 것은 최근 우리 사회에서 부각되기 시작한 정치의 사법화(judicialization of politics) 문제를 해결하는 것이다. 정치의 사법화는 전통적으로 정치문제로 간주되어 오던 국정현안을 사법권력이 법의 논리체계에 의존하여 해결하려는 경향을 의미한다(김종철, 2005). 정치의 사법화는 비단 한국 사회에서만 일어나는 특수한 문제가 아니라 오늘날 전 세계적으로 정치과정의 사법화가 광범위하게 진행 중이라는 것이 많은 학자들의 공통된 관찰이다.[10]

정치의 사법화 현상이 전 세계적 추세인 것은 사실이나 우리 사회에 나타나는 보다 독특한 현상에 주목하지 않을 수 없다. 즉 우리 사회에서 발견되는 정치의 사법화는 사법부의 위상 확립이나 법제도의 정착, 법치주의의 강화 등과 같은 긍정적 측면보다는 법치주의의 근간을 흔들고 정치과정에 대한 불신만 가중시키는 정치의 사법화의 부정적 측면이 부각되고 있기 때문이다.[11] 지난 정부에서 노무현 대통령 탄핵사건과 행정수도 이전소송을 정점으로 우리 사회는 사회적 갈등을 헌법해석으로 해결하려는 경향을 보이고 있다. 헌법문제가 사회갈등의 중심에 자리 잡게 된 것이다. 그 결과는 사회적 갈등의 완화라기보다는 갈등의 표면화 및 심화로 이어졌다. 헌법재판소의 위상이 높아지고 헌법문제에 대한 국민적 관심이 높아진 것은 긍정적으로 평가할 수 있으나 그보다 우리 사회는 마땅히 정치과정으로 해결해야 할 문제들을 사법부와 헌법재판소에 떠넘기는 정치의 사법화의 그 부정적 효과를 경험하고 있으며, 이로 인해 엄청난 사회적 비용을 지불하고 있다. 이런 맥락에서 개헌 논의를 현실화하기 위해서는 정치의 사법화라는 우리 사회의 독특한 현상을 이해하고, 이런 현상이 개헌 논의에는 어떤 영향을 미치고 있는가를 고려해야 한다.

우리 사회에서 특이하게 전개되고 있는 정치의 사법화의 배경부터 살펴보자. 한국 사회에서 정치의 사법화의 핵심적인 주체는 헌법재판소이다. 헌법재판소는 1988년 9월 활동을 개시한 이래 대체로 사법적극주의적 태도를 보이면서 사회변동을 반영 및 주도해 왔다고 할 수 있다. 특히 영화검열 위헌결정(헌재1996.10.4. 93헌가13)이나 공무원 시험에서의 제대군인 가산점 특혜 위헌결정(1999.12.23. 98헌마363) 등은 비슷한 사안에서 미국 연방대법원의 판결보다 앞서 나가는 판례들을 낸 바 있으며(양건, 2007 : 5), 동성동본 결혼금지 위헌결정(헌재1997.7.16. 95헌가6), 과외금지 위헌결정(헌재2000.4.27. 98헌가16) 등으로 오랫동안 사회적인 논란이 되어온 쟁점들에 종지부를 찍는 역할도 한 바 있다.

그러나 이와 같이 논란이 되는 사회적 이슈에 헌법재판소가 적극주의적 태도를 보인 것과 달리 소위 '정치적으로 민감한 사건'

에 대해서 헌법재판소는 소극주의적 태도, 즉 사법적 자제(legal restraint)를 채택해 왔다.[12] 2004년 10월 21일 신행정수도건설특별조치법 위헌결정(헌재2004.10.2. 2004헌마554 등)이 나오면서 정치적으로 민감한 사안에서도 적극주의적 태도를 보이는 사법통치(juristocracy)의 현상을 보이는 데까지 이르렀다고 할 수 있다(양건, 2007 : 7). 이와 같은 일련의 과정은 헌법재판소가 소극적 · 적극적으로 정치의 사법화를 지속적으로 강화해 왔음을 의미한다. 제도의 존립근거를 보존하기 위한 노력으로 헌법재판소가 적극주의적 태도를 보이는 것은 어찌 보면 당연한 일이다. 여기서 주목할 것은 우리 정치의 사법화 현상은 헌법재판소만의 단독 작품이 아니라는 사실이다.

우선 우리 사회에서 전개되고 있는 정치의 사법화, 나아가 사법통치의 강화는 분점정부라는 정치적 맥락에서 진전되어 왔음에 주목할 필요가 있다. 사실 분점정부 현상은 87년 헌법이 시행된 이래 우리 정치의 양태를 결정하는 주요한 조건 중의 하나가 되었다(강원택, 2005).[13] 2004년 우리 헌정사상 초유의 대통령 탄핵사태는 분점정부라는 정치적 구조의 큰 틀 속에서 어떻게 정치의 사법화가 우리 사회의 갈등을 심화시켰는가를 보여준 전형적인 예이다. 2004년 3월 12일 국회에서 노무현 대통령에 대한 탄핵안이 가결되고 헌법재판소에서 탄핵심판 절차가 진행되는 동안 정치권은 물론 시민사회에서도 탄핵의 당위성 여부에 대한 논의가 첨예하게 대립되었다. 이런 상황에서 2004년 5월 14일 헌법재판소는 국회가 제출한 대통령 탄핵소추안에 대해 "대통령의 법위반이 헌법질서에 미치는 효과를 종합해 보면 대통령의 구체적인 법위반 행위에 있어서 헌법질서에 역행하고자 하는 적극적인 의사를 인정할 수 없고 … 대통령의 법위반 행위가 헌법수호의 관점에서 중대한 의미를 가진다고 볼 수 없으므로 대통령에 대한 파면 결정을 정당화하는 사유가 존재하지 않는다"고 사유를 밝히며 기각 결정을 내렸다. 기각 결정을 공식 선포한 이날 오전부터 대통령은 비로소 직무정지 상태에서 벗어나 대통령의 권한을 회복했다.

이 당시 헌법재판소는 변론과 평의과정에서 기왕의 사법적극주의적 태도와 달리 지나치게 소극적 태도를 보였다는 지적이 있었다. 최종판결을 위한 결정문도 지나치게 정치적이라는 지적도 있다(박재형, 2009 : 97). 그러나 헌법재판소는 이 사건을 맡은 지 두 달여 만에 우리 헌정사에 길이 남을 역사적 결정을 내렸고, 사회적으로는 헌법재판소라는 기관이 대통령의 운명도 결정할 수 있는 중대한 헌법기관이라는 사실을 국민에게 각인시키는 계기가 되었다. 반면 신행정수도의 건설을 위한 특별조치법 위헌확인(2004.10.21. 2004헌마554·556)에서 헌재는 신행정수도의 건설문제가 고도의 정치적 문제임에도 불구하고 국민의 기본권 침해와 관련되는 경우에는 사법심사의 대상이 되어야 한다는 입장에서 이 사건 관련 특별조치법에 대해서 위헌결정을 내렸다.

탄핵심판 사건이 분점정부라는 특수한 한국 정치의 구조 속에서 일어난 정치의 사법화의 부정적 영향력으로 초래된 일이라면, 신행정수도 이전에 관한 위헌판결은 정치의 사법화의 부정적 영향력과 이에 더해 헌법재판소가 정치적으로 해결해야 할 문제를 적극적으로 개입하여 사법적 판단을 내린 사법통치의 면모까지 보인 사례라고 할 수 있다. 이 두 사건으로 우리 사회가 안고 있는 정치의 사법화의 문제점을 모든 짚어낼 수는 없다. 그럼에도 불구하고 이 두 사건은 최근 우리 사회가 고민하고 있는 정치의 사법화가 어떤 특성과 문제점을 갖고 있는가를 잘 보여주는 사례라고 할 수 있다.

이를 통해 본 우리 사회의 정치의 사법화의 가장 큰 특징은 법치주의와 헌정주의가 강화되는 방향으로 전개되지 못했다는 것이다. 노무현 대통령 탄핵소추가 국회에서 의결된 국회 본회의장에서의 소란에서부터 이후 헌재의 심판과정까지 대통령 탄핵을 충격으로 받아들인 국민여론은 헌법과 법치에 대한 존중보다는 헌법이라는 '골칫거리'를 떠안고 살아간다는 생각을 품게 했다. 헌법에 대한 관심이 높아지고 헌법재판소의 결정에 국민적 관심이 모아지긴 했지만, 그 결정으로 우리 사회의 갈등이 완화되기보다는 헌법재판소의 결정을 일부 정파의 승리나 정치적 구속으로 받아들이는 경향이 생겼다. 이는 정치의 사법화가 삼권분립의 내실화, 국민의 기본권 강화라는 취지에서 자연스럽게 이뤄진 것이 아니라 분점정부라는 우리 정치구조의 특수한 상황에 기인한 것이기 때문이기도 하다. 분점정부 하에서 의회와 대통령의 갈등은 어느 쪽도 정치적 리더십을 발휘하기 어렵게 만들고, 이런 상황에서 의회 권력이나 대통령 권력은 자연스럽게 사법부의 지위를 자신의 영향력을 강화하기 위한 수단으로 이용하려 든다. 정치의 사법화가 사법부의 권위와 독립성에 대한 국민적 신뢰를 전제로 이뤄진 것이 아니라 우리 정치구조의 독특한 특성으로 인해 생성되었다는 것이다.

아울러 우리 사회는 사법부(특히 헌법재판소)가 상당부분 정치화되어 있다고 상정하고 있어서 그 결정에 있어서 정당성을 제대로 인정받지 못한다는 문제를 안고 있다.[14] 즉 "사법의 정치화"를 우려하고 있다는 것이다. 결국 정치권은 정치적으로 해결해야 할 문제를 사법부에 떠넘기고 사법부는 기대와 달리 사법적 결정에서 정치적 해석, 나아가 정파적 해석에 의존하는 행태를 보임으로써 "정치의 사법화"와 "사법의 정치화" 간의 악순환이 전개되고 있다.

헌법심판이란 애초에 소수의 사법 엘리트가 인민다수에 의해 선출된 대표의 의사를 거슬러 심판을 내릴 수 있는가라는 헌정주의와 민주주의 간의 근원적인 갈등이 잠재적으로 내재해 있다(Homles, 1988).[15] 다수의 지배를 원리로 하는 민주주의와 정해진 규칙에 따라 권리를 행사하려는 법의 지배의 원리는 근본적으로 다른 원리를 갖는다. 민주주의의 원리를 충실히 따르자면 나라 안팎의 변화에 따라 분출되는 시민의 다양한 요구를 다수의 원리에 따라 수용해야 한다. 반면 법의 지배의 원칙이 엄격히 실현되기 위해서는 오로지 법을 통해 인권을 보장하고 정부 권력의 정당성을 인정해야 한다. 엄격한 법의 지배는 다수에 의한 민주적 요구가 확인되더라도 헌정질서의 변화는 용납하지 않는다. 따라서 독자적 기원을 갖고 있는 민주주의와 헌정주의의 갈등은 오히려 자연스런 일이다(Habermas, 2001 ; Maravall & Przeworski, 2003 ; 박성우, 2006).[16]

그러나 민주주의와 법의 지배가 애초부터 조화의 가능성이 없는 것은 아니다. 민주혁명을 거쳐 그 성과물로 민주헌법이 탄생할 때 민주주의와 헌정주의의 완벽한 조화가 탄생한다. 민주헌법은 이전의 헌법이 인민의 의지를 제대로 담아낼 수 없기 때문에 새로운 헌법을 제정하여 인민의 의지를 확인하고 이를 명문화하자는 것이다(박성우, 2007). 민주헌법은 또한 언제 반격할지 모르는 반민주세력의 위협으로부터 민주주의를 지켜내기 위한 최후의 보루이기도 하다. 민주헌법의 탄생은 민주주의와 헌정주의의 조화의 상징이다. 이렇게 보면 민주주의와 헌정주의는 인민주권의 실현이라는 측면에서도 상호 보완적 기능을 갖는다. 인민 전체의 민의를 파악하기 위해서는 다수결의 원칙이 존중되어야 한다. 다수결주의는 민주적 의사결정을 위한 불가피한 수단이기 때문이다. 다른 한편 인민주권이 실질적으로 실현되기 위해서는 시민 개개인의 기본권 보호와 사적 영역의 보장이 전제되어야 한다. 이를 위해서는 특정 시점의 다수의 의사형성 이전에 헌법적 보장이 이뤄져야 한다. 헌정주의의 존중이 필요하다는 것이다. 결론적으로 민주주의와 헌정주의는 각기 다른 원리로부터 출발하고 있으므로 잠재적으로 긴장관계에 있음에도 불구하고 상호 보완적이며 조화로운 관계로 유지될 가능성도 다분히 갖고 있다는 것이다.

그럼에도 불구하고 우리 사회의 정치의 사법화는 민주주의와 헌정주의 잠재적 갈등을 노골적으로 표출시키고 양자의 조화 가능성을 약화시킨다. 결과적으로 헌정주의도 민주주의도 진정한 실현을 기대하기 어렵게 만든다. 정치의 사법화는 민주주의와 헌정주의의 근원적인 갈등을 의회 권력과 대통령 권력의 대립 혹은 집권여당과 사법권력의 대립으로 왜곡시킨다. 문제는 이러한 왜곡이 국민들로 하여금 정치현안을 늘 정파적 이해관계의 대립으로만 파악하게 하고 민주주의와 헌정주의의 근원적 갈등관계를 이해하지 못하게 한다는 것이다. 국민 전체가 민주주의와 헌정주주의 근원적 갈등과 한계, 그리고 조화 가능성을 제대로 이해하지 못하고 양자의 원리가 정파적 구호로 전락할 때 민주주의와 헌정주의는 모두 후퇴한다. 정치의 사법화가 적절히 통제되고 정치의 장이 다시 그 본령을 회복할 때 민주주의와 헌정주의 관계의 정상화가 이뤄질 것이다.

정치의 사법화로 인한 또 다른 문제는 국가적으로 중대한 사안이 정치 엘리트들 간의 타협으로 적당히 마감될 가능성이 높다는 점이다. 정치적으로 충분히 공론화되지 않은 상태에서 사법부에 정치적 판단을 맡기는 것은 언뜻 보면 극단적인 사회적 분열을 미연에 막는 것으로 보일 수 있지만 이는 사회적 갈등의 근본적인 해소를 오히려 가로막는 일이다. 더구나 "사법의 정치화"가 이미 만연되어 있다는 사회적 인식이 팽배할 경우, 사법부의 결정이 첨예한 사회적 갈등을 해소하고 국민적 통합을 이끌어내는 기능을 할 수 있을지 대단히 의심스런 일이다. 따라서 이 같은 조건에서 정치의 사법화가 심화되는 것은 사회적 통합은커녕 민주적 의사의 반영이라는 민주적 정당성도 해치고 법의 지배에 대한 시민적 덕성도 약화시키는 경향을 면하지 못할 것이다.

이제 우리 사회에 만연되어 있는 정치의 사법화와 사법의 정치화의 악순환의 고리를 끊고 특히 정치의 사법화를 완화하여 정치과정을 정상화할 필요가 있다. 정치의 사법화를 저지하기 위해서는 의회 내 정당의 대립과 갈등을 다소 시간이 걸리더라도 정치과정을 통해 해결해야 한다. 정치적 갈등을 정치와 사법의 갈등으로 전이시켜서는 안 된다. 대통령 권력과 의회 권력의 대립은 대표들 간의 경합이라는 측면에서 정치적으로 해결해야 할 문제이지, 그 갈등을 해결함에 있어 사법부의 선택을 기다릴 문제가 아니다. 이런 상황에서 사법부의 선택이 대립과 갈등의 해결책으로 기능할 수 없다. 아울러 정치의 사법화가 저지되기 위해서는 사법부가 그 본래의 존립가치를 유지하며 독립성을 유지해야 한다. 사법부의 독립은 사법부가 정치적 현안에 개입할 때보다 개인의 기본권 보장과 사적 영역의 존중에 집중할 때 가능하다. 사법부는 설령 다수의 의사와 반한다고 하더라도 법리에 기초한 헌법 해석을 통해 개인의 기본권과 사적 영역을 보호해야 한다. 이와 같이 사법부가 사법부 본연의 기능을 회복할 때 사법의 정치화가 차단될 수 있을 것이다.

일반적으로 정치의 사법화 문제를 해소하기 위한 방안으로 크게 두 가지 방향이 제시된다. 하나는 정치 본연의 역할과 기능을 부활시키기 위해 정치권, 특히 국민의 대표인 의회 구성원들의 위상을 제고하는 방향이다. 이를 위해 의원은 정당의 계파에 종속되어 있는 계파정치의 부속품이 아니라 명실상부한 국민의 대표로서 간주되어야 한다. 구체적으로는 의원들은 전 국민적 현안인 중대 사안에 있어서 소속정당의 경계를 넘어 교차투표가 가능할 정도로 소신과 정책으로 정치과정에 참여해야 한다. 이를 위한 제도적인 뒷받침으로 정당개혁, 특히 공천제도 개혁이 선행되어야 할 것이다.[17]

정치의 사법화 문제에 접근하는 또 하나의 방향은 사법부, 특히 헌법재판소의 정치적 편향을 완화하고 삼권분리의 본래의 취지를 복원하자는 것이다. 이를 위해 특히 헌법재판소 재판관의 구성 방식과 운영을 바꾸는 방법이 제안되고 있다. 현재의 재판관 구성방식은 재판관들의 정치화가 불가피하고, 이를 알고 있는 정치권은 정치의 사법화를 의도적으로 가속화시킬 수 있다는 것이다. 헌법재판소의 구성과 운영방식의 개선에 대해서는 국내 학계에서 이미 다양하게 논의 된 바 있다.[18] 문제는 이러한 개선책이 실행되기 위해서는 헌법 개정이 성공되기를 기다려야 하는 한계를 갖고 있다. 따라서 헌법재판소 재판관의 구성방식과 운영방식의 개선으로 정치의 사법화 문제를 해결하려는 시도는 반드시 필요한 제도적 개선 사항임에도 불구하고 사안의 시급성을 반영하지 못하는 측면이 있다.

필자는 개헌의 성사 여부와 관계 없이 개헌 논의의 활성화가 정치의 사법화에 따르는 부정적 결과들을 완화시킬 수 있는 대안이 될 수 있다고 본다. 개헌 논의의 진정성 문제에 걸려 헌법개혁이 제때에 이뤄지지 못하고 결국 정치의 사법화와 사법통치를 초래하게 되었으므로 이를 해결하기 위한 방안은 역으로 개헌 논의를 활성화하는 방법밖에 없다는 것이다. 개헌은 궁극적으로 민주적 의사에 맞는 자기 입법(self-legislation)을 실현하는 것이다. 현행 헌법규정이 민주적 의사와 합치하는지 여부를 판단하기 위해서는 우선 각 개인의 자유로운 사고를 평등하게 인정해야 한다. 따라서 개헌 논의는 특수목적을 달성하기 위한 전략적 수단이 되어서는 안 되며, 개헌 논의의 장은 각 개인이 민주적 의사가 무엇인지를 규명하기 위해 자유롭게 의사를 개진할 수 있는 공간이어야 한다. 개헌 논의가 이런 공간으로 활용될 때 각 개인은 공동체의 의사와 자신의 의사 간의 차이와 조화 가능성을 확인하고 사적 이익의 자기 교정을 경험할 수 있다. 이와 같이 개헌 논의를 일종의 역사적 경험과정으로 이해하게 되면 개헌 논의는 민주적 의사형성과 헌정주의의 이성적 판단의 조화를 가능하게 하는 적절한 수단으로 기능할 수 있을 것이다.

Ⅳ. 개헌 논의의 정상화를 위한 시론

앞에서 우리는 개헌 논의가 진정성 논란에 가로막혀 개헌의 현실적 필요성이 제대로 평가받지 못하고 정치의 사법화 내지 사법통치의 현상에까지 이르는 데 영향을 미치고 있음을 지적했다. 이런 현상에는 개헌 논의가 주로 정치권에 의해 주도되고 있다는 사실도 중요한 원인이 된다. 개헌 논의가 정치권에 의해 독점되는 한 진정성에 대한 논란은 지속될 것이고, 이 과정에서 정치의 사법화 현상도 모면하기 어렵다. 따라서 개헌 논의를 정상화하기 위해서는 개헌 논의의 주체가 소수 정치 엘리트 집단에 국한되지 않고 범국민적으로 확산될 필요가 있다. 한때 우리 사회는 개헌 논의를 마치 판도라의 상자같이 취급하여 그 논의를 광범위하게 확산하기보다는 소수의 전문가 집단에만 한정하는 것이 바람직하다고 보는 견해가 지배적이었다. 이는 개헌 논의에 대한 정치권의 정략적 개입과 불필요한 국력소모를 우려했기 때문이라고 할 수 있다.

그러나 오늘날 우리 사회는 개헌 논의로 인해 국론이 분열될 정도로 국민의 민주적 역량이 미성숙의 단계에 있지도 않고, 개헌 논의로 말미암아 불필요한 정쟁을 일삼고 국민적으로 소모전을 지속할 정도로 개헌에 열광적인 상태도 아니다. 무엇보다 개헌 논의는 궁극적으로 국민투표에 의해 확정되는바, 이를 단지 의례적 통과규정으로 여기지 않는다면 처음부터 다수의 시민이 개헌 논의에 참여하는 것이 바람직하다. 개헌 논의를 민주적 의사를 확인하고 헌정주의의 원칙을 어느 정도 고수할 것인지를 가늠하는 국민적 공감대 형성의 공간으로 활용해야 한다.

개헌 논의의 장이 이같이 활용될 때 개헌 논의는 시민의 민주적 역량을 강화하고 민주주의와 헌정주의의 관계를 재정립할 수 있는 계기를 마련할 수 있다. 말하자면 개헌 논의 자체가 헌법 개정의 성사 여부와 관계 없이 헌법규범과 헌법현실의 격차를 줄일 수 있는 수단이자 경로가 될 수 있다는 것이다.

이제 개헌 논의가 단순히 성공적인 개헌에 이르기 위한 수단이 아니라 그 자체로서 정치사회학적으로 순기능을 담당하기 위해서는 어떤 조건들이 필요한지 고려해 보자. 첫째로, 개헌 논의의 주체뿐 아니라 개헌의 범위와 내용에 있어서도 광범위한 확장이 필요하다. 개헌의 주체가 일부 정치권이나 정파가 아니라 국민 전체가 되어야 할 필요성에 대해서는 앞 서 언급한 바 있다. 이제 개헌의 범위와 내용도 보다 개방적일 필요가 있다. 기왕의 개헌 논의는 개헌의 가능성을 염두에 두어 개헌의 범위와 영역을 최소화하고 권력구조 개편에 국한된 제한적 개헌 논의에 집중하게 되었다. 그러나 개헌 논의를 개헌의 가능성에만 묶어놓지 않고 개헌 가능성 여부를 초월하여 개헌 논의 과정의 정치사회학적 기능에 보다 큰 역할을 부여한다면 기왕의 개헌 논의에서 적용되어 온 '함구의 규칙'을 배제하고 보다 광범위하게 개헌의 의제들을 설정할 수 있을 것이다(김용철, 2007 : 111). 아울러 개헌의 범위와 내용의 확장은 개헌의 주체가 일부 정치권 엘리트에 국한되지 않고 국민 전체로 확산될 수 있는 계기를 마련할 것이다. 개헌 여부의 최종적인 판단은 국민투표에 의해 결정된다. 국민이 개헌의 진정한 주체가 되기 위해서는 일찍부터 국민 전체가 개헌에 관한 실질적 논의 주체가 되어야 하며, 아울러 개헌 논의의 범위가 보다 개방적으로 확대되어야 한다.[19)]

둘째로, 개헌 논의에서 개헌의 진정성을 문제 삼아 모든 개헌 논의가 폄하되는 것을 경계해야 한다. 이에 대해서는 앞장에서 자세히 논한 바 있다. 재삼 강조하고자 하는 바는 개헌 논의를 폄하하는 것은 개헌의 실질적인 성공을 위해서 뿐만 아니라, 개헌이 성공하지 않더라도 개헌 논의의 정치사회학적 기능을 고려할 때 결코 바람직하지 않다는 것이다. 개헌 논의는 국민의 자기 입법을 위한 자기 교정적 역할을 할 수 있으며, 국민교육적 효과를 기대할 수 있다. 따라서 개헌 논의를 개헌을 위한 수단으로만 볼 것이 아니라 개헌 논의 자체에 정치사회적 기능과 역할을 인정할 필요가 있다.

셋째로, 개헌의 필요성에 대한 보다 정확한 인식을 범국민적으로 확산시킬 필요가 있다. 이는 개헌의 필요성을 맹목적으로 주장하기 위함이 아니라, 우리 사회가 지금까지 진행시켜 온 개헌 논의의 현주소를 정확히 파악하고 점검해 보자는 것이다. 이미 정치권과 학계, 그리고 시민단체에서 이런 진일보한 단계의 개헌 논의를 진행시켜 왔다. 예컨대 국회에서는 헌법연구자문위원회를 설치하여 2009년 8월 연구결과를 발표한 바 있으며, 한국헌법학회는 2005년 11월부터 '헌법 개정연구위원회'를 구성하여 분야별 연구를 개시하여 2006년 11월 최종보고서를 발간한 바 있다(『헌법학연구』 12권 4호, 2006. 11). 시민사회 일부는 학계의 전문가들과 협조하여 그 연구결과물을 『헌법 다시보기』로 출간한 바 있다.

마지막으로 개헌의 필요성 여부를 따질 때 보다 객관적인 접근이 필요하다는 점을 다시 한 번 강조하고자 한다. 즉 정치권은 학계 혹은 시민단체와 같은 비정치적 영역에서의 논의되고 있는 개헌의 필요성에 대한 논의를 보다 객관적으로 접근하고 수용해야 한다. 이 글에서 개헌의 대상으로 부각되고 있는 쟁점들을 모두 다룰 수는 없지만 개헌 논의의 정치사회학적 측면에서의 활성화를 기대하며 주요 쟁점들을 간략하게 정리하고자 한다.

사실 1987년 헌법의 개정 필요성에 대해서는 정치권, 학계, 그리고 시민사회 안에서 지속적으로 그리고 광범위하게 논의되어 왔다. 우리 사회는 지난 20여 년 간 국내외의 정치·경제·사회적 환경의 급변으로 인해 기존 사고와 패러다임으로 해결할 수 없는 문제들에 직면해 있다는 것이 개헌의 필요성을 뒷받침하는 주된 견해이다. 이런 문제들은 헌법 개정 당시에는 예견할 수 없는 사안들이었으므로 이제 개별 법률의 개정이나 제도의 보완 차원이 아니라 국가 시스템 전반의 재정비, 즉 헌법적 차원의 재검토가 불가피하다는 것이다. 개정이나 보완의 대상이 되는 내용을 모두 열거할 순 없지만 다음에 개헌 논의의 활성화를 필요로 하는 헌법현실의 변화에 어떤 것들이 있고, 보다 활성화되어야 할 개헌 논의의 쟁점들이 무엇인가 확인하고자 한다.

첫째로, 오늘날의 현실은 1987년 헌법 개정 당시 예견할 수 없었던 정보통신과학기술의 급격한 발전을 경험하고 있다는 점을 주목할 필요가 있다. 이에 따라 해당 분야에 기본권의 정비가 필요하다. 정보통신기술의 발달, 그 중에서도 인터넷의 비약적 확산으로 촉발된 정보화는 정치영역에 심대한 영향을 미치고 있을 뿐만 아니라 헌법현실에 대한 적응을 요구하고 있다. 인터넷의 발달은 현실 공간과는 구분되는 사이버 공간의 출현을 낳았다. 현실 공간과 대조적으로 사이버 공간이 갖는 가장 큰 특징은 시간적·공간적 제한을 받지 않으며, 현실적 공간과 달리 대중 상호 간의 연결을 통한 다양한 사상의 교환과 자신의 가치관의 표현이 원칙적으로 제한받지 않게 된다. 특히 헌법적 차원에서는 이러한 사이버 공간에 대한 정확한 인식을 바탕으로 무엇이 사이버 공간에서 핵심적으로 보호되어야 하는 기본권인가를 고찰해야 한다. 다시 말해 사이버 공간은 민주주의의 실현을 위한 수단으로서 뿐만 아니라 정보 불균등, 사이버 공간에서의 개인정보의 보호, 정보 기본권 또는 사이버 기본권 보장 등의 문제를 야기하므로 현실 공간에서 적용해 온 기존의 기본권 조항을 어떻게 활용하고 보완할 것인지에 대한 헌법적 고찰이 필요하다(강경근, 2002).

두 번째로, 세계화의 진행에 따라 자본의 교류와 인적·물적 교류가 어느 때보다 활발해졌고, 이에 따라 우리의 헌법현실이 변화하고 있음을 주목해야 한다. 과거의 근대 국민국가가 국경 내의 영토성을 중심으로 헌법질서를 채택했던 반면, 세계화가 진행되고 있는 새로운 세계는 국가의 비영토적 속성이 보다 강하게 드러나면서 과거에 전혀 고려하지 않았거나 비교적 중요한 사안이 아니었던 이슈들(예컨대 세계인권, 환경문제와 지구온난화, 여성문제, 남반구의 경제의 제)이 헌법질서에 편입되기를 요구하고 있다. 이런 맥락에서 우리가 당장 직면하고 있는 가장 현실적인 문제는 시민권 개념의 변화이다. 근대 국가 형성과정에서부터 시민권 문제를 심각하게 고민해 온 서구 유럽 국가들과는 달리 우리는 상대적으로 시민권을 둘러싼 문제를 사회적 쟁점으로 삼아온 경험이 적다. 또한 선진 서구 국가들에 비해 지구화의 파장을 비교적 늦게 경험하고 있으므로 인종과 문화, 지역과 종교의 문제를 둘러싼 시민권 문제는 아직 먼 이야기인 것처럼 들린다. 하지만 이미 상당수에 이르는 이주노동자들에 대한 불법체류 관리문제와 인권보장 사이에서의 갈등, 농촌총각의 약 40%가 외국인 신부와 결혼하고 그들 사이에서 태어난 2세들이 늘어가는 현실을 감안하면 지금까지 문화적으로 동질적인 구성원들에게 당연히 부여되는 상징물로서의 시민권 개념은 시민의 권리와 의무를 규정하는 보다 세계화된 법적 관계로 인식할 필요가 있다.[20)]

세 번째는, 통일헌법에 대비하기 위한 개헌 논의의 활성화가 필요하다. 남북한 간의 긴장완화와 경제협력에 부침이 있음에도 불구하고 장기적으로는 한반도의 통일을 전제할 때 통일헌법에 대한 대비가 불가피하다. 현행 헌법체제 하에서 통일헌법으로의 전환을 모색한다는 것은 자기부정적 요소가 있다. 우리 헌법은 영구헌법이고 완성헌법이다. 이런 상황에서 현행 헌법의 폐기를 예정하는 이른바 통일헌법이라는 내용과 실체가 미확정된 대체헌법을 제정하겠다는 의지는 반헌법적이며, 결과적으로 반국가적이다(권영설, 2006). 따라서 현행 헌법을 개정하는 것이 아니라 폐기하고 다른 헌법을 제정할 것을 공식적으로 채택하는 정책은 우리 국가의 정체성과 헌법을 부정하는 자기 모순의 결과를 초래한다는 것이다. 혹자는 이런 모순을 극복하기 위해서 서독의 '본' 기본법과 마찬가지로 헌법 자체를 잠정헌법 내지 임시헌법으로 통일헌법에 대비할 것을 제안하기도 한다. 그러나 이런 태도는 현행 헌법과 통일정책 간의 모순은 어느 정도 극복될 수 있을지 몰라도 우리 헌법에 대한 국민감정상 가능한 일인지 여전히 의문스럽다.

통일헌법의 제정시 가장 큰 문제로 떠오르는 것은 현행 국적법과의 관계에서 북한주민에 대한 법적 지위와 영토조항 문제이다(나인균, 1994 ; 도회근, 1998 ; 장명봉, 1997). 1948년 7월 17일 제정된 대한민국 헌법과 1948년 9월 8일 제정된 조선민주주의인민공화국 헌법은 공히 국가분단과 그 극복을 위한 통일의 과제가 전혀 반영되지 않은 헌법이며, 적어도 이 문제에 있어서 우리 헌법의 입장은 수차례의 개정에도 불구하고 변함 없이 유지되고 있다. 북한 헌법은 제103조에서 "조선민주주의인민공화국의 수부는 서울시이다"라고 규정하여 헌법현실과 헌법규정의 심각한 괴리를 안고 있다. 한편 우리 헌법은 한반도와 부속도서를 우리 영토로 규정하고 있다. 영토규정이 실질적인 헌법현실과 거리가 있는 것은 사실이나 영토규정의 개정은 민족해방과 인민민주주의 혁명을 최고의 목적으로 삼고 있는 북한 신형법의 개정을 전제로 속도를 맞출 필요가 있다. 아울러 우리의 국민규정 역시 남북한의 통일과정의 속도를 고려해 민주적 합의 도출이 필요하다. 북한 주민들에게 남한의 시민들과 마찬가지로 동등한 기본권을 주어야 한다면 현재 심각하게 인권이 유린되고 있는 엄연한 북한의 현실에서 이를 묵과하는 것은 국가적 책무의 유기라고 볼 수 있기 때문이다.

네 번째로, 최근의 개헌 논의에서 가장 많이 주목받아 온 정부형태와 권력구조와 관련된 조항이다. 현행 5년 단임의 대통령제에 대해서는 이미 다양한 문제점이 제기되어 왔다. 현행 대통령제는 한편으론 지나친 권력집중으로 인한 헌정운영상의 폐해를 낳고 있으며, 다른 한편으론 5년 단임제로 인해 조기 레임덕 현상이나 정치적 책임성의 약화라는 고질적인 문제를 양산해 왔다는 것이다. 따라서 이런 문제점들을 보완하기 위해 권력은 분산하되 국가적 합리성과 효율성은 제고될 수 있는 방향으로 권력구조의 개편이 요구된다는 것이다(이승우, 2007). 보다 근본적으로 권력구조와 관련된 쟁점은 대통령제 혹은 의원내각제 중 어떤 제도를 우리 정치권력의 근간으로 정할 것이냐의 문제이다(장영수, 2005). 아울러 대통령제를 채택한다면 우리 헌법이 해결해야 할 가장 중요한 현안은 대선과 총선의 선거주기 충돌로 인한 분점정부의 반복에 있다. 이는 결정적으로 대통령의 임기 문제와 맞물려 있어서 4년 중임제 채택 여부가 논란의 대상이 되고 있다. 그러나 조기 레임덕 문제는 궁극으로는 정당정치의 발전 문제와 떼어놓을 수 없다. 정당정치의 발전을 위해서는 공천제도의 개혁이 선행되어야 한다. 이와 같이 권력구조와 관련된 개헌 논의는 단지 헌법 개정의 문제로 국한되지 않고 선거법 등 전반적인 정치 관련 법의 정비를 필요로 한다. 권력구조와 관련된 개헌 논의의 활성화는 우리 사회에서 필요한 적정한 수준의 정치개혁이 무엇인가를 확인할 수 있는 계기를 마련할 수 있을 것이다.[21)]

이상과 같은 개헌 논의의 쟁점들이 우리 사회가 안고 있는 헌법현실과 헌법규범의 괴리를 모두 포괄한다고 볼 수는 없다. 그러나 기왕의 권력구조 문제에만 국한되어 왔던 개헌 논의를 보다 전 세계적인 조류와 시대적인 방향에 부합하도록 전환할 필요가 있다. 87년 헌법이 반영하지 못했던 세계화 · 정보화 · 다문화 사회로의 전환, 그리고 통일에 접근도에 부합하는 헌법적 토대를 마련할 필요가 있다는 것이다. 이와 같은 개헌 논의의 활성화는 개헌의 성사 여부와 관계 없이 국민을 재교육하고 공동체 구성원의 정체성을 확립하는 데 크게 기여할 것이다.

V. 결론

형식적으로 개헌 논의는 개헌을 목적으로 한다. 그럼 원론적으로 개헌의 궁극적인 목적이 무엇인가? 근본적으로는 헌법규범과 헌법현실의 격차를 줄이고 우리 사회의 민주역량과 변화된 현실에 맞는 제도와 규범을 정립하는 것이 개헌이 목적일 것이다. 그러나 제도와 규범이 목적한 바대로 실효성을 거두기 위해서는 형식적인 개선만으로는 불충분하다. 아무리 훌륭한 제도적 개선이 있더라도 제도에 참여하는 주체가 그 취지를 살리지 못하면 개선의 의의는 사라진다. 개헌 역시 마찬가지이다. 개헌은 그 자체가 목적이 아니라 우리 사회가 지향하는 바람직한 미래상, 국가의 미래 비전에 현실화하기 위한 작업이다. 그럼에도 불구하고 우리의 개헌 논의는 이러한 개헌의 근본 취지를 망각해 온 경향이 있다. 개헌을 정권연장의 수단으로 악용해 온 우리 헌정사의 쓰라린 경험으로 인해 개헌 논의 진정성에만 초점을 맞추는가 하면, 개헌의 가능성 여부에만 주목하다가 왜 개헌을 해야 하는지를 잊은 채 그저 가능한 범위의 개헌조항 찾기에만 급급해 정작 개헌의 필요성 논의에 내실을 기하기 어려운 측면이 있었다.

이 글에서 필자는 이와 같이 개헌의 근본취지를 잊게 된 데에는 우리 헌법이 밟아온 과거의 역사와 지난 정부 때부터의 나타나기 시작한 독특한 경험에서 찾을 수 있다고 주장한 바 있다. 보다 구체적으로 본고는 지나치게 개헌 논의의 진정성 문제에 매달릴 수밖에 없었던 우리 헌정사와 지난 정부 때부터 부각되기 시작한 정치의 사법화 현상을 주목하였다. 개헌 논의의 정상화를 위해 극복해야 할 과제들이 있는 것은 사실이지만 개헌 논의의 정상화가 불가능한 것은 아니다. 개헌 논의의 정상화는 개헌 논의가 궁극적으로 개헌의 성사에만 국한된 것이 아니라는 인식에서 출발할 수 있다. 국민적 합의가 전제되지 않는 개헌이 무의미한 것인 반면, 설령 개헌이 성사되지 않더라도 일정한 수준에 도달한 국민적 합의는 사회통합과 국민정체성의 차원에서 중대한 의의를 갖기 때문이다.

이런 맥락에서 개헌 논의의 정상화는 정치권이나 일부 전문가 집단에 의해 독점되었던 개헌 논의를 일반 국민에게 확대하고, 궁극적으로 개헌의 주체는 전체 국민임을 인식하는 것으로부터 출발해야 한다. 비록 처음에는 전문가에 의해 개헌 논의가 주도되더라도 논의 과정과 합의과정에 국민 전체의 목소리가 반영될 수 있는 경로가 마련되어야 한다. 개헌 논의 주체의 확대는 개헌 논의의 영역의 확대와 맞물려 있다. 헌법규범과 헌법현실의 괴리를 좁히고자 하는 것이 개헌의 궁극적인 목적이라면 개헌 논의는 권력구조 개편 논의에만 한정할 수 없다. 앞서 살펴본 바와 같이 1987년 이후 우리 사회현실의 급격한 변화는 권력구조 개편 논의를 넘어 보다 다양한 쟁점들에서 개헌을 요구하고 있다. 개헌 논의에서 다양한 쟁점들의 부각과 이해의 공유는 보다 많은 사람들이 개헌 논의에 참여하고 개헌이 일부 정치권의 문제가 아니라 국민 전체의 생활을 규율하는 문제임을 깨달을 때 가능한 일이다.

이와 같이 개헌 논의의 정치사회학적 의의를 고려할 때 개헌 논의를 단지 헌법 개정의 수단이라는 인식을 교정해야 한다. 헌법규범과 헌법현실의 격차를 줄이는 일은 헌법 개정을 통해서 뿐만 아니라 개헌 논의과정에서 성취할 수도 있는 일이다. 헌법 개정이 요원한 일일 때 개헌 논의의 활성화가 헌법 개정의 효력을 어느 정도 성취할 수 있다. 그렇다고 모든 개헌 논의에서 개헌 가능성을 애초부터 배제하거나 개헌 자체를 폄하할 필요는 없다. 다만 개헌 논의의 실효성이 궁극적으로 개헌의 성사 여부에만 있는 것이 아니라, 헌법의 규범과 현실의 간극을 좁히고 헌법질서를 공고화하는 데 있음을 상기하자는 것이다. 개헌을 맹목적으로 추구할 때 개헌 논의는 정치사회적학 차원의 긍정적 기능을 수행하지 못한다. 즉 개헌 논의가 개헌이라는 목적에 지나치게 연연할 때 개헌 논의는 우리 사회에 긍정적으로 기여하기 어려워질 것이다. 그러나 개헌 논의가 헌법과 정치권뿐 아니라 국민 전체를 매개하는 소통의 경로가 된다면 개헌 논의는 민주주의와 헌정주의의 근원적인 마찰을 완화하고 우리 사회의 균형점을 찾아주는 매개자 역할을 할 수 있을 것이다.

주

1. 발췌 개헌으로 일컬어지는 1차 헌법 개정, 사사오입 개헌으로 불리는 2차 헌법 개정, 3선 개헌으로 불리는 6차 헌법 개정, 유신헌법으로 불리는 7차 헌법 개정이 모두 집권연장의 수단이 주목적인 헌법 개정이었다.
2. 박명림(2005)은 노무현 대통령 탄핵사태 분석을 통해 민주주의와 헌정주의의 갈등이 적나라하게 드러난 소위 헌법사태의 문제점을 지적하고 있다.
3. 이에 대해서는 이견이 있을 수 있다. 한국갤럽의 여론조사에 따르면 4년 중임제 혹은 내각제 개헌에 찬성하는 인구(53.7%)가 개헌에 반대하는 인구(40.3%)보다 높은 것으로 나타나기 때문이다. 그러나 이들이 곧바로 영향력 있는 개헌세력이 될 수 있을지는 대단히 의문스럽다. 우선 이 숫자는 과반수는 되지만 압도적인 숫자라고 보기 어렵다. 헌법 개정의 비용이 가시화되면 얼마나 많은 사람들이 개헌에 적극적이 될지는 미지수이다. 필자는 이 숫자는 우리 헌법이 개정되어야 할 부분을 포함하고 있음을 인지하는 여론으로 받아들여야 한다고 본다. 실제로 이명박 정부 안에 개헌이 되어야 한다고 응답한 사람들은 과반수가 되지 못한다. http:// www.chosun.com/site/data/html_dir/2010/01/02/2010010200034.html(검색일 2010. 4. 18).
4. 헌법 제정, 헌법 개정, 헌법 변개 등의 개념 구분에 관해서는 이승우, "한국 헌정 50년을 어떻게 시대구분하고 평가할 것인가?", 『공법연구』 제27집 제1호(1998) 참고.
5. 이런 면에서 국회의장 자문기구인 "헌법연구자문위원회"가 2009년 8월 31일 보고한 개헌 논의는 정치권에서 시작된 개헌 논의이면서도 비교적 합리적 성과를 낸 예외적인 성과라고 평가할 수 있다.
6. 87년 헌법 하에서 처음 치러진 국회의원 선거에서 여소야대 국회가 구성되었고, 이에 위기의식을 느낀 노태우 정권은 국정운영의 한계를 느끼고 의원내각제로의 개헌을 약속하며 민정당, 통일민주당, 신민주공화당의 3

당합당을 추진하여 성공시켰다. 우선 여소야대 정국을 전환하여 국정운영을 원활화하고 임기 중 의원내각제 정부형태로 헌법을 개정함으로써 집권을 유지하자는 전략이었다. 그러나 당시 김영삼 민자당 대표가 삼당합당시의 밀약을 깨고 대선후보가 되었으며, 이후 의원내각제로의 개헌 주장은 새롭게 집결한 자민련을 중심으로 이뤄지게 되었다(김용철, 2007 : 100). 또 다른 사례는 1997년 대선을 앞두고 김대중과 김종필이 후보단일화와 내각제 개헌을 조건으로 선거연합을 꾀했던 이른바 'DJP 연합' 사건이다. "국민회의, 자민련 대통령후보 단일화와 공동정부 수립 및 내각제 추진에 관한 공동협약"이라는 긴 제목의 이른 'DJP 합의문'의 골자는 15대 대통령 후보를 단일화하기로 하고, 다가오는 통일 시대를 대비하기 위해 독일식 내각제를 구현하는 개헌을 추진한다는 것이다. 그러나 김대중 후보가 대통령이 된 이후 정치적·경제적 난관을 구실로 DJP의 내각제 개헌 논의는 수포로 돌아갔다.

7. 2005년 대연정제 제안의 긍정적 결과 ; 그러나 이 대연정 제의로 불거진 개헌 논의는 권력구조뿐 아니라 헌법의 영토조항 및 경제조항, 헌법재판소의 존치 여부, 국민기본권 확장 등에 관한 언론 및 학계의 논의를 유발했다. 예컨대 2005년 7월15일 '창작과 비평사'와 '시민행동'이 공동주최한 "87년 체제의 극복을 위하여 : 헌법과 사회구조의 비판적 성찰"이라는 주제의 심포지엄. 《한겨레》(2005. 7. 18)와 『신동아』(2005. 8.) 등에서의 다양한 여론조사가 있다.
8. 노무현 대통령의 연정제의에 대해 열린우리당 의원들을 제외하면 대부분의 정치권은 정치전략으로 받아들였다. 이런 반응은 박근혜 대표를 비롯한 한나라당 의원들뿐 아니라 민주노동당 의원들에 의해서도 공유되고 있었다(김용철, 2007 : 108).
9. 4당체제와 개헌 논의, 재신임정국, 탄핵정국 ; 2004년 17대총선 직후 정치권에서 "대통령 4년 중임제", 대통령 결선투표제, 정부통령제 등 권력구조를 중심으로 한 개헌론이 제기되었으나 민생과 정치개혁 등의 국정과제가 희생될 우려가 있다는 이유에서 거부되었다.
10. 유럽의 정부와 의회는 전례 없이 사법화가 진행 중이다. 헌법재판소가 입법과정에 참여하는 것이 상례화되었고, 법률의 제정행위에 한계를 설정하고 정책결정 구조를 재설정해 주며, 심지어 법률안 초안작업에까지 영향을 행사한다(Sweet, 2000 : 2–3). 또 사법심사의 광범위한 영향력 증대로 정치

적 논쟁을 일으킨 사건들이 다수의 시민에 의해 선출된 의원들에 의해서보다 판사들의 결정에 의해 종결되는 경향을 보이고 있다(Guarneri & Pederoli, 2002).

11. 양건(2007)은 정치의 사법화 이러한 추세는 한국 사회에만 국한된 것이 아니라 전 세계적으로 사법통치(juristocracy)의 경향마저 보이고 있음을 지적하고 있다.

12. 대표적으로 1996년 5 · 18 특별법 사건(헌재1996.2.16. 96헌가2 등), 2004년 대통령 탄핵사건(헌재2004.5.14. 2004헌나1), 1990년의 국가보안법 사건(헌재19904.2. 89헌가113) 등이 있다.

13. 1987년 이래의 헌정체제에서 1988년 총선부터 네 번의 선거에서 대통령 소속정당이 과반수의석 확보에 실패하는 이른바 여소야대 정국이 양산되었다. 예외적으로 2004년 4월 총선에서 집권당이 의회의 다수의석을 차지했지만 이는 직전에 있었던 탄핵정국의 여파로 인한 특수상황의 소산이라고 할 수 있다. 이듬해 있었던 2005년 4 · 30 재보선에서 다시 분점정부로 돌아갔다.

14. 좀더 자세한 논증이 필요하지만 현행 헌법의 헌법재판소 재판관들의 구성방식에 따르면, 재판관들은 불가피하게 정치적 당파성을 가질 수밖에 없다고 보는 것이 지배적이다. 구체적인 논증에 대해서는 박재형(2009)을 참고.

15. 특히 미국 헌법의 사법심사제도가 반다수결주의이며 궁극적으로 반민주적인가라는 쟁점은 오랜 동안 논쟁이 되어 왔다(Grey, 1975 ; Ely, 1980 ; Bork, 1990 ; Belz, 1998).

16. 헌정주의와 민주주의의 관계에 대한 다양한 논의에 관해서는 Elster & Slagstad(1988)을 참고.

17. 많은 학자들이 이에 대한 논의를 전개한 바 있다(ex. 김용호, 2003 ; 김영태, 2004 ; 강원택, 2003 ; 이준한, 2003).

18. 특히 헌법재판관의 자격 및 임명방식을 변경하는 방안이 논의의 핵심이 되고 있다. 양건(2007)은 헌법재판관 자격을 법관 자격을 가진 자로 한정하는 데서 오는 문제점을 지적하며 법관자격이 없는 법학교수를 헌재 재판관 자격을 인정하는 것을 신중하게 고려하고 있다. 또 임명방식에 있어서도 재판관의 민주적 정당성의 토대가 취약하며, 대법원장에게 3명의 지명권을 줌으로써 헌법재판소가 대법원보다 하위에 있는 듯한 인상을 주는 문제점을 지적하고 있다.

19. 헌법 제정과정에 대한 주권자로서 시민의 참여가 절대적으로 중요하다. 헌법정치가 갖는 엘리트주의를 넘어 국민, 시민이 참여를 통해 민주주의를 방전시키는 헌법민중주의 또는 헌법시민주의(constitutional populism)가 하나의 대안이 될 수 있다(박명림, 2005 : 81). 박명림은 공급자 중심의 헌법 논의 구조가 아닌 수요자 중심의 헌법 논의 구조로의 전환이 있어야 하며, 시민사회, 정당, 국회의 논의를 결합하는 3중 헌법 개혁과정이 필요하다고 주장한다(박명림, 2005 : 82).
20. 물론 현행 국적법도 적법한 절차를 거친 경우에 한국인과 결혼한 외국인과 그 자녀들에 대해서 한국 국적의 취득을 인정하고 있다. 그러나 나와 남의 구별, 그리고 "우리"의 조건이 될 수 있는 요소들에 대한 국민적 합의 없이 단순히 적법한 절차를 거치기만 하면 시민권을 부여하는 현행 국적법의 시민권 접근 태도는 잠재적으로 사회적 갈등의 소지를 안고 있다. 시민권의 인정은 곧바로 우리 헌법이 보장하고 있는 국민으로서의 정치적·경제적·사회적 권리를 보장하겠다는 것이고, 이는 불가피하게 사회적 비용을 수반하는 일이기 때문이다.
21. 권력구조와 관련된 개헌 논의에서 추가적인 쟁점은 국무총리제 존속 여부 혹은 부통령제 부활 문제, 입법부의 양원제 채택 여부, 헌법재판소 재판관의 구성문제 등이 있다.

참고문헌

강경근. 2000. “사이버 스페이스에서의 기본권.” 『헌법학연구』 제6권 제3호.

강원택. 2003. “바람직한 선거제도의 개혁방안.” 『한국정당학회보』 제2권 2호.

______. 2005. 『한국의 정치개혁과 민주주의』. 인간사랑.

권영설. 2006. 『헌법이론과 헌법담론』. 법문사.

김영태. 2004. “17대 국회의원 선거의 공천제도와 공천과정.” 『한국정당학회보』 제3권 2호.

김용철. 2007. “개헌 논의 체제의 민주화 : 민주화 이후 개헌 논의를 중심으로.” 『정치정보연구』 제10권 2호.

김용호. 2003. “한국 정당의 국회의원 공천제도.” 『의정연구』 제15호.

김혜진. 2005. “헌정체제의 변화와 개헌의 정치과정.” 『한국 정치학회 춘계학술대회 논문집 – 한국 민주주의와 헌정제도의 재디자인 II』.

나인균. 1994. “한국헌법의 영토조항과 국적문제.” 『헌법논총』 제5집. 헌법재판소.

도회근. 1998. “북한 주민의 헌법상 지위에 관한 연구.” 『헌법학연구』 제4권 제2호.

박명림. 2005. “한국 헌법과 민주주의 : 무엇을, 왜, 어떻게 바꿀 것인가?” 함께하는 시민행동 편. 『헌법 다시보기 : 87년 헌법, 무엇이 문제인가』. 창비.

박성우. 2006. “민주주의와 헌정주의의 갈등과 조화 : 미국 헌법 해석에 있어서 원본주의 논쟁의 의미와 역할.” 『한국 정치학회보』 제40집 3호.

______. 2007. “민주주의와 헌정주의의 갈등과 조화 : 고대 그리스적 맥락에서의 세가지 대안의 검토.” 김영민 외 편. 『21세기 헌정주의와 민주주의』. 인간사랑.

서경석. 2006. “헌법 개정의 논의구조.” 『민주법학』 제31호.

양 건. 2007. “87년 헌법의 운용상 특징과 헌법 개정 문제 : 사법통치 및 분할정부

현상을 중심으로." 『법학논총』 제24집 2호.
이승우. 2007. "헌법 개정의 필요성과 그에 따른 헌법 개정의 방향." 『공법학연구』 제8권 제1호.
이준한. 2003. "국회의원 후보선출의 방법과 과정에 대한 비교연구." 『의정연구』 제9권 제1호.
장영수. 2005. "헌법 개정의 의미와 방향." 『고려법학』 제44호.
장명봉. 1997. "영토조항을 근거로 북한주민도 한국국민으로 본 대법원 판결(96누1221, 이영순 사건)에 대한 평가." 『헌법학연구』 제3집.
정진민. 2004. "한국 대통령제의 문제점과 극복방안." 진영재 편. 『한국 권력구조의 이해』. 나남출판.
최우정. 2007. "사이버 민주주의의 실현조건으로서의 사이버 기본권의 모색." 『사이버커뮤니케이션학보』 통권 제23호.
최장집. 2004. "민주주의와 헌정주의 : 미국과 한국." 로버트 달. 『미국 헌법과 민주주의』. 후마니타스.
홍윤기. 2005. "국민헌법에서 시민헌법으로." 함께하는 시민행동 편. 『헌법 다시보기 : 87년 헌법, 무엇이 문제인가』. 창비.

Belz, Erman. 1998. *A Living Constitution or Fundamental Law? : American Constitutionalism in Historical Perspective*. Lanham : Rowman & Littlefield.
Bork, Robert H. 1990. *The Tempting of America : The Political Seduction of the Law*. New York : Simon & Schster.
Elster, J. & R. Slagstad. eds. 1988. *Constitutionalism and Democracy*. Cambridge : Cambridge University Press.
Grey, Thomas C. 1975. "Do we have an unwritten constitution?" *Standford Law Review*. Vol. 30.
Guarneir, Carlo and Patrizia Pederzoli. 2002. *From Democracy to Juristocracy? The Power of Judegs : A Comparative Study of Courts and Democracy*. Oxford University Press.
Habermas, J. 2001. "Constitutinal Democracy : A Paradoxical Union of Contradictory Principles." *Political Theory*. Vol. 29. No. 6.
Holmes, Stephen. 1988. "Precommitment and the Paradox of Democracy." in *Constitutionalism and Democracy*. eds. J. Elster and R. Slagstad, Cambridge : Cam-

bridge University Press.

Holmes, Stephen. 1993. "Gag Rules or the Politics of Omission." in Jon Elster and Rune Slagstad, eds. *Constitutionalism and Democracy : Studies in Rationality and Social Change*. Paris : Cambridge University Press.

Kun Yang. 1993. "Judicial Review and Social Change in the Korean. Democratizing Process." *American Journal of Comparative Law* 41 : 1.

Linz, Juan J. and Alfred Stepan. 1996. "Toward Consolidated Democracies." *Journal of Democracy* 26 : 2. pp. 14–33.

Maravall, Jose & Adam Przeworski. ed. 2003. *Democracy and the Rule of Law*. Cambridge : Cambridge University Press.

Schmitter, Philippe C. 1995. "Organized Interests Democratic Consolidation in Southern Europe." in Richard Gunther, p. Nikiforos Diamandouros, and Hans–Jürgen Puhle. eds. *The Politics of Democratic Consolidation : Southern Europe in Comparative Perspective*. Baltimore : Johns Hopkins University Press.

Sweet, Alec Stone. 2000. *Governing with Judges : Constitutional Politics in Europe*. Oxford University Press.

Tom Ginsburg. 2003. *Judicial Review in New Democracies*. Cambridge University Press.

Ran Hirschl. 1985. "Towards Juristocracy : The Origins and Consequences of the New Constitutionalism." in John Henry Merryman. *The Civil Law Tradition : An Introduction to the Legal Systems of Western Europe and Latin America*, 2nd Edition. Stanford, CA : Stanford University Press.

제6장

헌법에 대한 최종해석권 귀속 문제와 헌법 개정 논란

_차동욱

I. 서론

1987년 이후 진행된 민주화 과정에서 한국의 정치는 새로운 현상들을 경험하였다. 그 중 대표적인 것이 1987년 9차 개헌헌법에 의해 창설되어 그 업무를 시작한 헌법재판소가 애초의 예상과는 달리 헌법의 실효성 확보에 있어서 적극적인 역할을 시작한 것이다. 헌법재판소는 헌법에 보장된 기본권의 내용들을 구체화시킴으로써 국민들의 기본권 수호 의식을 고취시키고, 그 결과 입헌민주주의를 정착시키는 데 주도적 역할을 해왔다. 이러한 헌법재판소의 부상은 헌법재판소에 헌법에 대한 최종해석권이 부여되어 있다는 전제로부터 출발한다.

헌법에 대한 최종해석권을 갖고 있다는 것은 무엇을 의미하는가? 일단 헌법에 대한 유권해석 권한의 귀속을 의미할 것이다. 그렇다면 헌법재판소만이 헌법에 대한 유권해석 권한을 갖고 있다는 말인가? 달리 말하면 대통령, 국회, 법원 등은 헌법에 대한 유권해석 권한이 없다는 의미인가? 그렇지 않다. 헌법 제72조에 규정된 국민투표부의권의 요건, 제76조 긴급재정경제명령권과 긴급명령권의 요건 등에 대한 1차적 유권해석 권한은 대통령에게 있다. 또한 헌법 제40조가 입법권은 국회에 속한다고 선언함으로써 입법과정에서 법률의 합헌성 여부에 대한 1차적 유권해석 권한은 국회에게 있다. 헌법 제107조 제2항이 명령·규칙 또는 처분이 헌법이나 법률에 위반되는 여부가 재판의 전제가 된 경우에는 대법원이 이를 최종적으로 심사할 권한을 가진다고 규정함으로써 대법원에게는 헌법에 대한 최종적 유권해석 권한의 일부를 부여하고 있다. 그리고 헌법 제1조 제2항에서 주권재민원칙을 선언함으로써 주권자인 국민에게 헌법에 대한 유권해석 권한이 있음은 당연하다 할 것이다.

그렇다면 왜 헌법재판소가 헌법에 대한 최종해석권자이자 헌법의 최고수호자로서의 지위를 확보하게 된 것일까? 단지 헌법규정 때문만은 아니라 할 수 있다. 그 주된 이유는 한국의 정치사 속에서 찾아야 한다. 민주화 이전 권위주의 정권 하에서는 사법부가 국가권력의 횡포로부터 국민의 기본권을 보호하는 역할을 제대로 수행하지 못함으로써 사법부의 정치적 중립성에 대한 불신이 한국 사회에 깊게 뿌리내리는 원인이 되었다. 그러한 배경 속에서 헌법재판소라는 헌법해석만을 위한 특별사법기관이 등장하였고, 민주화 이후 짧은 기간 내에 권위주의 정권들이 양산해 놓은 위헌적인 법률들을 폐지시키는 데에 있어서 주도적 역할을 했다. 그러나 그것만으로는 헌법재판소의 정치적 부상을 설명할 수 없다.

헌법재판소의 급격한 부상은 민주화 이후에 나타난 잦은 정치적 교착상태와 그 교착의 원인이 된 정치분쟁들의 종착지가 헌법재판소였다는 사실에 의해 설명되어야 한다. 국민에 의해 선출된 대통령이 같은 민주적 정당성을 보유한 국회와 정책형성 및 추진과정에서 경쟁 및 대립을 하며 정치적 교착상태가 초래되는 경우가 빈번해졌다. 87년 헌법 하에서 나타난 대표적 특징은 교착상태를 초래한 분쟁사안들이 헌법소송의 형태로 변하여 헌법재판소에서 해결점을 찾게 되는 상황이 벌어졌다는 점이다. 기존의 사법부에 대한 불신이 제대로 해소되기도 전에 제 정치세력들이 정치권에서 해결하지 못한 사안들을 헌법재판소로 들고 가기 시작한 것이다. 그렇다면 헌법재판소는 헌법에 대한 최종해석권자로서의 명성만을 유지·강화시켜 왔는가? 만약 헌법재판소가 그토록 헌법해석을 잘 해왔다면 현재 정치권과 학계에서 제기되고 있는 개헌 논의는 정치전술의 하나이거나 현실성 없는 관념적 논란에 불과할 것이다. 왜냐하면 헌법을 바꿀 필요 없이 미국의 연방대법원처럼 헌법재판소가 그 내용을 채워나가거나 시대변화에 맞게 변경해 가면 될 것이기 때문이다.

개헌에 대한 논의를 다루고 있는 이 책에서 헌법재판소를 논하는 이유는 현행 헌법이 설정해 놓은 헌법재판의 틀을 유지하며 사회의 변화를 수용하기 힘들어졌다고 판단하기 때문이다. 이 글은 현행 헌법재판제도의 의의와 문제점에 대해 평가하고 타당한 제도적 개선안을 제시함을 그 목적으로 한다. 87년의 9차 개헌 이후 집권세력이 바뀔 때마다 개헌은 항상 공약의 중심에 있었고, 가장 지켜지지 않았던 공약이었다. 가장 큰 이유는 개헌 논의의 중심이 항상 권력구조 개편의 문제였기 때문이다. 그리고 그러한 개헌 논의의 부당성을 지적하는 이들은 개헌 논의의 중심이 국민의 권리보장 및 확대의 문제로 옮겨가며 사회의 전반적인 논의로 확대되어야 한다고 주장하고 있다. 이러한 움직임의 가장 큰 걸림돌은 역설적으로 헌법재판소의 존재이다.

사실 걸림돌이란 표현은 적절한 것은 아니다. 왜냐하면 그동안 헌법재판소는 현행 헌법의 권리규정들에 풍부한 의미를 부여하며 국민의 권리신장에 큰 역할을 해왔기 때문이다. 그럼에도 불구하고 헌법의 권리규정들이 모호하다거나 불완전하다는 이유와 더불어 헌법재판소의 제도적 · 기능적 한계를 지적하며 한 단계 업그레이드된 권리규정들이 새로이 삽입되어야 한다는 주장이 꾸준히 제기되어 왔다. 그리고 그러한 논의는 결국 헌법의 의미에 대해 최종 판단을 하는 헌법재판소가 앞으로도 다양한 사회세력들의 기대에 부응하며 그 기능과 역할을 제대로 수행할 수 있을 것인가에 대한 논의로 연결될 수밖에 없다.

이 글은 그러한 논의가 체계적으로 이루어지기 위한 토대를 마련하고자 한다. 그러한 작업을 위해 다음의 순서로 글을 진행시키고자 한다. 첫째, 헌법에 대한 최종해석권의 귀속 문제와 민주주의 정치원리와의 관계를 살펴볼 것이다. 이를 헌법재판의 종주국이라 할 수 있는 미국의 사법우월주의 논의와 관련시켜 논함으로써 사법기관인 헌법재판소에 헌법에 대한 최종해석권을 부여하는 것이 왜 적절한 선택이었는가에 대해 설명하도록 하겠다. 둘째, 헌법재판제도의 핵심이라 할 수 있는 위헌법률심판제도의 기능과 현행 헌법 하에서의 문제점을 분석할 것이다. 특히 현행 위헌법률심판제도가 국민의 권리구제라는 기능을 충실히 수행하고 있는지에 초점을 맞추어 논의를 진행할 것이다. 그 과정에서 현재 헌법재판소법 개정과 관련하여 논란이 되고 있는 변형결정의 타당성에 대한 검토도 같이 진행할 것이다. 셋째, 헌법재판소의 역할을 두드러지게 하는 데 가장 큰 공헌을 했다고 할 수 있는 헌법소원제도의 현황과 그 문제점에 대한 논의를 진행할 것이다. 특히 헌법소원제도와 관련하여서는 현행 법제상 가장 큰 문제로 지적되고 있는 재판소원 금지에 대한 논의에 초점을 맞출 것이다. 넷째, 개헌 논의와 관련하여 전문가들 사이에서는 끊임없이 대립이 지속되어 온 헌법재판권 귀속 문제에 대한 논의를 진행할 것이다. 공식적 입장으로 표명된 바는 없지만 헌법재판소의 존재를 과도기적인 것으로 보고 대법원에 헌법재판권을 귀속시키려는 논리를 소개하고 그에 대한 반론을 제기할 것이다. 다섯째, 헌법재판소의 구성과 조직, 그리고 재판관 자격에 관한 현행 제도의 문제점과 그 개선방안을 제시할 것이다.

II. 헌법의 최종해석권과 사법우월주의

1) 정치적 맥락 속에서의 사법우월주의 평가

사법우월주의는 미국 헌정주의에 있어서 복음과도 같다. 미국의 헌정주의를 사법우월주의 레짐(regime)으로 불러도 반대할 학자는 그다지 많지 않을 것이다. 세계에서 가장 강력한 사법권을 행사하는 것으로 알려져 있는 연방대법원을 보유하고 있는 미국 사회의 일반인들 사이에서도 사법우월주의가 당연한 것으로 여겨져 왔다고 해도 과언은 아닐 것이다. 하지만 논리적 정합성을 중시하는 법학자들은 사법우월주의와 관련하여 경험적 보편성에만 의존할 수 없었고, 규범적 타당성을 논증해내야만 했다. 규범적 논증 노력의 당연한 귀결로서 많은 헌법학자들은 사법우월주의를 헌법에 대한 정확한 해석을 통해 이해할 수 있다고 여겨왔다. 그들은 다음과 같은 질문을 던지고 해답을 찾으려고 했다. 헌법에 대한 사법적 해석은 현재 심리를 하고 있는 분쟁을 넘어서서 그 효력을 미칠 수 있는가? 다시 말하면 다른 정치기관들이 자신들의 독립적 권한행사를 할 때 법원의 헌법해석을 존중할 의무가 있는가 하는 것이다. 이러한 질문은 민주주의 정치체제에서 법관이 사법심사 권한을 행사할 수 있어야만 하는 근거와 연계되면서 그 근거를 찾으려는 노력들이 진행되어 왔던 것이다.

사법심사(Judicial Review)는 사법우월주의(Judicial Supremacy)를 전제로 시행되는 제도이지만 최근 들어 이러한 전제가 반드시 현실과 일치하지는 않는다는 비판적 해석도 제기되고 있다.[1] 사법심사는 법원이 의회나 대통령의 권한행사를 헌법에 위배된다는 이유로 무효화할 수 있는 권한을 갖는 제도이고, 사법우월주의는 법원이 헌법에 대한 최종해석 권한을 가짐으로써 의회나 대통령의 헌법해석에 우선하는 것을 의미한다. 따라서 사법우월주의가 전제되지 않고서는 사법심사의 제도를 운영하는 것은 현실적으로 어렵다고 볼 수 있다.

미국의 경험은 어떠했는가? 연방대법원이 사법우월주의의 토대 위에서 그 스스로 창설한 사법심사 권한을 수단으로 헌법에 대한 최종해석 권한을 행사해 왔지만, 사법심사 권한의 범위는 사법우월주의보다는 사법자제(judicial self-restraint)의 논리 주위를 맴도는 수준에 머물러 왔다고 볼 수 있다. 사법심사가 전문가 집단인 법원에 의한 헌법의 정확한 해석이라는 점에서 그 판결의 정당성이 확보되기는 하지만, 법관들은 선출된 공직자들의 정치적 결정을 뒤집기보다는 현행 법의 실효성을 보장하는 방향으로 헌법을 해석해야 한다는 논리가 대세를 유지해 왔던 것이다. 사법우월주의를 규범적 시각에서 옹호하자면 헌법도 법이므로 법원이 헌법에 대한 최종해석 권한을 갖는 것은 당연하다는 논리일 것이다. 그렇다면 왜 사법자제의 논리가 대세를 이루어 왔는가? 그러한 당위적 권한행사가 정치적 분란을 일으키고 법원에 부담을 주기 때문이다. 규범적 시각을 고수하는 학자들에게 부담스러웠던 것은 헌법의 정확한 의미에 대한 합의가 이루어지지 않고 있다는 점이었으며, 따라서 헌법을 어떻게 해석할 것인가에 있어서 법관들의 이념적 선호도를 완전히 배제시킨 채 법 그 자체를 집행하기 위한 헌법해석을 도출하기에는 어려움이 많다는 점이다.

결국 법관들 역시 다른 정치행위자들과 헌법의 정확한 의미를 두고 경쟁을 해야 하며, 이것은 부인할 수 없는 현실인 것이다. 따라서 사법우월주의의 문제는 법적 문제가 아니라 정치적 문제이고, 그 현상 진단이나 해결책 모색도 정치적이어야 된다. 그러나 규범적 접근을 하는 학자들은 사법우월주의가 법과 법원에 관련된 문제이기 때문에 규범적 논의의 틀 속에서 진행시켜야 한다는 입장을 고수하고 있다. 이러한 규범과 현실의 불일치 속에서 해답을 찾으려고 하다 보니 역설적으로 사법우월주의 개념은 규범적 정당성이 쉽게 입증될 수 있는 사법심사 자체에 대한 심도 있는 분석에서보다는 경쟁하는 정치행위자들의 헌법해석과 관련되어 사용된다.

사법우월주의에 대한 규범적 논의는 한계를 가질 수밖에 없다. 왜냐하면 사법우월주의의 정당성 자체가 의회나 대통령의 법원 결정에 대한 존중에 의존할 수밖에 없기 때문이다. 결국 사법우월주의에 관한 논의는 정치적 맥락을 완전히 벗어나 규범적 맥락에서만 논의할 수 있는 것은 아니게 된다. 그렇다면 사법우월주의가 의회나 대통령과 마찰을 일으키는 것이 단지 상호 간의 존중 결여 때문인가 아니면 구조적인 것인가가 문제된다. 상호 간의 존중의 문제라면 관습규범으로 해결할 수 있지만 구조적인 것이라면 헌정위기의 가능성이 상존하게 된다는 문제가 남게 된다. 사법우월주의가 국가정책 결정에 어떠한 구조적 영향을 끼치는가는 다음의 도식을 통해 볼 수 있다. 사법부가 "판단한" 입법부 헌법해석 권한의 범위와 입법부 스스로 판단한 권한의 범위가 다르다고 가정해 보자. 가능한 시나리오는 다음과 같다.

시나리오 1 :

사법부가 판단하는 의회의 헌법해석 권한의 범위는 X,

입법부가 생각하는 스스로의 헌법해석 권한의 범위는 X+1이라면,

헌법에 부합하는 공공정책의 범위는 X가 될 것이다.

사법우월주의에 의해 헌법에 부합하는 의회의 정책결정 권한이 X로 제한되기 때문이다.

시나리오 2 :

사법부가 판단하는 의회의 헌법해석 권한의 범위는 Y,

입법부가 생각하는 스스로의 헌법해석 권한의 범위는 Y-1이라면,

헌법에 부합하는 공공정책의 범위는 Y-1가 될 것이다.

사법부가 판단하는 입법부의 권한이 Y로 입법부 스스로 판단하는 권한 Y-1보다 넓더라도, 사법부는 입법부가 Y-1의 범위에서 결정한 정책의 헌법합치성만 판단해주면 되기 때문이다.

결국 사법우월주의에 의하면 어느 경우에나 헌법에 합치되는 대의제 기관의 정책형성의 범위가 좁아지게 되는 결과가 초래된다. 즉 대의기관인 입법부의 재량범위가 좁아진다는 것이다. 이것이 타당한 것인가? 이러한 문제를 해결하기 위해 연방대법원의 관할권을 제한하는 방안도 생각해 볼 수 있다. 그 헌법적 근거로는 연방헌법 3조 2항의 다음 조문이 거론될 것이다. 미연방대법원은 "연방의회가 정하는 예외의 경우를 제외하고 연방의회가 정하는 규정에 따라 법률문제와 사실문제에 관한 상소심의 재판관할권을 가진다." 즉 연방의회가 얼마든지 연방대법원의 관할권을 조정할 수 있다는 것이다. 그러나 이러한 해결책은 사실상 연방대법원의 사법심사 권한을 무력화시키는 결과를 가져올 수 있다. 즉 사법부와 입법부의 견제와 균형의 구도가 무너지기 때문이다. 결국 입법조치를 통한 규범적 해결은 정치적 부작용과 더불어 규범적 원리마저도 훼손할 수 있다는 것이 된다. 다시 말하자면 정치적 맥락 속에서 사법우월주의의 현황과

문제점을 진단하고 해결책을 찾아야 한다는 것이다.

사법우월주의는 현재 미국 헌법이론에 깊이 반영되어 있으며, 보수와 진보 양 정치세력에 의해 대체적으로 받아들여지고 있다. 사법우월주의는 1803년에 연방대법원이 내린 말버리 대 매디슨 사건(Marbury v. Madison)으로부터 시작되는 것으로 알려져 있다.[2] 말버리 대 매디슨 사건에서 마샬(Marshall) 연방대법원장은 다음과 같은 논리구성으로 헌법에 명문규정이 없음에도 불구하고 연방대법원에 입법부의 법률에 대한 사법심사 권한이 있다고 주장했다. 마샬에 따르면 법해석은 사법부의 업무요 책임이다. 개별 분쟁에 특정한 법을 적용하기 위해서는 그 법을 해석하여야 한다. 만약 의회에서 만든 실정법률이 헌법에 저촉된다면 법원은 헌법을 무시하면서 문제의 법률을 적용할 것인지 아니면 헌법을 존중하여 그 법률의 적용을 거부할 것인지를 결정해야 한다. 이것은 사법부의 핵심적 임무이다. 마샬은 이 점에서 헌법초안자들이 사법부를 어떠한 기관으로 고안했는지가 명백해진다고 하였다.

2) 사법우월주의의 정치적 기초

앞에서 논의한 바와 같이 사법우월주의에 대한 규범적 이해 및 정당화는 그것이 갖는 정치구조상의 문제를 해결하는 데 있어서 한계를 가질 수밖에 없다. 정치적 맥락 속에서 이해할 때에만 해결을 위한 토대를 마련할 수 있는 것이다. 위팅톤은 그러한 문제인식 하에 규범학적 전통으로부터 벗어나 정치행위자들이 사법적 권위를 존중하게끔 하는 조건들을 찾아내고, 왜 미국에서 사법우월주의로 특징지어지는 레짐(regime)이 형성되었는가를 추적했다(Whittington, 2007). 위팅톤은 법관들과 다른 정치행위자들과의 관계에 영향을 미치는 서로 다른 맥락을 구분하기 위해 스코브로넥이 발전시킨 "대통령 권한 모델"을 적용했다. 스코브로넥에 따르면, 먼저 정치적 영향력이 약화되어 소멸되어 가는 세력에 대항하며 효과적인 도전을 하게 되는 대통령들을 유형화해낼 수 있는데, 이런 유형의 대통령들을 "재건형"(reconstructive)이라 하였다(Skowro-nek, 1997). 이 유형의 대통령들은 현 정책을 고수하며 저항하는 구체제와 투쟁하고 때로는 구체제를 존속시키려는 사법부와도 대결했다. 이러한 대통령들은 미국 사회에 중요한 인식의 변화를 가져온 대통령들로 그 수가 그다지 많지는 않은데, 그 예로는 제퍼슨, 잭슨, 링컨, 루즈벨트, 레이건 등이 있다. 이러한 유형 모델에 기초하여 위팅톤은 이 유형의 대통령들이 "부문주의"(部門主義, departmentalism)의 시각을 갖고 있다고 보았다. 즉 헌법 하의 각 권력기관은 동등한 헌법해석 권한이 있으며, 대통령이 사법부의 헌법해석에 도전할 수 있는 것은 헌법이 대통령에게 부여한 고유 권한이라는 것이다.

문제는 대다수의 미국 대통령들이 "재건형"이 아니었다는 점이다. 다수의 미국 대통령들은 헤게모니를 가진 정치세력의 헌법해석에 의해 제약을 받았으며, 그러한 지배적인 헌법해석의 틀 안에서 구체적인 의미를 찾기 위해 사법부를 포함한 정치세력들과 경쟁해야만 했다. 위팅톤은 이러한 정치적 맥락에서 정치세력들은 사법부의 권한 확장을 지향하는 동기를 갖게 된다고 주장하고 있다. 그는 현재의 정치 지배세력들이 법관직을 늘리고 법관들의 관할권을 확장함으로써 그들과 동맹을 맺은 사법부의 권한을 확대시키고 증가된 정치적 힘을 이용해서 자신들에게 도전하는 세력들을 약화시켜 나가는 과정을 설명하고 있다.

나아가 위팅톤은 법관들이 그들의 정치적 동맹세력들이 분열되고 국정을 장악하지 못했을 때 독자적으로 현존하는 체제의 유지를 위해 주도적 역할을 한 경우도 분석하고 있다. 그는 이러한 분석을 통해 법관과 정치행위자들의 상호작용이 사법부 권한의 민주적 정당성을 확립하기 위한 충분조건이 되지 못한다는 것을 제시하고, 나아가 사법부가 현재의 지배세력과 제휴함으로써 발생하는 문제들을 규명하는 정치적 이해를 넘어서고자 했다. 다시 말하면 법관들은 오직 지배세력과 제휴할 때에만 효과적으로 권한을 행사할 수 있다는 정치기속(政治羈束)적 개념에서 벗어나게 된 것이다. 정치행위자들이 자신들의 이익을 관철시키기 위해 법관들에게 광범위한 권한을 부여하는 경향도 관찰되지만, 법관들은 정치적 상황에 따라 그렇게 부여된 권한을 독립적으로 자신들의 목적을 위해서 사용한다는 것이다.

정리하자면 위팅톤의 분석은 미국의 헌정주의가 사법우월주의 레짐을 형성하게 된 이유를 두 가지로 설명하고 있다. 첫째, 미국의 법관들은 사법부의 헌법해석 권한에 제약을 가하는 "재건형" 대통령보다는 사법부의 권한을 강화시킬 동기를 갖고 있는 정치행위자들과 상호적으로 협조하는 경우가 많았다. 둘째, 협조적이거나 사법부의 눈치를 봐야 하는 대통령이 집권했을 경우 제 정치세력들이 헌법의 확정적 의미에 관하여 경합하는 경우가 많았기 때문에 사법부는 헌법에 대한 최종해석 권한을 사용하여 주도적 입지점을 굳힐 수 있었다.

3) 인민헌정주의 사법우월주의

앞에서 논의한 위팅톤의 분석은 미국 헌정주의의 발전과정에서 사법우월주의가 어떠한 정치적 환경 속에서 안착해 왔는가에 대한 것이었다면, 크레머의 분석은 미국 헌정주의를 지탱해 온 사법우월주의를 그 헌정주의의 출발점에서부터 비판한다(Kramer, 2004). 크레머가 진단한 미국 헌정주의의 문제점은 다음과 같다. 최근 한 세기 동안 미국인들은 정치의 영역과 법의 영역이 분리되는 것을 경험해 왔다. 정치의 영역은 인민(people)이 지배하지만 법의 영역은 법관을 포함한 훈련된 법률가들이 지배해 왔다. 헌법은 법의 영역에 속한다는 이유로, 인민은 자신과 사회구조의 한계 때문에 근본적 질문들에 대해 답을 제시해 줄 헌법적 담론형성의 과정으로부터 배제되어 왔다. 이것이 미합중국 건국의 정신에 위배된다는 것이다.

크레머는 인민주권(Volkssouveränität, popular souvernity)이야말로 미국의 건국이 가져다 준 가장 큰 선물이라고 평가하고 있다. 궁극적인 주권권력은 의회와 같은 인조(人造)된 기관이 아니라 인민 자신들에게 귀속된다는 것이 인민주권의 의미이다. 크레머에 따르면, 건국의 지도자들 중 일부는 인민주권을 하나의 허구인 것처럼 취급했으며, 이렇게 인민주권을 무시하는 태도가 건국 초기 첫 10년간 일어났던 정치적 분쟁들의 씨앗이 되었다.

크레머는 그 한 예로서 1790대 토마스 제퍼슨이 이끄는 반연방주의자들과 연방주의자들 간의 갈등을 들고 있다. 갈등의 시작은 영국과의 전쟁과정에서 프랑스의 원조를 요청하도록 인민들이 연방주의 정부에 압력을 가하면서부터였다. 연방주의자들은 인민들이 일단 투표권을 행사하여 자신들의 대표자를 선택한 후에는 그 대표들로 구성된 정부를 지지하고 복종해야 한다고 믿었다. 따라서 그들은 인민들이 집회를 열고 애덤스 정부가 친영정책을 고수하는 것에 대해 비판하는 것은 부당한 권력행사라고 주장했다. 이러한 인민과의 정치적 대립상태에서 연방주의자들은 당시의 반정부 움직임에 대항하여 1798년 의회에서 "외국인 규제 및 선동금지법"(Alien and Sedition Act)을 통과시킴으로써 연방정부에 대한 비판을 범죄화하였다. 나아가 연방주의자 판사들은 피고인이나 배심원들이 이 법의 위헌성을 문제 삼는 것을 금지시켰으며, 오직 사법부만이 위헌 여부를 검토할 수 있다고 선언하였다.

크레머는 이렇게 사법부에게 헌법에 대한 최종해석 권한을 부여하는 것은 미국 건국의 정신에 위배되는 것이라고 주장한다. 왜냐하면 "인민헌정주의"(popular constitutionalism)야말로 미국 헌법담론의 근본규범이기 때문이다. 미국 건국 시기에 인민들은 권력을 남용하는 관리에 대해 탄원서를 제출하거나 자발적으로 군중집회에 참가했으며, 배심원으로서 법의 무효를 선언하거나 중요한 문제의 논의를 위해 회의를 소집했다. 그들은 헌법의 해석자로서 활약해 왔던 것이다. 크레머는 보스턴 차 사건(Boston Tea Party)을 그 예로 제시하고 있다.

인민들의 비판과 자발적 참여를 통한 민주적 통제를 탐탁지 않게 여긴 연방주의자들은 인민헌정주의의 전통에 등을 돌리게 되었다. 1800년 선거에서 반연방주의자들이 승리했음에도 불구하고 연방법원은 연방주의자들의 요새로 남게 되었으며, 종신제 연방주의자 법관들로 구성된 연방법원을 거점으로 사법우월주의의 복음을 전파하기 시작했다.

사법우월주의의 기원과 관련하여 그 정치적 배경을 분석하고 있는 크레머의 설명과정에서 흥미로운 것은, 말버리 대 매디슨 사건에서 연방대법원이 헌법에 대한 최종해석 권한을 갖게 되었다고 강조하는 기존의 설명과 다르게 이 사건의 의미를 연방대법원이 분쟁을 해결할 때 헌법을 참조할 수 있다는 것으로 제한하였다는 점이다. 왜냐하면 당시 미국에서 정치권력에 대한 지배적인 사상은 인민주권이었기 때문이다. 미국은 영국으로부터 독립했기 때문에 주권이론도 영국식 이해에 기반하고 있었다. 그 당시 영국은 주권이 의회에 귀속되어 있었으며, 의회의 최고성(the supremacy of the Parliament)이 관철되고 있었다.

의회가 최종적 주권자라는 것은 법률을 만들거나 폐지할 권한은 의회가 지니고 있다는 것과 동시에 그 과정에서 필요한 헌법에 대한 최종해석 권한도 의회에게만 귀속된다는 것을 의미한다. 크레머에 따르면, 미국은 주권개념에 대해서는 영국의 이해를 받아들였지만 주권의 최종귀속자에 대해서는 다른 선택을 하였다. 주권은 최종적으로 인민에게 귀속된다는 것이다. 연방대법원이 말버리 대 매디슨 판결에서 천명한 것은 권한을 분배받은 3부는 헌법적 임무를 수행할 때 인민의 의사인 헌법을 참조해야 한다는 것이었다. 따라서 만약 마샬이 진정으로 선언한 것이 연방대법원의 헌법에 대한 최종해석 권한이었다면 제퍼슨 대통령이 인민주권에 위배되는 행위임을 근거로 마샬을 연방감옥으로 보냈을 것이라는 것이 크레머의 주장이다. 결국 말버리 대 매디슨 판결에서 마샬의 의견은 당시 제퍼슨과 그의 공화민주당원들이 선호하던 "부문주의"를 설명한 것에 불과하다는 것이다.

그렇다면 인민주권이 미국 건국정신의 핵심이고, 그러한 인민주권으로부터 "부문주의"가 자연스럽게 도출되는데 왜 "부문주의"의 발전이 이루어지지 않았는가? 크레머에 따르면 그것은 바로 민주정부와 대의제 기관에 대한 불신 때문이었다. 애덤스와 그를 따른 연방주의자들처럼 보통 사람들보다 월등한 지식을 갖춘 엘리트들은 보통 사람들로 이루어진 군중에 의해 좌지우지되는 민주정부에 깊은 우려를 갖고 있었으며, 그러한 변덕스러운 군중심리에 의해 지배되는 민주주의의 폐단으로부터 선출되지 않은, 그러나 최고의 지성을 갖추고 있는 법관들이 미국 사회를 지켜내야 한다고 믿었던 것이다. 결국 당시의 지식인 엘리트들은 건국의 아버지들이 구상했던 공화국보다는 플라톤의 공화국을 선택했던 것이다.

크레머의 분석을 요약하자면, 사법우월주의는 미국의 건국정신인 인민헌정주의에 위배되는 엘리트주의로서 헌법의 아버지들의 의사에도 반하는 것이다. 크레머의 해석은 연방대법원의 사법적극주의를 정당화하는 측면도 있지만 이와 동시에 연방대법원에 대한 민주적 통제를 강화시킬 수 있는 근거도 제공하고 있다. 크레머는 말버리 대 매디슨 사건을 "부문주의"에 입각하여 이해하고 있기 때문에 그의 의도가 사법심사제도의 폐지에 있다고는 볼 수 없다. 사법심사제도는 그 자체로 중요한 의미가 있으며 미국의 정치제도에 필요한 것이다. 하지만 인민헌정주의에 입각하여 연방대법원에 대한 민주적 통제를 강화시킨다는 것은 연방대법관의 임기를 종신제에서 임기제로 바꾸고 연방대법관에 대한 탄핵요건을 완화시키며 의회에 의한 연방대법원 관할권의 통제를 가능하게 하는 근거로 작용할 수 있다.

4) 헌법재판의 정치적 성격과 사법우월주의의 현실적 필요성

헌법의 최종해석권을 법원에 부여하는 사법우월주의가 인민헌정주의에 위배되는 엘리트주의라는 크레머의 분석은 최근 한국의 정치학계와 헌법학계에서 제기되고 있는 '사법의 정치화' 현상과 일맥상통하는 면이 있다. 헌법재판소가 지나치게 정치에 개입하는 것을 견제하는 것은 대의제 민주주의론자들에게는 당연한 것이다. 그리고 주권자의 최고 의사인 헌법에 의해 권한이 배분된 각 권력기관은 동등한 헌법해석 권한이 있다는 "부문주의"의 원칙적 타당성은 권력분립의 원칙 하에서 당연히 받아들일 수밖에 없다.

그럼에도 불구하고 헌법의 본질상 사법우월주의는 필요하다. 규범적인 이유에서가 아니라 현실적·정치적 이유에서 더욱 그러하다. 헌법은 그 의미와 내용이 이미 완성되어 있어서 전통적 규범해석 방법에 따라 법조문의 의미 및 내용을 정해진 대로 인지하기만 하면 되는 자기완결적 규범이 아니다. 헌법은 불확정성, 개방성, 추상성을 그 특징으로 한다. 따라서 헌법해석은 그 의미와 내용이 통상 일의적으로 확정되는 법률해석과는 본질적으로 다르다. 법률해석과는 구별되는 헌법에 고유한 해석방법을 고안하고 그것을 구체적 사실과 관련하여 현실화시키는 고도의 전문적 기술과 능력이 필요한 작업이다. 특히 헌법해석에 있어서 '고도의 전문적 기술과 능력'이 요구되는 이유는 정치적 맥락 속에서 규범의 실효성을 확보해내야 하기 때문이다.

규범의 실효성, 그것도 국가의 최고규범의 실효성은 한 기관에게 최종해석권이 주어졌을 때만 가능하다. "부문주의"의 동등한 해석권 개념은 가치 간의 경쟁이 치열하지 않고 가치들의 공존이 가능한 상황에서는 융통성을 발휘할 수 있기 때문에 그 타당성을 인정할 수 있으나 가치 간의 경쟁이 치열한 상황에서는 혼란만을 가중할 뿐이다. 그러한 혼란을 방지하기 위해 한 기관에게 최종해석권을 부여해야 한다는 데는 많은 사람들이 쉽게 동의할 수 있겠지만 문제는 왜 사법적 기관이어야만 하는가이다.

대표성이 없고 따라서 민주적 정당성이 결여된 사법적 기관에게 헌법에 대한 최종해석권을 부여하는 것은 일견 민주주의의 원칙에 반(反)해 보이지만 헌법재판제도는 순수한 이론적 산물이라기보다는 현실정치의 경험에서 나온 것이다. 헌법재판제도가 처음 생긴 것은 이미 살펴본 바와 같이 19세기 초의 미국에서이다. 제1차 세계대전 이후 오스트리아 등 몇 나라에서 실험적으로 헌법재판소라는 당시에는 신종의 사법기관을 설치하였지만 그 기능을 다하지 못하고 사라졌다. 그러나 제2차 세계대전 이후 파시즘과 나치즘 하에서 의회만능주의가 어떻게 민주주의를 파괴시킬 수 있는가를 뼈저리게 경험한 독일, 이탈리아 등을 중심으로 헌법재판제도가 다시 그 빛을 보게 되었고, 1970년대부터는 전 세계적으로 퍼져나갔다(Tate and Vallinder, 1995). 최근 민주화의 과정을 거치고 있는 동유럽의 구공산주의 국가들 및 제3세계 신생 민주국가들에 의해서 앞다투어 헌법재판제도가 그들의 새 헌법에 삽입되어 온 것도 같은 맥락에서 이해될 수 있다(Schwartz, 2000).

헌법재판의 의의는 종래 정치적 세력관계에 의하여 결정되었던 것들을 사법적 심사의 대상으로 끌어들였다는 데 있다. 의회 내의 정치적 세력관계 속에서 다수결 원리에 의하여 결정되었던 사항들이 이제는 헌법재판의 대상이 되어 사법적 판단을 통해 그 내용적 정당성을 확인받게 된 것이다(장영수, 2009 : 49). 헌법재판의 타당성은 정치적 결정의 토대가 되는 권력투쟁의 당파성과 선동적 동원에 의한 일방성이 사법적 판단을 통해 여과되고 순화되어 보편적 동의를 획득할 수 있는 가능성을 열어준다는 데에 있다. 물론 불확정적·개방적·추상적으로 주어져 있는 헌법규범의 의미와 내용을 '구체화' 해내는 과정에서 헌법재판관의 가치정향이 결정 속에 녹아들어 갈 여지를 완전히 배제할 수는 없다. 즉 헌법재판이 '정치작용' 으로 변질될 가능성을 부정할 수는 없다. 그러나 헌법재판의 묘미는 바로 규범과 정치가 뒤섞인 헌법적 사안을 힘의 정치에 의존해 결론짓지 않고 법적 논리에 의해 뒷받침되는 법적 논증에 근거하여 결론을 찾는다는 데에 있다.

그렇기 때문에 헌법재판은 심사기준인 헌법과 심판대상이 갖는 정치성에도 불구하고 당사자 적격, 심판의 이익, 재판관의 독립, 일반 소송법 절차의 준용 등 사법작용으로서의 기본적 특성을 구비해야만 하는 것이다. 헌법해석이 순전히 정치적인 판단에만 의존해야 한다면 국민으로부터 직접적으로 민주적 정당성을 획득한 국회에 의해 제정된 법률을 헌법에 의해 간접적으로 민주적 정당성을 획득한 것에 불과한 헌법재판관들이 심판하는 것은 논리모순이라 할 것이다. 그러나 위팅톤의 분석이 제시하는 것처럼 제 정치세력들이 헌법의 확정적 의미에 관하여 경합하는 경우가 많은 정치현실 속에서 사법부가 헌법에 대한 최종해석 권한을 갖게 되는 것은 필연적인 정치현상이었다.

이렇게 헌법재판이 갖는 정치적 성격이 역설적으로 사법우월주의의 타당성을 뒷받침해 주므로 그러한 헌법재판의 특수성에 주목하고, 동시에 일반 법원의 재판과 헌법재판의 차이를 인식한다면 독립된 헌법재판소가 필요함은 새삼스럽게 힘들여 입증할 필요가 없을 것이다. 그리고 현재 우려의 대상이 되고 있는 '사법의 정치화' 문제도 헌법재판의 정치적 성격에 대한 오해에서 비롯된 측면이 강하다는 것을 보여줄 것이다. 헌법재판이 갖는 사법작용으로서의 성격이 중요하지 않은 것은 아니다. 그 성격을 잘못 이용하고 있는 것이 현재 '정치의 사법화' 현상이다. 정치영역에서 정치적 논리와 방식에 의해 합의점을 찾는 것이 더 바람직한 사안들이 자꾸 헌법재판소로 찾아드는 것이다. 이는 국민의 대표로 선출된 자들의 직무태만이요 직무유기라 할 수 있다. 한편 바로 이러한 '사법의 정치화'나 '정치의 사법화' 현상을 근거로 현재의 독립적 헌법재판기관인 헌법재판소를 폐지하고 대법원에 헌법재판부를 두는 방안 등이 일부에서 제기되고 있다. 그 부당성은 뒤에서 논의하도록 하겠다.

III. 위헌법률심판제도의 기능과 현행 헌법 하에서의 문제점

1) 위헌법률심판제도의 유형과 권리구제의 실효성

현행 헌법의 위헌법률심판제도는 국회가 제정한 법률이 헌법에 위배되는지의 여부를 헌법재판소가 심사하고, 만일 헌법에 위반되는 것으로 판단하는 경우에는 그 법률의 효력을 상실시키도록 하고 있다. 또한 정당정치를 축으로 정치과정이 이루어지고 있는 현실에서 정략적이고 당파적인 입법을 방지하고 소수자의 헌법상 권리를 보호하는 기능을 하고 있다. 위헌법률심판제도는 주관적인 권리보호와 더불어 객관적 헌법질서의 보장을 위한 제도이다. 왜냐하면 반드시 기본권 침해를 그 요건으로 하지 않고 법률이 헌법에 위배되는지의 여부가 중요한 판단의 대상이 되기 때문이다. 이러한 객관적 헌법질서의 의미와 내용이 그것의 정치적 배경에도 불구하고 법적 논리에 의해 뒷받침되는 법적 논증에 의하여 형성된다는 점에 위헌법률심판의 묘미가 있다고 할 수 있다.

위헌법률심판제도의 유형은 먼저 심판의 주체를 기준으로 분류해 볼 수 있다. 첫째, 일반법원형은 헌법재판을 위한 별도의 국가기관을 설치하지 않고 일반법원에서 법률을 적용하는 과정의 일부로 위헌법률심판을 인정하는 것이다. 이것이 현재 대법원 내부의 일각에서 제기되고 있는 헌법재판제도 개선안이다. 그 부당성은 뒤에서 논하도록 하겠다. 현재 우리가 선택하고 있는 헌법재판소형은 헌법재판을 전담하는 전문법원인 헌법재판소에서 위헌법률심판을 담당하도록 하는 것이다. 그 외에 사법기관이 아닌 정치적 기관에서 위헌법률심판을 담당하는 정치기관형이 있는데, 1공화국이나 5공화국 헌법에 그 설치 근거가 만들어졌던 헌법위원회가 그 예이다. 역사적 경험이 말해주듯이 정치기관형은 활동이 없었고 그럴 수밖에 없었다. 왜냐하면 정치기관과 사법작용의 메커니즘을 이용하는 헌법재판은 본질적으로 어울리지 않기 때문이다.

주체보다는 심사시기(법률의 효력발생 이전이냐 이후냐에 따라)에 따라 분류하는 것이 세계 각국의 헌법재판제도를 비교하는 데 더 적절하다. 심사시기에 따라 분류하면 사전적 규범통제제도와 사후적 규범통제제도로 나눌 수 있다. 사전적 · 예방적 규범통제는 법률의 공포 이전에 합헌성을 심사하는 제도로서 프랑스에서 채택되고 있는 위헌법률심판의 방식이다. 사후적 통제에는—구체적 사건의 발생 여부에 따라—추상적 규범통제와 구체적 규범통제제도가 있다. 추상적 규범통제는 구체적인 쟁송사건과 관계 없이 법률 그 자체의 위헌 여부를 추상적으로 심사하고, 위헌으로 판단될 경우 그 법률의 효력을 일반적으로 무효화하는 제도로서 독일이 이를 채택한 대표적 국가이다. 반면에 구체적 규범통제는 구체적 소송사건을 심리 · 판단함에 있어서 법률의 위헌 여부가 문제되는 경우에 적용 법률의 합헌성을 심사하고, 위헌으로 판단될 경우 그 법률을 적용하지 않는 제도로서 미국이 이러한 위헌법률 심판방식의 대표적 국가이다.

현행 헌법 제111조는 '법원의 제청에 의한 법률의 위헌 여부 심판'이라고 규정하여 구체적 규범통제제도를 채택하고 있음을 선언하고 있다. 그러나 기본권이 침해된 이후에 헌법재판을 통하여 권리를 구제하는 것보다는 오히려 구체적으로 권리침해가 발생하기 전에 이를 방지하는 것이 더 적극적인 기본권 보호라는 관점에서 추상적 규범통제제도를 부분적으로라도 도입해야 할 것이다. 왜냐하면 법률이 공포된 뒤에 사후적으로 규범통제를 하게 되면 경우에 따라서는 회복할 수 없는 법익의 침해와 헌법위반이 발생할 여지가 있기 때문이다. 헌법재판소가 해석을 통하여 공포 후 시행 전의 법률에 대해서도 기본권 침해가 충분히 예측 가능한 경우에는 침해의 현재성을 인정함으로써 추상적 규범통제의 가능성을 열어두고 있기는 하다.[3] 그러나 해석만으로는 부족하고 헌법 개정을 통해 위헌법률심판을 추상적 통제와 구체적 통제로 이원화하는 것이 필요하다. 이원화를 주장하는 이유는 추상적 규범통제제도만을 도입하고 구체적 규범통제제도는 폐지해 버리면 위헌법률심판이 전적으로 정치논리에 의해서 장악될 가능성이 있기 때문이다.

2) 변형결정의 효력 문제

헌법재판소법 제47조 제1항은 "법률의 위헌결정은 법원 기타 국가기관 및 지방자치단체를 기속한다"고 규정하고 있다. 이와 관련하여 대법원은 문리적 해석을 하여 헌법재판소가 내리는 '위헌결정'만이 기속력을 가지고 한정위헌과 같은 변형결정은 법원을 기속하지 않는다고 보고 있다. 즉 대법원은 "헌법재판소의 한정위헌결정은 법원의 법률해석권에 대한 견해표명에 불과하므로 법원을 기속하지 않는다"고 했다.[4] 이에 반하여 헌법재판소는 한정위헌결정을 따르지 않는 재판도 헌법소원의 대상이 된다고 판시하면서 "위헌결정에는 단순위헌결정은 물론 한정합헌, 한정위헌결정과 헌법불합치결정도 포함되고, 이들은 당연히 기속력을 갖는다"고 보고 있다.[5)]

이러한 갈등과 대립은 현행 헌법 하에서 대법원과 헌법재판소의 각자의 관할범위와 우열관계가 모호하게 해석되고 있는 데서 기인한다. 헌법규정은 양 기관의 우열을 정하지 않고 동일한 헌법기관으로 규정하고 있다. 양 기관의 재판대상은 겉보기에는 헌법규정상 잘 분리되어 있는 것으로 보인다. 헌법 제107조는 법률에 대한 위헌심사권과 명령·규칙·처분에 대한 위헌심사권을 분리하여 각각 헌법재판소와 대법원에 귀속시키고 있다.

문제는 헌법재판소가 헌법재판소법 제45조에 "헌법재판소는 제청된 법률 또는 법률조항의 위헌여부만을 결정한다"라고 규정되어 있음에도 불구하고 한정위헌, 한정합헌, 헌법불합치와 같은 소위 변형결정을 관행적으로 해오고 있다는 점에 있다. 예를 들면 한정위헌의 경우에는 위헌·합헌 여부를 명시하지 않고 해당 조문을 어느 조건으로 해석하는 경우에 한하여 위헌이라는 식으로 결정하고 있다. 이에 대하여 대법원은 헌법재판소가 '~라고 해석하는 한 위헌' 이라는 '한정위헌' 결정을 내리는 것은 법을 해석하려 하는 것이고, 이는 법을 해석하고 집행하는 법원의 권한을 침해하는 것이라는 입장을 확고히 고수하고 있다. 따라서 헌법재판소가 한정위헌결정한 사건에 대하여 그 해석을 따르지 않고 그 결정취지에 반하는 판결을 선고하고 있는 것이다.

대법원과 헌법재판소의 충돌은 1990년 법무사법 시행규칙 위헌결정으로 시작되어 1996년 소득세법 제23조 제2항에 대한 한정위헌결정, 2001년의 국가배상법 2조에 대한 한정위헌결정 관련 사건등을 거치며 점점 첨예해졌으나 2001년을 기점으로 헌법재판소가 변형결정을 자제하면서 잠시 소강상태를 나타냈다. 그러던 것이 2009년 2월에 상속세법 제18조 제1항에 대하여 대법원은 합헌으로 해석하여 적용하고 헌법재판소에서는 한정위헌의 판단을 함으로써 양 기관의 충돌이 다시 재점화되고 있다. 헌법재판소법 제45조에 변형결정을 명시하도록 하자는 헌법재판소법 개정안이 국회에서 발의되었지만 대법원에서는 명백한 반대입장을 표명하고 있는 상황이다.

변형결정은 입법에 의해 공식화되어야 한다. 대법원의 반대입장은 관할권 충돌의 문제에서 비롯되기도 하지만 헌법재판의 정치적 기능에 대한 이해부족으로부터도 비롯된다. 변형결정을 이용한 정치·사회변화의 수용은 의회에서의 복잡하고 때로는 충돌을 일으키는 절차를 생략하고 점진적으로 정치적 부담을 피하며 이루어질 수 있다. 예를 들면 국가보안법을 생각해 보자. 국가보안법을 폐지해야 된다는 목소리는 높아가고 있지만 분단현실에서 그 실현 가능성은 매우 낮다. 그러나 헌법재판소가 변형결정을 통해 국가보안법의 인권침해 소지를 계속 줄여나간다면 국가보안법 폐지론자들이 주장하는 국가보안법의 위험성은 크게 감소할 것이다. 물론 대법원이 헌법재판소의 변형결정을 인정하지 않음으로써 국가보안법에 대한 헌법재판소 결정들이 그 실효성을 확보하지 못하고 있지만, 헌법재판소법 개정을 통해 입법적으로 변형결정을 공식화하면 순기능으로서의 변형결정의 정치적 기능이 잘 활용될 수 있을 것이다.

IV. 헌법소원제도의 현황과 그 문제점

1) 재판소원 금지와 그 문제점

헌법재판소법 제68조 제1항은 "공권력의 행사 또는 불행사로 인하여 헌법상 보장된 기본권을 침해받은 자는 법원의 재판을 제외하고는 헌법재판소에 헌법소원심판을 청구할 수 있다"고 규정함으로써 명문으로 "법원의 재판"을 헌법소원심판의 대상에서 제외하고 있다. 이렇게 헌법재판소법 제68조 제1항이 재판에 대한 헌법소원을 원칙적으로 허용하고 있지 않기 때문에 법원의 판결 또는 결정이 헌법에 반하는 경우 헌법적 통제의 사각지대에 놓이게 된다. 민주적 정당성을 가지는 국민 대표기관인 국회에서 만든 법률도 헌법재판의 대상이 되는데, 민주적 정당성을 결여하고 있는 법원의 행위가 헌법적 통제범위 밖에 있다는 것은 앞뒤가 맞지 않는다(조홍석, 2008 : 310).

헌법소원은 국민이 헌법상 보장된 기본권의 침해에 대해 최후적·보충적으로 헌법재판소에 기본권 구제를 시도하는 제도이다. 그렇다면 국민이 침해된 기본권의 구제를 위해 일차적으로 동원해야 할 수단은 법원의 재판이다. 논리적으로 법원의 재판을 통해 완벽한 기본권 구제가 이루어진다면 헌법소원제도는 불필요할 것이다. 그러나 법원의 재판을 통한 국민의 기본권 구제가 완벽하지 않고 또 완벽할 수 없는 것이기 때문에 헌법소원제도가 존재하는 것이 아닌가? 따라서 법원의 재판을 전면적으로 헌법소원의 대상에서 제외하는 헌법재판소법 제68조 제1항은 헌법소원을 둔 헌법의 취지에 부합한다고 보기 어렵다.

헌법재판소가 위헌으로 결정한 법령을 법원이 계속 적용함으로써 국민의 기본권을 침해한 재판의 경우,[6] 또는 법률해석 문제에 대하여 법원의 확립된 판례가 형성되어 법률해석 문제가 법률조항 자체에 대한 위헌성 문제로 된 경우[7]에 예외적으로 재판소원을 인정하고 있기는 하다. 그러나 헌법소원의 요건으로 "보충성의 원칙"에 따라 법원의 재판을 거칠 것을 명하면서 반대로 법원의 재판을 거친 사건에 대해서는 헌법소원을 인정하지 않는 것은 분명한 모순이다. 재판소원의 금지로 인해 헌법소원이 가능한 국가작용의 범위가 일방적으로 법원의 판례변경에 종속되기도 한다. 예를 들면 과거 법원은 교수재임용 거부처분에 대해 행정소송의 대상이 되는 행정처분이 아니라는 일관된 입장을 취하다가 헌법재판소가 이를 헌법소원의 대상으로 인정한[8] 얼마 후 행정처분성을 인정하기 시작했다.[9] 그로 인해 교수재임용 거부처분에 대해서는 더 이상 헌법소원을 제기할 수 없는 결과를 가져왔다. 이것은 두 가지 상반된 의미를 갖는다. 첫째, 법원이 교수재임용 거부처분을 행정처분으로 인정하여 법원에서 권리구제를 받을 수 있는 길이 열렸다는 것이다. 둘째, 그러나 법원의 판단에 불복할 경우 헌법재판소로 갈 수 있는 길은 닫혀버렸다는 것이다. 이 상반된 결과는 결국 재판소원을 금지했기 때문에 초래된 것이다.

입법론적으로 헌법재판소법 제68조 제1항의 '법원의 재판을 제외하고는' 이라는 문구를 삭제하고 위헌소원제도를 규정하고 있는 동법 제68조 제2항을 폐지할 필요가 있다. 재판소원의 허용이 현재 계속되고 있는 대법원과 헌법재판소의 갈등을 법제적으로 해결하는 가장 확실한 방법이다. 재판소원을 허용해야 헌법재판소를 중심으로 사법의 통일성이 확보되고 변형결정이나 명령·규칙에 대한 위헌·위법심사 등과 관련된 양 기관의 갈등을 근원적으로 해소할 수 있을 것이다.

문제는 이렇게 될 경우 헌법재판소가 실질적인 4심이 되는가에 대한 논란을 해결해야 한다. 헌법재판소가 4심으로서 기능한다는 비판은 헌법재판의 의미를 제대로 이해하지 못한 소치이다. 앞에서도 지적했듯이 헌법재판의 묘미는 바로 규범과 정치가 뒤섞인 헌법적 사안을 힘의 정치에 의존해 결론짓지 않고 법적 논리에 의해 뒷받침되는 법적 논증에 근거하여 결론을 찾는다는 데에 있다. 대법원의 법률해석과는 차원을 달리하는 규범해석 기술이 필요한 영역이다. 대법원이 기관이기주의로 대립각을 세울 문제가 아니라고 본다.

다른 한편으로 소송의 폭주와 더불어 적체가 일어나는 것을 방지할 수 있는 제도적 보완장치가 필요하다. 그 개선안으로 미국의 연방항소법원에서 이용하고 있는 'En Banc' 시스템을 도입하는 것이 적절할 것이라고 생각한다. 즉 현재 운영하고 있는 3인으로 구성되어 있는 지정재판부에서 하던 요건 심사는 헌법재판연구관들로 구성된 요건심사위원회에서 판단하고, 기존의 지정재판부는 본안 판단만을 하되 3인 중 1인이라도 9명 전체가 듣기를 원할 때에만 9인의 전체회의에서 심사를 하도록 하는 것이다.

2) 헌법소원 대상으로서의 명령 · 규칙

헌법 제107조 제2항에 의하면 "명령 · 규칙 또는 처분이 헌법이나 법률에 위반되는 여부가 재판의 전제가 된 경우에는 대법원은 이를 최종적으로 심사할 권한을 가진다"고 규정하고 있다. 헌법재판소는 특히 명령 · 규칙에 대한 위헌 · 위법심사와 관련하여 헌법소원의 형식으로 명령 · 규칙에 의한 기본권의 침해를 구제받으려 할 경우에는 헌법소원의 요건, 특히 기본권 침해의 직접성 요건이 충족된다는 전제 하에 헌법소원의 대상으로 인정하고 있다.[10] 헌법재판소의 명령 · 규칙에 대한 위헌 · 위법심사권은 헌법소원심판을 통한 실질적인 기본권 보장의 강화라는 측면에서 긍정적으로 평가될 수 있다.

그러나 문제는 헌법재판소가 명령 · 규칙에 대하여 제한된 범위에서나마 실질적인 위헌심사권을 행사함으로써 대법원과 헌법재판소 사이에 관할권 중복 및 명령 · 규칙의 합헌성 여부에 관한 해석의 불일치가 생긴다는 것이다. 헌법재판소가 계속해서 명령 · 규칙에 대한 헌법소원심판을 해옴에 따라 이를 둘러싼 대법원과 헌법재판소의 갈등이 계속되고 있다.

헌법재판소는 헌법 제107조 제2항이 '재판의 전제가 된 경우'라고 규정하고 있기 때문에 행정부에서 제정한 시행령이나 시행규칙 등이 별도의 집행행위를 기다리지 않고 직접 기본권을 침해한 경우에 그것이 재판의 전제가 되지 않았다면 당연히 헌법소원의 대상이 된다고 보고 있다.[11] 다시 말하자면 재판의 전제가 된 경우에는 대법원이 관할권을 가지고, 재판의 전제가 되지 않은 경우에는 명령 · 규칙에 대한 심판권을 헌법재판소가 가진다는 것이다. 그러나 이러한 헌법재판소의 견해를 거부할 법적 근거를 대법원은 가지고 있다.

현행 헌법 제107조 제2항은 대법원이 명령·규칙에 대한 위헌·위법심사에 있어서 '최종적' 심사권을 갖는다고 인정하고 있다. 따라서 대법원은 헌법 제107조 제2항의 '최종적' 심사권의 의미를 대법원이 법원 심급 내에서 뿐만 아니라 헌법재판소와의 관계에서도 명령·규칙에 대하여 '최종적으로 심사할 권한'을 갖는 것으로 보고 있다. 대법원과 헌법재판소가 별도의 헌법기관이며, "사법권은 … 법원에 속한다"라고 규정한 헌법 제101조 제1항과 대법원을 최고법원으로 규정한 동조 제2항, 헌법 제107조 제2항의 '최종적'이라는 문구 등의 해석에 따라 현행 헌법 하에서 명령·규칙에 대한 위헌·위법심사권은 법원에 전속되므로 명령·규칙에 대한 헌법소원은 인정되지 않는다고 주장하고 있다. 이 문제와 관련하여 헌법 제107조 제2항에서 명시하고 있는 대법원의 '최종적 심사권'은 법원조직 내부에서의 최종적 심사권으로 이해하는 것이 합리적이라는 주장(장영수, 2009 : 60)이 있지만, 그러한 주장은 미봉책에 불과하고 근본적으로 헌법 개정을 통해 해결할 문제라 할 것이다.

V. 헌법재판권의 귀속 문제

앞에서 언급한 바와 같이 '사법의 정치화'나 '정치의 사법화' 현상을 근거로 현재의 독립적 헌법재판기관인 헌법재판소를 폐지하고 대법원에 헌법재판부를 두는 방안 등이 일부에서 제기되고 있다. 이 입장은 기본적으로 헌법재판소의 존재를 과도기적인 것으로 판단하고 대법원에 헌법재판권을 귀속시키는 것이 헌법재판제도를 정상화하는 것이라고 본다. 이는 법원의 일각에서 제기되고 있고(최희수, 2008 : 177) 나름대로 설득력을 얻고 있는 견해이다. 구체적으로는 대법원이 헌법재판소의 기능을 모두 흡수하되 대법원 내에 일반재판부와 구별되는 헌법재판부를 설치하는 방안과 고등상고부 설치를 전제로 별도의 재판부를 설치함이 없이 하나의 전원합의부에서 관장하도록 하는 방안이 제시된 바 있다.

최고의 헌법·법률 해석기관은 통일성이 그 생명이며, 현재와 같은 이원적 사법체계 하에서는 입법적 개선이나 운영에 한계가 있을 수밖에 없어서 헌법재판기능은 대법원에 귀속되는 것이 맞는다는 것이 주된 논리이다. 법률의 내용이 주로 위임입법을 통하여 구체화되고 있는 현실에서 헌법재판소의 위헌법률심사권과 대법원의 위헌명령·규칙심사권이 자주 충돌하는 것은 분명히 법적 안정성을 해하고 많은 혼란을 야기할 것이다. 법률의 위헌심사권한이 법원의 재판권과 분리되는 것은 부적절하다는 논리에는 어느 정도 수긍할 수 있다. 그러나 헌법수호 면에서 헌법재판소보다는 대법원이 유리하다는 자화자찬은 받아들일 수 없다.

대법원이 과거 권위주의적 통치구조 하에서 헌법재판권한이 있었음에도 불구하고 그것을 통한 국민의 기본권 보장에 소극적이었던 것은 잘 알려진 사실이다. 그리고 그러한 대법원의 소극적 태도에 대한 반성으로 헌법재판소를 도입하게 된 것이다. 일본의 경우 최고재판소가 위헌심사권을 가지고 있으면서도 그 사용이 거의 없었다는 점은 대법원으로의 헌법재판권 귀속에 대한 가장 중요한 비교법제적 반대의 근거이다. 대법원이 헌법재판권을 행사하게 될 경우 헌법재판의 실효성이 다시 저하될 우려는 크다고 생각한다. 왜냐하면 대법원에게 헌법재판권을 부여하는 것은 헌법재판의 정치적 본질을 외면하는 것이기 때문이다.

VI. 헌법재판소의 구성과 조직 및 재판관 자격

헌법재판소의 구성 및 조직과 운영방식을 개선해야 한다는 의견들은 끊임없이 제기되어 왔는데, 그 중 대표적으로 거론되는 문제점은 헌법재판관의 자격에 관한 실정법상의 제한이다. 현행 헌법 제111조 제2항은 헌법재판관으로 임명되는 자는 법관의 자격을 가지고 있어야 한다고 명시하고 있다. 헌법재판소법 제5조 제1항은 헌법상 규정된 자격요건을 더욱 구체화하여 헌법재판관의 자격을 15년 이상의 법조경력을 가진 40세 이상의 법관자격자로 한정시켜 놓고 있는데, 이러한 자격요건상의 제한 때문에 그 구성상 전문성과 다양성이 결여되어 있다는 비판을 끊임없이 받아왔다. 사실 헌법재판관의 자격요건은 각국의 헌정사적 경험에 따라 달라질 수 있다. 하지만 헌법재판이 헌법 자체의 추상성과 모호성으로 인해 순수한 의미의 법적 해석만으로는 불가능하고 법을 넘어선 사회 전반의 상황에 대한 고려가 불가피하게 관련될 수밖에 없음이 현실이다.

법관의 자격이 있는 자로 헌법재판관의 자격을 제한함으로써 비롯되는 문제점이 2기 재판소에서부터 드러난 것으로 보인다. 2기 재판소는 1기 재판소보다 부진했던 것으로 평가받는다. 그 이유로는 두 가지가 거론되는데, 표면적인 이유로는 5 · 18 불기소 등 주요한 정치적 사건들을 처리함에 있어서 미숙함을 드러냈다고 평가받지만 내부적으로는 재판관들이 비슷한 성향이어서 토론이 치열하지 못했다는 점도 지적되고 있다(이범준, p. 277).

토론의 결여는 헌법재판소의 판결이 만장일치로 나오지 못하고 보충의견과 반대의견 등 소수 의견들로 가득 차게 되는 사태로까지 이어질 수 있음을 간과해서는 안 된다. 이럴 경우 헌법재판소 결정의 내용 자체에 대한 혼란이 야기된다. 따라서 헌법재판관 9인 중 3인은 반드시 헌법학과 관련 사회과학 학자들로 구성되어야 할 것이며, 특히 헌법재판소장은 인근 사회과학 교육 및 연구경력도 함께 갖춘 원로 헌법학자가 적절할 것이라고 본다. 왜냐하면 앞으로 헌법재판소장의 리더십은 더욱 요구될 것이며, 그러할 경우 헌법과 함께 다양한 분야에 대한 전문성이 리더십의 기반이 될 것이기 때문이다.

헌법재판관의 자격요건 제한 문제와 더불어 끊임없이 제기되어 온 또 하나의 문제는 대통령, 국회, 대법원장이 각각 3명씩 선출 또는 지명하여 이를 대통령이 임명하는 삼권 분립의 원칙에 따랐다는 3부의 나눠 먹기식 인선인데, 이에 대하여 그 민주적 정당성이 결여된다는 비판이 계속되어 왔다. 물론 헌법에 관한 최종 · 최고의 해석권한을 부여받음으로써 삼부(三府) 위에 군림할 수도 있는 잠재력을 가지고 있는 제4부의 구성원을 선출 또는 임명할 수 있는 권한을 삼부에 공평하게 분배하여, 권력분립의 원칙에 충실함으로써 그 헌법적 정당성을 확보하고 있는 듯 보이도록 한 것을 전혀 무의미한 것으로 평가할 수는 없다. 문제는 이렇게 임명된 이들이 헌법재판관으로서 헌법재판에 참여할 때 그들의 임명권자의 정치적 이념에 부합하는 판결을 이끌어내려고 노력하면 어떻게 할 것인가이다. 이러한 상황이 벌어질 경우, 사법기관으로서의 정치적 독립성이라는 측면에서는 그 제도적 정당성에 타격을 받게 될 것이다.

따라서 가장 타당한 선출방식은 학계와 법조계의 전문가들로 구성된 헌법재판관 선출회의에서 전문성을 기준으로 재판관 후보들을 선출한 뒤 국회에서 청문회를 거쳐 임명동의를 하는 것이라 생각한다. 여기서 국회에서의 임명절차를 요구하는 이유는 민주적 정당성을 보완하기 위한 것이 아니라 헌법재판이 때로는 정치적으로 민감하고 심각한 논란을 야기하는 사안들을 다루어야 할 때가 있는데, 그럴 때 얼마나 적절히 잘 처리할 수 있겠는가를 국회에서의 청문회 절차와 임명동의 절차를 거치게 함으로써 시험해 볼 수 있기 때문이다.

VII. 결론

지금까지의 헌법재판소 결정들의 경향을 보면, 제1기 재판부는 과거 권위주의 체제 하에서 양산되었던 비정상적인 입법의 청산을 그 주된 업무로 했던 반면에, 그 후 제2기부터 현재의 제4기 재판부는 국회의 입법권한을 통제하는 기능을 강화하는 모습을 볼 수 있다. 흥미로운 점은 초기에는 생소한 기관인 헌법재판소가 포괄적 헌법통제를 전담하는 기관으로서 막강한 위헌법률심사권한을 적극적으로 행사하는 것이 당연하게 받아들여졌고, 오히려 시간이 흐르면서 헌법재판소가 주도하는 포괄적 헌법통제에 대해 문제제기가 이루어 졌다는 것이다[차동욱, 2006(b) : 202].

민주화의 공고화 단계에 접어들면서 절차적 민주주의를 통한 자유의 보장 문제를 넘어서 분배를 통한 평등의 문제가 중요 사안으로 떠오르게 되고, 그에 따라 헌법에 대한 최종해석권자로서의 헌법재판소의 지위가 찬사와 비난이 엇갈리는 속에서 불안정한 모습을 보여왔다. 헌법소송을 통해 승부를 가리려는 정치세력들은 헌법재판소가 관련 사건을 심리하는 동안 끊임없이 헌법재판 과정에 영향을 주기 위한 정치·사회적 압력을 조직화하였다. 그리고 헌법재판소의 최종결정이 자신들의 이해관계에 반하는 결과를 가져올 시에는 헌법재판의 존재의의에 대해서까지 의문을 제기하는 등의 도전을 서슴지 않았다(차동욱, 2008 : 266-7). 20년이 비록 짧은 세월은 아니지만 그동안 길러온 우리 헌법재판소의 체력으로서는 감당하기 힘든 짐을 지우고 있는 상황인 것이다.

대한민국을 OECD 회원국, 그리고 G20 개최국으로 급성장시킨 밑바탕에는 세계적으로 유례를 찾아볼 수 없을 정도의 급속도의 산업화와 민주화가 있다. 민주화 이후 한국 정치의 새로운 국면을 만들어낸 헌법재판소에게도 그 정도의 빠른 체력 강화를 기대할 수 있을까? 이 글에서의 주장의 핵심은 현재의 헌법재판소에게는 그 정도의 체력향상을 기대할 수 없으며, 현행 헌법이 설정해 놓은 헌법재판소의 구조 및 환경이 그 장애사유로 작용하고 있다는 것이다. 87년 헌법이 헌법재판소를 신설할 당시 헌법재판소가 오늘과 같은 정도의 역할을 담당할지는 몰랐다는 것이 일반적인 설명이다. 그렇기 때문에 87년 헌법에 의해 만들어진 헌법재판소의 골격으로는 현재의 시대적 요구를 감당할 수 없는 것이다. 그리고 헌법재판소의 역할 확대를 예측하지 못한 이유 중의 하나로 바로 헌법재판의 정치적 의미와 기능에 대한 이해가 부족했다는 점을 들 수 있다.

헌법재판의 정치성을 강조하는 것이 바로 사법의 정치화를 허용 내지는 옹호하는 것인가? 그렇지 않다. 헌법 그 자체가 국가의 정치적 골격을 규정짓는 법이고, 또한 근본이 되는 정치원리를 선언하는 법이다. 따라서 헌법적인 맥락에서 논란이 되는 사건은 그 본성상 정치적일 수밖에 없다. 그리고 그러한 사건에 대해 어느 편의 주장이 헌법적 원리에 부합하는가를 판단하는 헌법재판은 하나의 정치적 결단일 수밖에 없다. 물론 최종 판단에 이르는 과정을 법리로 논증해야 한다는 점에서 다른 정치적 판단과는 구별된다.

그러나 아무리 공공정책에 관한 논란을 헌법상의 법적 분쟁으로 탈바꿈시키려 해도 헌법적 판단의 결과가 결국은 승자와 패자를 가를 수밖에 없기 때문에 판결에 참여했던 헌법재판관들은 끊임없이 정치적이라거나 이데올로기적으로 편향된 결정을 내렸다는 비난에 시달릴 수밖에 없다. 특히 사회적으로 양극화가 심할 경우 헌법재판소의 판결이 한 집단의 이익을 다른 집단의 이익보다 우선케 하는 결과를 가져올 때에는, 그러한 판결에 대한 정치적·사회적 저항들이 헌법재판소의 제도적 정당성(institutional legitimacy)에 치명적인 상처를 주어 그 존립기반조차 위태롭게 하는 상황이 벌어질 수도 있다.

헌법재판소의 맷집을 길러주기 위해서 헌법재판소가 기능하고 활동하는 헌법의 틀을 바꿔줘야 한다. 이 글에서 제시하는 개헌 필요사항은 다음과 같다. 첫째, 헌법 개정을 통해 위헌법률심사를 추상적 통제와 구체적 통제로 이원화하는 것이 필요하다. 둘째, 현행 헌법 제107조 제2항은 대법원이 명령·규칙에 대한 위헌·위법심사에 있어서 '최종적' 심사권을 갖는다고 인정하고 있는데, 이를 삭제하고 위헌심사권을 헌법재판소로 일원화할 필요가 있다. 셋째, 헌법재판관으로 임명되는 자는 법관의 자격을 가지고 있어야 한다고 명시하고 있는 현행 헌법 제111조 제2항을 개정하여 자격제한을 없애야 한다. 넷째, 헌법재판관 임명방식을 학계와 법조계의 전문가들로 구성된 헌법재판관 선출회의에서 전문성을 기준으로 재판관 후보들을 선출한 뒤 국회에서 청문회를 거쳐 임명 동의를 하는 방식으로 바꿔야 한다.

주

1. 사법심사가 사법우월주의보다는 인민주권을 전제한다는 크레머의 논의는 Larry D. Kramer, *The People Themselves : Popular Constitutionalism and Judicial Review*, New York : Oxford University Press, 2004 참조.
2. 이 사건은 1800년 선거에서 연방주의자(Federalist)들이 토마스 제퍼슨(Thoma Jefferson)이 이끄는 공화주의자(Jeffersonain Republican)들에게 행정부와 의회를 모두 빼앗기게 되자 마지막 남은 연방대법원을 그 세력유지의 기지로서 이용하려다 법적 분쟁으로 발전한 사건이다. 연방주의 세력의 마지막 대통령이었던 존 애덤스(John Adams)는 선거에서의 패배 후 연방법원조직법(the Judiciary Act of 1789)을 개정하여 연방판사직 숫자를 늘린 뒤 연방주의자들로 이를 충원하여 연방법원을 장악하려 하였다. 그러나 불행하게도 그의 임기 마지막 날까지 연방의회의 인준을 이미 받은 임명장을 다 전달하지 못했고, 임명장을 못 받은 말버리(Marbury)가 애덤스 행정부에서 국무장관을 역임한 후 연방대법원장으로 임명된 마샬이 수장으로 있는 연방대법원에 제퍼슨 행정부의 제임스 매디슨 신임국무장관으로 하여금 임명장을 전달케 하도록 명령을 내릴 것을 요청하는 소송을 제기하였다. 여기에서 마샬은 심각한 딜레마에 빠졌다. 연방대법원이 문제된 임명장을 전달하도록 강제해도 제퍼슨 행정부가 그에 불복할 것임은 불을 보듯 뻔했고, 그렇다고 말버리의 합법적 요청을 묵살하면 사법부는 행정부와 입법부의 눈치나 보는 기관으로 간주되어 그 권위가 땅에 떨어질 것이 분명했다. 이러한 벼랑 끝의 상황에서 마샬이 내놓은 묘안은 말버리의 요청은 정당했지만 그가 제기한 소송을 가능케 했던 법률 자체가 헌법상 의회가 입법으로 연방대법원에 부여할 수 없는 관할권을 부여한 것이기 때문에 위헌이라는 논리구성을 하는 것이었다. 논리의 구성은 다음과 같다. 말버리가 제기한 소(訴)는 국무장관 매디슨에게 임명장을 전달하라는 직무집행

명령영장(Writ of Mandamus) 발부 청구의 소(訴)였다. 직무집행명령영장(Writ of Mandamus)은 1789년 제정된 법원조직법 13조에 규정되어 있던 것인데, 문제는 이 영장을 청구하는 소가 연방대법원을 원심으로 하는 원심관할권(Original Jurisdiction)에 속하는 것이라는 점이었다. 연방헌법에 의하면 연방의회가 입법을 통해 창설·변경·폐지할 수 있는 관할권은 항소관할권(Appellate Jurisdiction)뿐이므로 원심관할권을 입법을 통해 창설한 것은 위헌이라는 것이 마샬 대법원장의 논리였다.

3. 1994.12.29. 94헌마201.
4. 대법원 1996.4.9. 95누11405 ; 2001.4.27. 95제다14.
5. 헌법재판소 1997.12.24. 96헌마172 · 173(병합) ; 2003.2.11. 2001헌마386.
6. 헌법재판소 1997.12.24. 96헌마172 등 참조.
7. 헌법재판소 2008.7.31. 2004헌바81.
8. 헌법재판소 1993.5.13. 91헌마190. "세무대학장의 재임용 추천거부 행위와 같은 총·학장의 임용제청이나 그 철회는 행정기관 상호 간의 내부적인 의사결정 과정일 뿐 행정소송의 대상이 되는 행정처분이라고 볼 수 없다는 것이 대법원의 일관된 판례이므로 세무대학장이 청구인의 교수 재임용 추천을 하지 아니한 공권력 불행사의 위헌 여부를 다투는 청구인이 행정소송을 거치지 아니하고 바로 헌법소원심판을 청구하였다고 하더라도 소원심판청구의 적법요건인 보충성의 원칙에 반하지 아니한다."
9. 대법원 2004.4.22. 선고 2000두7735 : "기간제로 임용되어 임용기간이 만료된 국·공립대학의 조교수는 교원으로서의 능력과 자질에 관하여 합리적인 기준에 의한 공정한 심사를 받아 위 기준에 부합되면 특별한 사정이 없는 한 재임용되리라는 기대를 가지고 재임용 여부에 관하여 합리적인 기준에 의한 공정한 심사를 요구할 법규상 또는 조리상 신청권을 가진다고 할 것이니, 임용권자가 임용기간이 만료된 조교수에 대하여 재임용을 거부하는 취지로 한 임용기간 만료의 통지는 위와 같은 대학교원의 법률관계에 영향을 주는 것으로서 행정소송의 대상이 되는 처분에 해당한다."
10. 헌법재판소의 명령·규칙에 대한 헌법소원이 처음으로 대중적 주목을 받았던 것은 법무사법 시행규칙에 관한 헌법소원 사건이었다. 이 사건에서 헌법재판소는 "법무사법시행규칙(1990.2.26. 대법원규칙 제1108호) 제3조 제1항은 평등권과 직업선택의 자유를 침해하는 것이므로 헌법에 위반된다"고 판시하였다(헌법재판소 1990.10.15. 89헌마178 결정).

11. 1990.10.15. 89헌마178(대법원규칙) ; 1997.6.26. 94헌마52(대통령령) ; 1997.3.27. 93헌마159(총리령) ; 1993.5.13. 92헌마80(부령) ; 2000.6.29. 99헌마583(국회규칙) ; 1995.4.20. 92헌마264 ; 1998.10.15. 96헌바77(조례) 등.

참고문헌

김문현 외. 2005. "현행 헌법상 헌법재판제도의 문제점과 개선방안." 『헌법재판연구 16』.

이범준. 2009. 『헌법재판소, 한국 현대사를 말하다』. 궁리출판.

장영수. 2009. "규범통제의 본질에 비추어 본 대법원과 헌법재판소의 역할." 『고려법학』 55권. pp. 39–71.

조홍석. 2008. "제도적 관점에서 본 현행 헌법재판제도의 문제점과 개선방안." 『법과 정책연구』 8집 2호. pp. 309–327.

차동욱. 2008. "사법부." 한국정치학회 편. 『정치학 이해의 길잡이 : 정치학 핸드북 Vol. 3 정치과정』. 법문사. 265–303.

______. 2006(a). "공간분석 모델을 통해 본 헌법재판소의 전략적 판결과정." 『한국정치학회보』 40 : 111–137.

______. 2006(b). "헌법재판소는 국회의 안티테제인가 : 현대적 권력분립원리 하에서의 두 헌법기관의 관계." 『의정연구』 12 : 183–221.

최희수. 2008. "헌법재판의 본질과 헌법재판소의 헌법상 편제–헌법 개정 논의에 부쳐–." 『공법학연구』 제9권 제4호. pp. 161–187.

Kramer, Larry D. 2004. *The People Themselves : Popular Constitutionalism and Judicial Review*. New York : Oxford University Press.

Schwartz, Herman. 2000. *The Struggle for Constitutional Justice in Post–Communist Europe*. Chicago : University of Chicago Press.

Skowronek, Stephen. 1997. *The Politics Presidents Make : Leadership from John Adams to Bill Clinton*. Massachusettes : Harvard University Press.

Tate, C. Neal, and Torbjorn Vallinder, eds. 1995. *The Global Expansion of Judicial Power*. New York : New York University Press.

Whittington, Keith E. 2007. *Political Foundations of Judicial Supremacy : The Presidency, The Supreme Court, and Constitutional Leadership in U.S. History*. NJ : Princeton University Press.

III.
헌법 개정의 몇 가지 쟁점

제7장

기본권 조항 개정의 정치적 쟁점*

_서현진

I. 서론

2010년 들어 김형오 국회의장을 비롯하여 정몽준 의원과 민주당 정세균 대표 등이 신년 인터뷰에서 개헌에 대해 언급하는 등 정치권에서 개헌론이 부상하고 있다. 2월 25일에는 이명박 대통령도 앞으로 선거법 개혁, 행정구역 개편, 제한적인 개헌 등 정치선진화의 기본적 과제가 남아 있다고 말해 개헌에 대해 입장을 밝혔다. 이처럼 정치권 주요 인사들과 대통령의 발언으로 인해 여야 간 합의가 있다면 개헌론에 탄력이 붙을 가능성이 엿보인다.

하지만 이런 움직임이 걱정스러운 이유는 역대 헌법 개정 경험을 통해 학습된 결과 때문이다. 과거 헌법은 주로 통치구조 개편을 통한 정권유지를 목적으로 자주 개편되었다. 하지만 현행 헌법은 역대 헌법 중 가장 오랜 역사를 갖고 있다.[1] 오랜 역사뿐 아니라 내용면에서도 과도적 한국 정치현실에서 민주주의를 정착시키는 데 기여한 좋은 헌법으로 평가받고 있다. 왜냐하면 이 헌법에 의해 국민의 기본권 보장 범위가 넓어졌고 헌법재판을 통해 실질적인 효력을 기대할 수 있게 되었기 때문이다(조재현, 2008 : 225).

그럼에도 불구하고 민주화 이후에도 정치권에서 꾸준히 헌법 개정 시도가 있어왔다. 그 논의 또한 통치구조나 국가 권력구조 개편과 관련된 내용이 주를 이루다 보니 민주화 이전과 같이 개헌에 대한 정치권의 언급과 움직임은 정략적 발상으로 인식되고 있다. 즉 "개헌 논의는 미래의 비전을 위한, 그리고 공동체적 노력을 통한 새로운 기본 규범의 마련이라는 의미는 퇴색하고 정치권의 당리당략을 위한 싸움"으로 인식되어 온 것이다(김용철, 2007 : 98).

한편에서는 헌법 개정은 국민의 기본권 강화와 국가권력의 제한에 궁극적 목적이 있고, 통치구조 이상으로 기본권 조항의 개헌이 시급하고 필요하다는 주장이 제기되고 있다(임지봉, 2007 ; 김배원, 2009, 66). 또한 지난 2009년 국회의장 자문기구인 헌법연구자문위원회가 발표한 향후 헌법 개정 논의시 참고할 주요 내용을 보면 헌법 개정이 필요한 중요한 분야로 권력구조와 함께 기본권을 꼽고 있다. 21세기 대한민국을 운용함에 있어서 새 기틀이 마련되어야 하는 분야는 기본권 강화라는 것이다. 하지만 이에 대한 논의는 미흡한 것이 사실이다. 이 글에서는 헌법 개정의 중요한 논의대상임에도 불구하고 그동안 학문적뿐 아니라 정치사회적 관심이 부족했던 기본권을 중심으로 최근 학계에서 논의되고 있는 기본권장(章) 개정의 주요 쟁점과 향후 고려해야 할 정치적 쟁점은 무엇인지를 파악하고자 한다.

다행히 최근 들어 헌법학계를 중심으로 기본권장에 관한 개헌 논의가 활성화되어 매우 구체적인 개정방향에 대한 의견들이 나오고 있다.

그러나 이런 논의가 실효성을 거두기 위해서는 헌법 개정에 있어서 주도적 역할을 하는 정치권의 관심과 더불어 헌법학계를 비롯한 다양한 전문영역과 시민사회 등의 의견수렴과 국민적 공론화 과정을 거치는 것이 필요하다. 왜냐하면 헌법 개정은 헌법상 개정절차에 따라 이루어지는 것이지만 실질적으로는 그 자체가 중요한 정치적 사안이기 때문이다. 특히 기본권장의 개정은 국민들의 삶과 직결된 다양한 이슈들을 포함하고 있기 때문에 이에 대한 논쟁과 합의 과정은 더욱 민감한 정치 갈등으로 발전되기 쉽다.

따라서 이 글에서는 최근 기본권 조항 관련 판례를 통해 내재된 정치 갈등을 파악하고 향후 기본권장 개정에 있어서 고려해야 할 정치적 쟁점은 무엇인지를 논의하고자 한다. 먼저 II절에서는 제헌헌법 이래 기본권 내용은 어떻게 변화되어 왔는지 살펴보기 위해 역대 헌법 개정 내용 중에서 기본권 관련 내용의 변화를 검토해 본다. III절에서는 민주화 이후 기본권 관련 개정 논의는 어떻게 전개되어 왔는지 살펴보고, 현재 헌법학계에서 논의되고 있는 기본권장 개정의 주요 쟁점은 무엇인지를 파악한다. IV절에서는 PD 수첩 사건, 미네르바 사건, 존엄사 인정 등 최근 기본권 관련 판례를 중심으로 향후 기본권장 개정 논의에서 고려해야 할 정치적 쟁점은 무엇인지를 파악한다.

II. 역대 헌법의 기본권 조항 변화

9차례의 헌법 개정은 국익을 위해 국민들에 의해서가 아닌 정치권에서 정치인들의 이익을 위해 추진된 경우가 많았다. 헌법 개정뿐만 아니라 헌법 제정에서부터 권력의 획득과 연장수단으로 헌법을 바라보는 현상이 나타났다. 1948년 제헌헌법 제정과정에서 이승만과 한민당이 정치적 흥정으로 내각책임제 헌법안을 일순간 대통령중심제를 가미한 혼합정부 체제로 변경한 것은 그 대표적인 예이다. 이후 1차 헌법 개정(1952)은 법적 절차를 무시한 '발췌 개헌안'과 2차 '사사오입' 개헌안(1954)은 정권연장을 위한 것이었다.

비정상적으로 권력을 획득한 박정희와 전두환 정권에서는 비민주적 헌법 개정이 제도화되었다. 1969년 '3선 개헌'은 정권연장을 위한 개헌이었으며 1962년 3공화국 헌법, 1972년 유신헌법, 1980년 5공화국 헌법은 국민 대표기관과는 무관한 국가재건최고회의, 비상국무회의, 국가보위비상대책위원회 등 비민주적 임시기구를 통해 개헌안이 마련되었다(김용철, 111). 궁극적으로 헌법 개정은 국민의 기본권 강화와 국가권력의 제한에 목적이 있지만, 이상과 같이 정치적 목적으로 이루어진 역대 헌법 개정은 국가권력의 강화와 기본권 축소 또는 통제라는 결과를 가져왔다(김배원, 66).

여기서는 역대 헌법 개정에 나타난 기본권 조항의 변화에 대해 간단히 살펴볼 것이다.[2] 〈표-1〉에 역대 헌법 개정 중 기본권 조항 관련 변화내용이 정리되어 있다. 제헌헌법은 미국, 일본, 바이마르 헌법의 영향을 받은 것으로 기본권들은 선언적 의미가 강했다. 왜냐하면 기본권 보장을 위한 정치적·경제적 여건이 미숙했기 때문이다. 기본권 장인 제2장 제8조부터 제30조까지 국민의 권리와 의무에 대해 규정하고, 특히 사회주의적 성격의 이익분배균점권(제18조)까지도 규정하고 있다. 그러나 1공화국 헌법에 나열된 기본권의 보장에 있어서 헌법규범과 헌법현실 간 괴리는 컸다(김배원, 67).

2공화국헌법은 자연권적 성격이 강했는데, 1960년 3차 개정에 의해 대통령제를 의원내각제로 개정하면서 기본권장도 개정하였다. 기본권의 본질적 내용 침해금지 조항이 규정되었다. 이후 1961년 5·16 쿠데타에 의한 5차 헌법 개정(1962)은 의원내각제를 폐지하고 대통령제 정부형태를 부활하는 것이 골자였다. 이 헌법 개정에 의해 개헌시 국민투표가 필수화되었고 기본권장도 강화하는 방향으로 변화되었다. 〈표-1〉에서 보는 바와 같이 2공화국 헌법상의 기본권 수준을 유지하면서 많은 조항들이 신설되었다.

하지만 헌법규범상 기본권만 강화되었을 뿐 독재체제 강화로 인해 현실적으로는 기본권이 제대로 보장되지 못하였다(김배원, 68). 3공화국에 와서 인간의 존엄과 가치규정과 고문금지 조항이 신설되었으나 2공화국보다 약간 후퇴한 감이 있다는 견해도 있다(오호택, 2009 : 53). 4공화국헌법(유신헌법)은 대통령 권한을 강화하고 대통령 간선제를 정당화하기 위한 헌법이었다. 따라서 〈표-1〉에 나타난 바와 같이 헌법규정과 현실 측면에서 기본권 제한이 매우 많았다. 대부분의 기본권 조항에 대한 개별적 법률유보를 두고 기본권 제한 사유로 국가안전보장을 추가하였으며 본질적 내용의 침해금지를 삭제하였다.

〈표-1〉 역대 헌법의 기본권 관련 규정 변화

헌법제정(1948)	* 제2장 8조-30조 : 국민의 권리의무 신설
제2차(1954)	* 주권제약이나 영토변경 등에 대한 국민투표권 신설 * 헌법개정제안권 신설
제3차(1960) 내각제 개헌	* 개별적 법률 유보의 삭제 * 정당보호 조항의 추가/선거연령의 명시 * 자유와 권리의 본질적 내용 훼손금지 및 언론 출판에 대한 허가 금지
제5차(1962) 대통령제 부활	* 인간으로서의 존엄과 가치, 직업선택의 자유, 주거의 자유, 인간다운 생활을 할 권리 * 헌법개정안에 대한 국민투표제 신설
제7차(1972) 유신헌법	* 기본권 조항에 개별적 법률 유보(기본권 제한 사유로 '국가안전보장' 추가) * 본질적 내용의 침해금지 조항 삭제 * 신체의 자유와 관련한 긴급구속 범위 확대 * 구속적부심사제 폐지 * 자백의 증거능력 제한규정 삭제 * 재산권의 공용수용 등에 있어서 정당 보상기준 삭제
	* 표현의 자유에 대한 허가 검열금지 삭제 * 군인 경찰공무원 등에 대한 국가배상청구의 금지 * 근로자의 단체행동권에 대한 제한 또는 금지 * 긴급조치에 의한 기본권의 잠정적 정지조항 신설
	* 중요정책에 대한 국민투표부의권 신설 * 국민의 헌법개정안제안권 삭제 및 대통령의 헌법개정안제안권 부활 * 헌법개정안에 대한 국민투표권의 축소
제8차(1980) 대통령단임제	* 개별적 법률 유보 삭제 * 본질적 내용의 침해금지 조항 부활 * 신체의 자유와 관련한 긴급구속 요건 강화 * 구속적부심사제와 자백의 증거능력 제한규정 부활 * 재산권의 공용수용 등에 있어서 정당 보상근거 마련
	* 행복추구권과 기본적 인권의 불가침성 확인 * 연좌제 금지 * 사생활의 비밀과 자유의 보호 * 형사피고인의 무죄추정원칙 * 교육의 전문성과 교원의 지위보호의 법정, 평생교육의 진흥

제8차(1980) 대통령단임제	* 적정임금의 보장, 근로조건의 기준설정에 있어서 인간의 존엄성 보장, 국가유공자에 대한 우선적 근로기회의 보장 * 환경권, 병역의무 이행자에 대한 불이익처우의 금지 등 신설
제9차(1987) 대통령직선제	* 적법절차조항 및 체포 구속의 이유 고지 및 가족 등에의 통지의무 조항 * 형사피해자의 재판절차진술권과 범죄피해자의 국가구조청구권 * 대학의 자율성 보장 * 최저임금제 시행 * 여자의 근로의 부당한 차별금지 * 여자 노인 청소년의 복지향상을 위한 정책실시 의무, 재해예방 의무 * 주택개발정책 등의 실시 노력의무/모성보호 노력의무 등 신설

주 : 김배원(2009), "한국 헌법사와 현행 헌법 기본권장의 개정방향"에서 내용을 발췌하여 재구성함.

8차 헌법 개정(1980)은 대통령 중임금지와 7년 단임제 그리고 대통령간선제 유지를 골자로 하였다. 5공화국 헌법은 기본권 제한을 약간 완화하였다. 많은 기본권 조항의 보장 정도를 3공화국 수준으로 되돌렸고, 행복추구권과 다양한 사회복지 관련 기본권들이 추가로 신설되었다. 이에 대해 화려한 내용의 기본권 개념만을 추가한 것으로 기본권 없는 기본권에 지나지 않기 때문에 결과적으로 독재정권을 정당화시키는 논리적 명분을 제공한 것이라는 비판도 있다(이직행, 1997 : 77).

이상에서 살펴본 바와 같이 역대 헌법 개정사를 살펴보면 정치적 상황변화에 따라 기본권장에 관한 개정은 축소 제한된 경우(7차 개정)도 있고 신설 확장된 경우(5차와 8차 개정)도 있었다. 이런 변화가 실질적인 기본권 보장에 기여했는지에 대한 논란의 여지는 남아 있다. 하지만 대통령직선제와 5년 단임제를 골자로 하는 현행 헌법(1987)이 이전과 비교하여 기본권 보장에 충실한 규정들을 더 많이 두었다는 점에는 거의 이견이 없다.

9차 헌법 개정 이전까지의 헌정사 대부분에 걸쳐 역대 헌법상의 기본권은 행위규범이나 재판규범으로서 전혀 힘을 갖지 못하였다. 제9차 헌법 개정에 의해 헌법재판소가 창설된 이후 기본권은 모든 국가권력을 통제하는 권력제한 규범으로 자리매김해 왔다. 때문에 헌법재판소 설치와 그 관장사항에 관한 조항(제111조)은 기본권의 실효성 보장에 기여해 온 것이다. 그럼에도 불구하고 민주화 이후 정치권과 학계의 헌법 개정 논의에서 기본권 관련 이슈가 있었는지, 그렇다면 그 내용은 무엇인지를 다음에서 살펴보고자 한다.

III. 민주화 이후 헌법 개정 논의와 기본권 이슈

1) 민주화 이후 헌법 개정 논의와 시도

1987년 10월 27일 개정된 현행 헌법이 1988년 2월 25일 시행된 이후 시간이 흐르는 동안 우리나라는 헌법규범이 규율해야 하는 정치 · 경제 · 사회적 환경변화를 겪어왔다. 이런 변화에 맞추어 헌법규범을 개정할 필요가 있다는 논의가 정치권에서 지속적으로 제기되어 왔다. 〈표-2〉를 보면 민주화 이후 정치권에서 있었던 중요한 헌법 개정 시도와 논의에 대한 내용이 간략히 정리되어 있다. 현행 헌법에 의해 평화적 정권교체가 가능해지는 등 절차적 민주주의가 수립되었으나 임기가 짧고 단임제라는 문제로 인해 책임정치 구현이

〈표-2〉 민주화 이후 정치권의 개헌 논의와 시도

시기	주체	이슈
1990년 1월-11월	민정-민주-신민주공화당 (노태우-김영삼-김종필)	3당 합당과 내각제 밀약
1997년 10월-1999년	김대중-김종필	DJP 선거연합과 내각제 개헌 합의
2002년 11월-12월	노무현-정몽준	대선승리와 분권형 대통령제 개헌
2003년 9월-2004년 4월	친노-반노 (통합신당-민주- 한나라 · 자민련)	내각책임제 개헌 또는 분권형 대통령제
2005년 6월-9월	노무현 대통령	대연정 제의와 개헌
2007년 1월-4월	노무현 대통령	4년 연임제 원 포인트 개헌 제의

어렵다는 비판에 직면했기 때문에 주로 개헌 논의와 시도는 통치구조 개편에 대한 것이 주를 이루었다.

이처럼 민주화 이후에도 헌법 개정 논의는 주로 정치권에서 정치지도자들에 의해 선거승리나 정국주도 등 일정한 정치적 목적을 갖고 폐쇄적으로 또는 일방적으로 제기되었음을 알 수 있다. 항상 개헌의 의도가 정략적인 것이었기 때문에 개헌의 주된 초점은 국민생활과 직결된 기본권 규정보다는 5년제 대통령 단임제나 제왕적 대통령제의 폐해를 없애기 위한 대통령의 임기연장이나 선출방법, 그리고 정부형태 등 정치제도 개혁에 맞추어졌다. 궁극적으로 이런 정치권의 움직임은 개헌 논의는 정치적 이해득실이 있을 때 제기된다는 선입견을 고착화시켰다. 이로 인해 개헌 논의는 내용과 무관하게 전반적으로 국민적 무관심과 불신 그리고 저항을 초래하여 국민생활과 직결된 기본규범으로서의 헌법에 대한 논의 자체가 활성화되지 못하는 결과를 가져왔다.

그럼에도 불구하고 노무현 정부의 개헌 논의와 시도는 정치권뿐만 아니라 학계와 언론, 그리고 시민사회 등에서도 개헌 논의의 장이 마련되는 데 기여했다고 볼 수 있다. 노 대통령의 대연정 제의는 개헌의 필요성, 시기 및 방법, 논의대상(권력구조, 헌법의 영토조항 및 경제조항, 헌법재판소 존치 여부, 국민 기본권 확장 등)에 대한 언론과 지식인 그룹의 논의를 유발하기도 했다. 《한겨레》(2005. 7. 18)와 『신동아』(2005년 8월호)는 개헌 논의와 관련한 다양한 여론조사를 실시하였다(김용철, 107).

2005년 7월 15일에는 〈창작과 비평사〉와 〈시민행동〉이 공동 주최한 "87년 체제의 극복을 위하여 : 헌법과 사회구조의 비판적 성찰"이라는 주제의 심포지엄이 열렸다. 여기서는 정치권과는 다른 관심사에 대한 논의가 이루어졌는데, 헌법 개정 논의는 현재 헌법이 취하고 있는 정확한 위치 문제에서 시작되어야 하고, 그 속에서 흐르고 있는 계급적 차별이라는 요소를 밝혀내는 것부터 출발해야 한다는 것이다(김상철, 2005).

학계에서도 현행 헌법의 개정과 관련된 학술대회 개최나 연구가 활발해졌다. 이런 연구결과를 통해 개헌의 필요성과 시기, 실효성, 향후 개헌의 기본방향 등에 대해 분석이 이루어졌다(김문현, 2006 ; 김종철, 2007 ; 윤종빈, 2007 ; 정태호, 2007). 그런데 학계의 개헌 논의들도 입법부, 행정부, 사법부 관련 개헌사항과 직접민주주의 강화를 위한 개헌을 중심으로 이루어져 왔다(임지봉, 2008 ; 조재현, 2008 ; 김민전, 2007 ; 임종훈, 2006). 주요 논의대상은 내각제로의 전환 여부나 대통령제를 유지할 경우 임기조정, 중임허용 여부, 국무총리제 폐지와 부통령제 도입 문제 검토에 관한 것이었다.[3)]

이처럼 논의대상은 정치권에서 집중적으로 다루고 있는 선거제도, 대통령제, 대통령 임기 등 권력구조 개편에 관한 것이 주를 이루지만 경제질서나 통일 등 다른 이슈에 대한 논의도 있다. 이명박 정부 들어서도 여전히 정치권은 권력구조 개편에 중점을 두고 있으나 학계에서는 영토조항(북한을 정치적 실체로 인정하는 상황에서 효력을 상실한 헌법 제3조를 삭제해야 한다는 의견과 유지하되 단서조항을 추가 정리하자는 의견 대립), 자유시장경제 도입 여부, 지방자치 규정 구체화, 대법원과 헌법재판소의 관계 정립 등에 대한 논의도 일어나고 있다(《인터넷 법률신문》, 2009. 7. 17).

이처럼 다양한 이슈들에 논의된 데 반해 상대적으로 기본권에 대한 언급이나 관심은 적은 편이었다. 우리 헌정사를 돌아보면 국민의 기본권 보장만을 목적으로 하거나 정치권이 적극적 관심을 갖고 기본권장의 개정을 주도한 적은 없었다. 하지만 최근 일부에서는 민주주의에서 헌법은 국민을 위한 것이기 때문에 개헌 논의 자체가 통치구조보다 기본권 조항 개정에 초점을 맞추어 제기되어야 한다는 주장이 제기되고 있다. 헌법학계 등에서도 미래지향적 헌법 개정은 통치구조뿐 아니라 기본권 분야가 함께 논의되어야 함을 강조하고 있다. 2009년 국회 헌법연구자문위원회가 발표한 향후 헌법 개정이 필요한 중요한 분야에도 기본권이 포함되어 있다. 다음에서는 실제로 기본권 조항에 대한 개정 논의는 어떤 내용을 중심으로 이루어지고 있는지에 대해 살펴보고자 한다.

2) 현행 헌법 기본권장 개정에 관한 논의

현행 헌법의 기본권장 개정에 대한 의견은 최소한으로 하는 것이 지배적 입장이다. 그 이유는 다른 나라 헌법의 기본권 조항과 비교하여 우리나라 기본권 조항은 상당히 잘 만들어졌다고 보기 때문이다(이국운 한동대 법학과 교수, 2007년 8월 새로운 헌법 필요한가 일곱 번째 대화모임/대화문화 아카데미). 그리고 현행 헌법에 의해 설치된 헌법재판소가 기본권장의 체계적 규범, 조화적 해석을 통해 기본권 규정 상호 간의 모순을 해소하거나 새로운 기본권을 도출하는 등 기본권장의 미비점을 보완하고 있다는 것이다.[4)]

그러나 최근에는 헌법해석을 통한 보완에는 한계가 있으므로 변화하는 시대상을 반영하여 헌법이 이론적으로 타당성을 잃은 규정을 삭제하고 새로운 기본권을 명문화하는 등 헌법 개정이 필요하다는 주장이 제기되고 있다. 2009년 국회 헌법자문연구회가 발간한 보고서에 따르면, 생명·과학·기술·정보·통신분야의 급격한 발전과 이에 따른 사회변화에 기초한 새로운 기본권을 헌법적으로 수용하고, 기존 기본권도 새로운 시대에 부응하도록 보완·발전시키기 위해 헌법 개정이 필요함을 강조하고 있다. 구체적으로 기본권 강화 내용은 평등권, 직업의 자유, 언론과 출판 등 표현의 자유, 인권보장의 핵심원리인 적법절차 원리 등 기본권의 절차적 보장 강화 등이다. 또한 생명권과 안전에 대한 권리 신설, 사상의 자유와 정보 기본권의 명문화 등 새로운 기본권을 규정해야 한다는 내용도 들어 있다.

상대적으로 개헌 논의가 활성화되지 않은 시민사회에서도 기본권 관련 개정사항에 대해 다음과 같이 언급한 예가 있다. 대화문화아카데미는 21세기 개헌 논의를 위한 대화 모임을 2005년 5월부터 2008년 6월까지 3년간 갖고 그 대화기록을 자료집으로 발간하였다. 이 기간 동안 '새로운 헌법 필요한가' 라는 주제로 다양한 이슈들에 대한 토론이 있었는데, 기본권 조항에 대해서는 개헌시 고려해야 할 사항을 5가지로 정리하였다. 기본권인지 국가 목표규정인지 재검토, 기본권 보장체계 구축, 일반적 행동자유권 존치 여부 점검, 정보의 자유조항 신설, 그리고 헌법조문상 권리주체인 '모든 국민' 이라는 표현의 재검토가 필요하다는 것이다.

무엇보다 기본권 조항 개정의 시대적 필요성이 제기됨에 따라 논의가 활발하게 이루어지고 있는 분야는 헌법학계이다. 민주화 이후 헌법학계의 연구는 기본권 적용의 방향제시와 헌법적 지도로서 현실적합성과 학문적 체계성을 갖춘 기본권 이론을 중심으로 활성화되었다(이직행, 1997 ; 김대환, 2001 ; 윤명선, 2005 ; 정종섭, 2007 ; 문광삼, 2009). 이런 이론적 논의와 동시에 실질적인 개헌을 위한 기본권 조항 개정방향에 대한 연구들도 지속적으로 이루어지고 있다(임지봉, 2007 ; 조재현, 2008 ; 김종세, 2009 ; 김배원, 2009 ; 박인수, 2009). 최근 학계에서 논의되고 있는 기본권 조항 개정방향과 내용을 정리하면 다음과 같다.

우선 **헌법의 장별 배열순서**에 대해 논란이 일고 있다. '전문－총강－국민의 권리와 의무(기본권)－국회－정부－법원－헌법재판소(국가조직)' 순으로 되어 있는 현행 편장을 유지하되 총강의 장을 해체하여 부분적으로 독립된 장이나 다른 장에 편입하자는 주장과 '전문－기본권－국가조직' 의 순으로 구성하자는 주장이 제기되고 있다.

전문 다음 바로 기본권장을 두는 주장은 헌법의 기본권 보장 의미를 국가조직이나 통치조직을 위한 기본권 보장이 아닌 기본권 보장의 실현이 국가의 근본규범이라는 측면에서 찾고 있다(김종세, 28). 즉 헌법전의 구성체계가 통치구조보다 인간의 권리보장을 우선적 국가 의무로 규정하는 형태가 되어야 한다는 입장이다.

다음 **기본권 장의 표제**에 대해서는 현행 헌법 제2장 '국민의 권리와 의무'를 '기본권'이나 '인간의 권리' 또는 '자유와 권리'로 변경하자는 의견이 제기되고 있다. 그리고 개별 기본권의 배열순서에 대해서는 배열순서를 재구성할 필요가 있다는 주장이 있다. 현행 헌법은 '포괄적 기본권+국가의 기본권 보장의무–평등권–자유권적 기본권–정치적 기본권–청구권적 기본권–사회적 기본권–열거되지 아니한 자유와 권리' 순으로 구성되어 있다. 이를 '포괄적 기본권–자유권적 기본권–평등권–사회적 기본권–정치적 기본권–청구권적 기본권–일반규정' 순으로 재구성하는 안과 현행 배열순서를 유지하되 사회적 기본권과 청구권적 기본권의 순서만 바꾸는 안이 제기되고 있다.

기본권 일반규정 문제에 대해서는 먼저 현행 헌법에는 기본권의 종류와 성격을 불문하고 '모든 국민'으로 기본권 주체가 규정되어 있는 점이 논의대상이다. 이를 국적과 무관한 모든 인간이 당연히 누려야 할 기본권에 대해서는 '인간', '누구나', '누구든지' 등으로 명시하고 국적과 관련된 기본권에 대해서는 '대한민국 국민' 등으로 구분하여 규정할 필요가 있다. 또한 법인이나 단체도 기본권의 주체가 될 수 있는지 여부도 논의대상이다.

기본권의 효력에 대해서도 대국가적 효력과 대사인적 효력의 명문화 필요성이 제기되었다. 현행 헌법 제10조 2문에서 기본권 보호의무만 규정되어 있기 때문에 입법권, 집행권 및 사법권 등 공권력을 행사하는 국가기관이 기본권에 구속된다는 표현을 명시적으로 규정할 필요가 있다. 또한 기본권이 사인 간에도 효력을 나타내는 것인지에 관한 규정의 명문화도 검토할 필요가 있다는 것이다(박인수, 310).

포괄적 기본권에 관한 헌법 제10조에 대해서는 이를 독립절로 구성하고 그 내용을 구체화할 필요성이 제기되었다. 왜냐하면 행복추구권은 그 개념 자체가 불명확하고 실체가 애매하기 때문에 이 용어를 일반적 자유권 내지 일반적 행동자유권으로 수정해야 한다는 것이다(김종세, 28). 또한 내용도 존엄권의 불가침성 보장, 생명권(사형금지 포함), 신체불훼손권(의료 및 생태분야에서의 우생실험 금지, 경제이익을 위한 장기생산 금지, 인간복제 금지), 고문과 비인간적 모욕적 대우나 처벌 금지, 노예 및 강제노동 금지 등으로 구체화되어야 한다.

개별적 기본권에 관한 검토대상도 매우 세분화되었다. 기본권의 내용상 통합 또는 분리가 가능한 조항들, 개별 조문 내 배열순서에서 논리적 정합성이 문제될 수 있는 내용, 수정 또는 삭제해야 할 조항들이다. 통합 논의대상 조항들은 제17조 사생활의 비밀과 자유, 제36조 1항 가족생활의 보장, 제16조 주거의 자유, 제18조 통신의 자유 등으로 '사생활 및 가족생활의 보장'을 위한 기본권 규정으로 통합 가능하다는 의견이다. 또한 제15조 직업의 자유, 제32조 근로의 자유, 제14조 거주이전의 자유 등은 '직업과 근로 관련 규정'으로 통합할 수 있다는 것이다.

분리대상으로 논의되는 조항으로는 제19조 양심의 자유에서 사상의 자유를 독립 조문으로 분리하는 안이 있다. 언론 출판 집회 결사의 자유도 언론과 출판은 정보의 자유와 함께 표현의 자유로 집회와 결사의 자유는 각각 독립 조문 또는 조항으로 분리되어야 한다고 본다. 한편 수정 삭제대상인 조항들은 다음과 같다. 국선변호인제도, 직업선택의 자유, 영장신청제도, 일반 국민의 군사법원 재판관할 배제, 공무원의 단결권, 단체교섭권과 법률에 의한 단체행동권 등은 보완 또는 수정되어야 할 조항이다. 삭제대상 조항은 사회적 특수계급제도 불인정, 연좌제 금지, 군경의 이중배상청구 금지, 범죄피해자구조청구권, 방위산업체 근로자의 단체행동권 제한, 형사피해자 진술권 등이다. 마지막으로 새로운 기본권 영역으로 신설되어야 할 문제로는 비호권, 난민조항, 생명권, 정보의 비밀과 자유, 소비자 권리 등이 논의되고 있다.

이와 같이 헌법학자들을 중심으로 한 기본권 개정 논의는 현행 헌법상 기본권 체계의 완결성 제고, 개별 기본권 규정 상호 간의 문제점 해소, 개별 조항의 수정 또는 삭제와 신설 등 상당히 전문적이고 세부적인 내용을 중심으로 진행되고 있다.

IV. 최근 기본권 관련 판례의 정치적 쟁점

위에서 살펴본 바와 같이 변화하는 정치사회 환경을 반영하여 기존 기본권 조항을 수정하거나 삭제하고 새로운 조항을 신설하는 헌법 개정이 필요하다는 점에 공감대가 형성되고 있다. 게다가 최

〈표-3〉 최근 기본권 관련 판례

사건	관련 기본권	판결결과	판결기관	날짜
PD 수첩 사건	언론출판의 자유	제작진 무죄	서울중앙지법	2010. 1. 20.
야간옥외집회	집회의 자유	헌법불합치결정	헌법재판소	2009. 9. 24.
미네르바 사건	표현의 자유	미네르바 무죄	서울중앙지법	2009. 4. 20.
신행정수도특별법	거주이전의 자유	특별법 합헌	헌법재판소	2009. 2. 26.
양심적 병역거부	종교 및 양심의 자유	병역법 위반	대법원	2007. 12. 27. 2004. 7. 15.
혼인빙자간음죄	성적자기결정권 및 사생활 비밀과 자유	위헌	헌법재판소	2009. 11. 26.
호주제	양성평등	폐지	헌법재판소	2005. 2. 3.
동성동본금혼	개인의 존엄과 양성평등 개인의 인격권	위헌	헌법재판소	2005. 12. 22.
존엄사	인간으로서의 존엄과 가치 및 행복추구권	인정	대법원	2009. 5. 21.

근 헌법학계에서 논의되고 있는 개정방향과 내용은 매우 구체적이다. 때문에 기본권장에 대한 개정은 통치구조나 다른 이슈에 대한 개정보다 수월해 보인다. 하지만 실제로 통치구조 개정을 둘러싼 정치권의 갈등만큼 기본권을 둘러싼 갈등도 크고 다양할 것이다. 왜냐하면 과거에는 기본권이 왜 지켜져야 하는가, 어떤 기본권 조항들이 헌법에 명시되어야 하는가, 헌법에 나열된 조항들은 어떻게 해석되고 적용되어야 하는가가 가장 중요한 논쟁거리였지만 현재는 기본권이 구체적인 생활규범으로 자리 잡기 위해 필요한 논쟁이 일어나고 있기 때문이다. 따라서 향후 개정이 이루어지려면 앞서 학자들이 언급

한 논의대상들에 대한 사회적 합의가 필수적인데, 이를 위해서는 많은 시간과 비용 그리고 노력이 필요하다. 여기에서는 앞의 〈표-3〉에 정리된 최근 판례를 중심으로 기본권장 개정에 내재된 정치적 갈등과 쟁점을 파악하고자 한다.

1) 국가 대 국민 갈등

〈그림-1〉을 보면 최근 몇몇 기본권 관련 사례들의 갈등구도가 나타나 있다. 과거 최소한의 자유와 법적 안정성조차 보장받지 못하던 시절에 기본권은 그 자체가 주장 내지는 투쟁의 목적이었다. 하지만 이제는 기본권의 적용과 규범적 효력에 대한 논의가 구체적으로 전개되고 있다. 그런데 최근의 대표적인 사례를 보면 아직도 우리 사회에서 개인이나 국민이 국가권력으로 부터의 자유를 확보하기 위해 싸우고 있는 것을 볼 수 있다. 가장 정치적으로 논란이 되었던 사례들은 PD 수첩, 야간옥외집회, 미네르바 사건인데, 이 사건들 모두 국민의 자유가 보장되는 방향으로 판결이 났다.

2008년 4월 29일에 보도된 MBC PD 수첩 "긴급취재 미국산 쇠고기, 과연 광우병에서 안전한가?"라는 프로그램 제작진이 정운천 전 농림수산식품부 장관과 민동석 전 정책관의 명예를 훼손한 혐의가 있는 등 명예훼손과 업무방해로 기소된 사건이다. 이 사건에 대해 2010년 1월 20일 법원은 조능희 PD 등 MBC PD 수첩 제작진 5명에 대한 1심 선고공판에서 무죄 판결을 내렸다. 서울중앙지법은 미국산 쇠고기의 광우병 위험성을 보도한 PD 수첩의 "방송내용은 일부 과장은 있지만 전체적으로 중요한 부분은 객관적 사실과 맞아 허위로 볼 수 없다"며 명예훼손과 업무방해 혐의에 대해 모두 무죄를 선고한 것이다.[5] 이에 대해 검찰관계자는 "제작진이 의도적으로 사실을 왜곡했다는 게 법정에서 제출된 증거자료를 봐도 명백히 인정된다고 보이고, 일부는 피고인들과 증인들도 법정에서 시인했는데도 법원이 전부 사실로 인정한 것은 도저히 납득할 수 없다"는 입장을 밝혔다(《중앙일보》, 2010. 1. 21).

이 판결의 정치적 쟁점은 언론 출판의 자유가 있는가 하는 것인데, 재판부는 판결문 중 다음과 같이 언론 출판의 자유를 인정하고 있다.

> 언론 출판의 자유와 명예보호 사이의 한계를 설정함에 있어서 표현된 내용이 공공적 사회적인 의미를 가진 사안에 관한 것인 경우에는 사적인 영역에 속하는 사안에 관한 것인 경우와 달리 평가를 하여야 하고 **언론의 자유에 대한 제한이 완화**되어야 하며, 특히 **국민의 생명 및 건강에 관련되는 정부 정책이라면 항상 국민의 감시와 비판의 대상이 되어야 한다.** 또한 정부 정책에 대한 감시와 비판 기능의 수행을 그 사명으로 하는 언론보도의 특성에 비추어, 정부정책이 국민의 생명 및 건강에 위험을 줄 수 있는 문제점을 가지고 있다고 의심할 만한 충분하고 합리적인 이유가 있는 경우, 상당한 근거에 기초한 언론보도를 통하여 그와 같은 문제점을 제기하고 그 시정을 촉구하는 등의 감시와 비판행위는 언론자유의 중요한 내용 중 하나인 보도의 자유에 속하는 것으로 평가가 저하될 수 있다고 하여 바로 공직자의에 대한 명예훼손이 된다고 할 수 없을 것이다.

이와 유사하게 야간옥외집회 금지법에 대해서 헌재는 헌법 불합치 결정을 내렸다. 안진걸 국민대책위 조직팀장은 2008년 5월 9일 7시 35분부터 9시 47분까지 야간에 옥외에서 미국산 쇠고기 수입 반대 촛불집회를 주최하였다는 등의 이유로 집회 및 시위에 관한 법률 위반 등 혐의로 기소되었다. 안 씨는 1심 계속 중 본인에게 적용된 '집회 및 시위에 관한 법률' 제10조, 제23조 제1호가 헌법상 금지되는 집회의 사전 허가제를 규정한 것으로서 헌법에 위반된다고 주장하며 위헌법률심판 제청신청을 하였다. 서울중앙지방법원은 위 법률 조항들이 당해 사건 재판의 전제가 되고, 위헌이라고 인정할 만한 상당한 이유가 있다며 2008년 10월 13일 이 사건 위헌법률심판제청을 하였다.

헌재는 2009년 9월 24일 야간옥외집회를 원칙적으로 금지한 집회 및 시위에 관한 법 제10조와 이를 어길 경우 벌칙을 규정한 제23조에 대해 재판관 5인은 위헌, 2인은 헌법 불합치, 2인은 합헌 의견으로 궁극적으로 헌법불합치 결정을 내렸다. 하지만 헌재가 형벌조항의 위헌성을 인정하면서도 2010년 6월을 시한으로 국회의 개선입법이 이루어질 때까지 이 법조항을 계속 적용하도록 해 논란이 일고 있다.[6] 만약 이 시한 내 조항이 개정되지 않으면 이후에는 이 법조항들은 자동으로 효력을 상실하게 된다(《인터넷 법률신문》, 2009. 9. 28).

이 판결은 지난 1994년 이 법조항을 합헌이라고 했던 헌재 입장을 15년 만에 헌법불합치로 바꾼 것으로 헌재가 헌법에 보장된 집회의 자유, 표현의 자유를 크게 훼손했던 독소조항을 사실상 제거한 결정이라는 입장이 지배적이다. 하지만 일부에서는 프랑스나 중국 러시아처럼 밤에 집회를 금지하는 나라가 있고 불법 폭력시위 등에

〈그림-1〉 최근 판례들의 기본권 갈등 양상

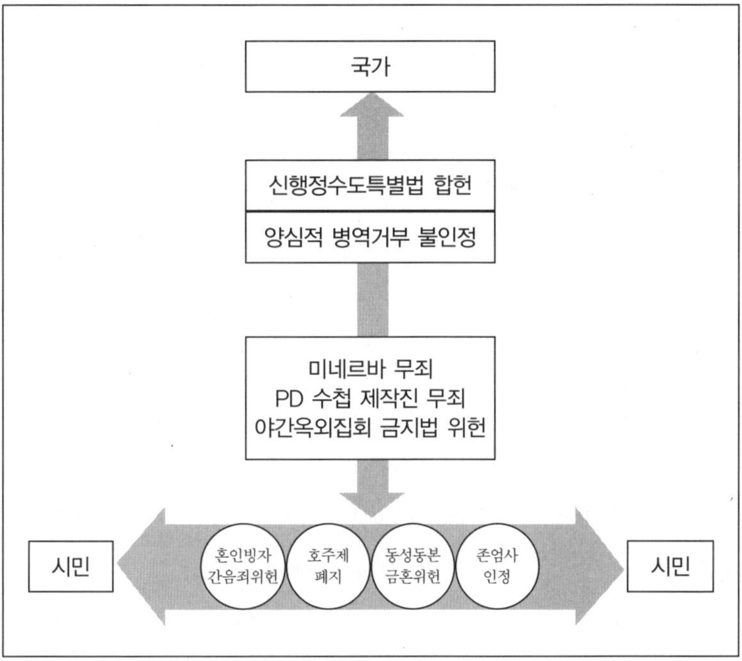

대해서는 엄하게 처벌을 하는 등 사회질서를 유지하면서 집회의 자유를 보장해야 한다는 주장도 지속적으로 제기되고 있다.

다음 미네르바 사건은 2008년 3월경부터 인터넷 포털사이트인 다음 아고라 경제토론방에 국내외 경제동향 분석 및 예측에 관한 글을 '미네르바'라는 필명으로 게재한 박대성 씨를 검찰이 정부 경제정책과 관련하여 공익을 해할 목적으로 허위사실을 유포한 혐의(전기통신기본법 위반)로 구속기소한 사건이다. 이에 대해 서울중앙지법은 박 씨의 글 게시가 일부 영향을 미쳤다고 해도 그런 점만으로 공익을 해할 목적이 있었다고 볼 수 없기 때문에 무죄를 선고했다.

이 사건은 인터넷상 허위사실 유포라는 사안을 중심으로 판결이 이루어졌지만 실제 국민들에게는 인터넷 규제나 표현의 자유에 대한 과도한 침해 등과 연관되어 인식되어졌다. 때문에 박 씨는 이 사건이 표현의 자유를 침해하는지 여부를 묻기 위해 위헌법률심판제청을 신청한 것이다.[7] 또한 이 사건 이후 인터넷 규제책 중 하나인 사이버모독죄를 둘러싼 논쟁이 일시적으로 재점화된 것도 비슷한 맥락에서 이해할 수 있다. 즉 상당수의 국민들에게 이 사건은 인터넷상 표현의 자유를 억압하고 인터넷 여론을 구속하는 등 공권력이 개입하여 헌법적 기본권을 침해할 소지가 있는 것으로 보여졌다는 것이다.

다음으로 행정중심복합도시 특별법에 대한 합헌판결과 양심적 병역거부가 병역법을 위반하고 있다는 판결은 이러한 법들이 개인의 자유를 침해하고 있지 않다는 판례이다. 충남 연기·공주지역 주민들이 행정도시 예정지를 연기·공주로 정한 것은 거주이전의 자유 등을 침해한다며 낸 헌법소원에 대해 헌재는 재판관 전원일치로 기각했다. 즉 충남 연기·공주지역에 행정중심복합도시를 건설하기로 한 행정도시건설특별법 제11조 제2항에 대해 합헌결정을 내린 것이다. 재판부는 법률조항에 따라 기본권 제약의 가능성이 야기된 것은 사실이지만, 이런 구체적인 기본권 제한은 토지수용 절차에 이르러 비로소 발생하는 것이므로 이 조항이 청구인들의 인간으로서의 존엄과 가치 및 행복추구권, 거주이전의 자유, 직업선택의 자유 등을 침해하지는 않는다고 판결요지를 설명했다.

양심적 병역거부 사건처럼 2004년 병역법 합헌결정이 났으나 지속적으로 이 헌법재판소에 소송이 제기되는 경우도 있다. 병역법 제88조 제1항은 현역입영 또는 소집통지를 받은 사람이 정당한 사유

없이 입영하지 않거나 소집에 불응할 경우 3년 이하의 징역에 처하도록 규정하고 있다. 2004년 8월 현재는 "양심의 자유는 매우 중요한 기본권이긴 하지만 그 본질이 법질서에 대한 복종을 거부할 수 있는 권리가 아니라 국가공동체가 감당할 수 있는 범위 내에서 양심을 보호해 줄 것을 요구하는 권리"라며 합헌결정을 내렸다. 즉 헌법상 기본권 행사는 다른 헌법적 가치와 국가의 법질서를 위태롭게 하지 않는 범위 내에서 이루어져야 한다는 것이다. 그런데 일부에서는 대체복무제 없이 입영을 강제한 것은 헌법상 기본권인 종교와 양심의 자유를 침해한다는 주장을 계속적으로 제기하고 있다(《인터넷 법률신문》, 2008. 9. 11).

이런 사건들에서 볼 수 있듯이 최근에도 국가 대 국민의 대결구도를 이룬 기본권 사례들을 흔히 볼 수 있다. 하지만 이런 사례들은 과거와 같이 국민이 국가로 부터 최소한의 자유를 보장받기 위한 것이라기보다는 집단적 자유와 개인적 자유가 충돌한 사례로 볼 수 있다. 즉 국가는 사회질서 유지나 공익이라는 목적으로 집단적 자유를 확장하려 하고 국민은 이로 인한 기본권 제한에 대해 적극적으로 헌법소원을 청구 등 개인적 자유를 보장받으려고 하는 것이다.

위에서 본 바와 같이 기본권 조항을 둘러싼 소송이 여러 가지 이슈를 통해 제기되고 있는데, 이런 갈등은 기본적으로 진보와 보수의 이념 성향과 맞물린다. 때문에 법원의 판결이 사건의 종결이 아닌 국민들 간의 이차적 사회 갈등을 야기할 수 있는 시작점이 될 수도 있다. 특히 신행정수도특별법이나 양심적 병역거부처럼 판결의 효력이 일부 지역민이나 소수 특정 종교를 믿는 사람들에게만 적용될 경우 그 갈등의 강도는 작을 수 있다. 하지만 미네르바 소송 등의 판결

효력은 전 국민을 대상으로 적용된다는 점에서 향후 이념집단 간 정치 갈등의 기폭제가 될 수도 있는 것이다.

2) 시민 대 시민 갈등

〈그림-1〉에 나타난 다음 사례들은 민주화 이후 정치사회적 변화로 인해 더 이상 국가의 관여가 필요 없어진 기본권 사례들이다. 먼저 혼인빙자간음죄 위헌사례를 보면, 혼인빙자간음죄로 유죄판결을 받은 임모 씨 등 남성 2명이 "혼인빙자간음죄는 개인의 사생활의 비밀과 자유를 침해하고, 평등원칙에 위배된다"며 낸 헌법소원에 대해 헌재가 재판관 6대 3으로 위헌결정을 내린 사건이다. 2009년 11월 26일 헌재는 형법 제304조 중 "혼인을 빙자하여 음행의 상습 없는 부녀를 기망하여 간음한 자" 부분이 헌법 제37조 제2항의 과잉금지원칙을 위반하여 남성의 성적자기결정권 및 사생활의 비밀과 자유를 과잉 제한하는 것으로 헌법에 위배된다고 판결하였다.

따라서 혼빙간음죄는 제정 56년 만에 폐지되었다. 이런 결정에는 사회구성원의 인식 변화가 큰 영향을 미쳤다고 보는데, 헌재는 "한 번의 혼전 성관계가 여성에게 곧 결혼을 의미하거나 정상적인 결혼을 가로막는 결정적 장애가 된다는 사회적 인식이 존재하지 않는 한 혼인빙자간음죄를 법률이 보호할 필요성은 미비하다"고 밝혔다(『한겨레 21』, 2009. 12. 25).

또한 2005년 2월 3일 호주제 위헌 결정이나 2005년 12월 22일 동성동본 금혼 위헌판결도 이런 조항들이 혼인과 가족생활에서 개인의 존엄과 양성평등을 침해한다는 취지에서 결정되었다. 이런 판례들을 통해 기본권 조항에 대한 판결이 변화된 사회환경과 가족 또는 혼인의 형태를 반영함을 알 수 있다. 또한 가족과 혼인을 둘러싼 양성평등 문제는 더 이상 국가가 규제하거나 관여해야 할 영역이 아닌 개인의 자유영역이기 때문에 명백히 사회에 해악을 끼칠 때만 규제하면 충분하다는 여론이 민감하게 반영된 것임을 시사한다.

이런 판례와 유사하게 1990년 1993년 2001년 2008년 네 차례나 합헌결정이 내려진 간통죄 또한 국가가 개입해야 할 법조항이라기보다는 개인이 스스로 결정해야 할 영역으로 향후 새롭게 정리되어야 할 조항으로 남아 있다. 하지만 여전히 피해 여성이 존재하는 현실에서 이런 조항들이 여성의 성적 자기결정권을 보호하고 있다는 주장이 제기되고 있어서 앞으로도 남녀 간 성적 피해나 혼인에 관한 사회적 논란은 계속될 것으로 보인다.

3) 새로운 환경에 따른 갈등

마지막으로 존엄사 인정은 향후 신설되어야 할 기본권과 관련이 깊은 사례이다. 2009년 5월 21일 대법원은 회생 가능성이 없는 환자에 대한 연명장치의 제거를 판결로 명령해 존엄사의 합법화를 선언했다. 대법원이 뇌사상태에 빠진 김 아무개(77세) 씨의 가족이 연명치료를 중단하라며 신촌 세브란스 병원의 운영주체인 연세대를 상대로 낸 소송에서 인공호흡기를 제거하라고 한 원심을 확정한 것이다.

대법원 판결문의 내용은 다음과 같다. 환자의 의식이 회복 가능성이 없고 생명과 관련된 중요한 신체기능 상실을 회복할 수 없으며 짧은 시간 내에 사망에 이를 수 있음이 명백한 경우 환자의 의사결정을 존중하여 연명치료를 중단하더라도 환자의 인간으로서의 존엄과 가치 및 행복추구권을 보호하는 것이 사회상규에 부합하고 헌법정신에도 어긋나지 아니한다. 이상 네 가지 조건을 갖춘 경우 존엄사를 허용한다는 것이 대법원의 판결 취지이다. 그러나 이번 사례처럼 환자가 의료진에게 직접 자기의사를 밝힐 수 없는 상황에 있고 주변에 연명치료를 거부하겠다는 의사를 밝힌 증거도 없는 상황에서도 환자의 의사를 미뤄 판단하는 것도 가능하다고 했다(sbs뉴스, 2009. 5. 22).

이에 대해 종교계 등에서는 생명의 존엄성 훼손으로 받아들여질 가능성을 우려했다. 앞서 헌법학자들은 기본권 신설조항은 헌법해석을 통해 인정되어 온 기본권들이 논의대상이 될 것이라고 했는데, 여기에는 안락사 허용 여부, 낙태의 합법화 여부, 인체대상 생명공학 실험의 허용 여부 등과 같은 생명권 이슈가 포함되어 있다. 따라서 이번 존엄사 인정 판례는 향후 다른 생명권 이슈들과 마찬가지로 첨예한 이념 갈등을 동반한 사회적 논란이 예상된다.

V. 결론

이상에서 살펴본 바와 같이 우리 사회에는 변화된 헌법 현실과 가치의 수용을 위해 기존 기본권을 수정 보완하는 방향으로 개헌이 필요하다는 점에 공감대가 형성되고 있다. 또한 이주민의 증가로 인한 인구구성의 변화, 다문화 현상, 지방분권화 등 사회적 변화에 따라 미래지향적 개정이 필요하다는 점에도 대부분 동의한다.

하지만 많은 민주주의 국가에서 보았듯이 새로운 시민적 자유와 권리의 헌법적 보장은 늘 민감한 정치적 사안이었다. 왜냐하면 실제로 권력구조 개편이나 다른 정치적 논쟁에 비해 기본권과 관련된 대부분의 이슈들은 언제든지 정치 사안으로 변질될 수 있는 훨씬 강도 높은 이념적 갈등 요소를 포함하고 있기 때문이다. 또한 위의 판례에서 보았듯이 과거 기본권 논쟁이 개인이나 국민이 국가로부터의 최소한의 자유 확보를 위한 것이었다면, 현재 진행되고 있는 논쟁은 국가 대 국민의 대결구도뿐만 아니라 사회구성원 간 갈등을 포함하는 등 다양한 차원에서 전개되기 때문이다. 국가 대 개인의 양극관계가 아닌 다극관계가 형성되었기 때문에 이에 대한 해석의 기준을 마련하는 것은 난제가 되고 있는 것이다.

앞에서 살펴본 집회와 시위의 자유 보장에 대한 판례는 헌법해석을 통해 시민적 자유가 보장되는 방향으로 판결되었다. 하지만 실제 집회현장에서는 집회세력과 진압세력 간 폭력현상이 종종 목격되기 때문에 헌법이 지향하는 법치주의를 둘러싸고 정치권과 시민사회 간 갈등이 빚어지고 있다. 또한 사회질서와 시민적 자유가 충돌할 경우 어떤 것이 우선시되어야 하는지 개인성과 공공성에 대한 이념적 논쟁도 가열되고 있다. 그리고 시민들 간 자유 충돌 사례들에서 볼 수 있듯이 남녀평등, 전통적 가족과 혼인제도, 생명윤리, 종교, 이념 등 변화된 문화와 윤리적·도덕적 가치를 포함한 갈등도 분출되어 왔다.

이와 같이 기본권 개정에 대한 논의는 진보 보수 간 사회적 이념 갈등, 기득권층과 소외계층 간 계급 갈등, 원주민과 이주노동자 등 인종과 민족 갈등, 그리고 노년층과 청년층 간 세대 갈등 등 다양한 양상으로 갈등이 전개될 가능성이 매우 높다. 그러므로 현재와 같은 학계의 전문적인 논의도 필요하겠지만 오랫동안 준비기간을 갖고 논의의 장을 마련하는 것이 중요하다고 본다. 기본권의 최종 유권해석기관인 헌법재판소, 이에 대한 지침과 한계를 제공해 주는 헌법학자뿐 아니라 정치권, 시민단체, 시민들이 기본권에 대한 관심을 갖는 것이 필요하다고 본다. 무엇보다 국민들 간 생각의 차이를 알고 조정하는 시간이 필요하기 때문이다. 한 국가의 가치질서로서 헌법의 핵심은 기본권이라는 점을 알고 합리적 기준 마련을 위한 국민적 공감대가 형성될 때 기본권장에 대한 개헌은 제대로 이루어진다고 본다. 헌법의 사회통합적 기능을 유지하기 위해 기본권 분야에 대한 개정은 충분한 여론 수렴과 논의과정을 거쳐 더욱 신중하게 이루어져야 한다. 또한 사회적 요구와 변화에 민감하기 때문에 기본권 조항은 미국의 수정헌법 조항처럼 부분적으로 개정하거나 신설하는 것도 한 방법일 것이다.

주

* 이 논문의 일부는 "민주화 이후 헌법 개정 논의와 기본권 개정 이슈", 『현대정치연구』 3권 1호, 2009, 131-155쪽에 게재되었다.

1. 1948년 헌법 제정 이래 1987년 헌법 개정까지 한국의 헌법은 평균 4.3년을 주기로 변경되었다(김용철, 2007, 98).

2. 9번의 헌법 개정 중 세 번은 오로지 통치구조나 부칙개정을 위한 것이었기 때문에 기본권 관련 조항 개정내용이 없다. 1차 헌법 개정(1952)은 법적 절차를 무시하면서 대통령직선제를 골간으로 하는 '발췌 개헌안' 통과를 위한 개정이었고, 4차 개정(1960)은 소급입법 근거 마련을 위한 부칙개정이었다. 6차 개정(1969)은 박정희 대통령의 3선 연임허용을 위한 것이었다.

3. 입법부 관련된 국회 관련 쟁점들은 국회의원의 면책특권과 불체포특권의 제한 여부, 국정감사제도의 폐지문제, 감사원의 회계감사기능의 국회이관 여부, 양원제 도입 여부 등이며, 사법부는 대법원장 권한 축소, 헌법재판관 임명방식, 임기, 자격요건 개선, 헌법재판소 권한 확대, 참배심제 도입 등을 중심으로 논의가 이루어졌다. 그리고 직접민주주의 요소 강화를 위한 쟁점들은 국민소환이나 국민발안 같은 제도의 추가적 도입 여부이다.

4. 37조 제1항 헌법에 열거되지 않았으나 기본권을 인정한 예는 알권리(헌재 1989.9.4. 88헌마22), 성적자기결정권(헌재 1990.9.10. 89헌마82), 개성의 자유로운 발현권(헌재 1991.6.3. 89헌마204), 일반적 인격권(헌재 1991.9.16. 89헌마165), 일반적 행동자유권(헌재 1992.4.14. 90헌바23), 생명권(헌재 1996.11.28. 95헌바1), 소비자의 권리(헌재 1996.12.26. 96헌가18), 휴식권(헌재 2001.9.27. 2000헌마159), 명예권(헌재 2002.1.31. 2001헌바43), 개인정보자기결정권(2005.5.26. 2004헌마190) 등이 있다(김배원, 71).

5. 이 판결은 2009년 6월 서울고법이 농림수산식품부가 MBC를 상대로 낸 정정 및 반론 보도 청구소송에서 원고 일부 승소판결을 내린 것과 비교해 볼

때도 허위보도 여부 등에 대한 판단의 차이가 있어 논란이 되고 있다.

6. 판결이 내려진 시점에서 이 법조항과 관련하여 검찰이 수사 중인 총 60건(207명), 재판 중인 사건은 298건(913명)이다. 이 가운데 순수하게 옥외집회 금지규정만 적용된 수사 중인 사건은 7건(8명)이고 재판 중인 사건은 20건(35명)이다.

7. 재판부는 박 씨가 낸 위헌심판제청신청에 대해 "이 사건 처벌조항이 헌법 제11조 평등의 원칙 내지 비례원칙에 반하거나 과잉금지원칙에 반하여 표현의 자유를 침해한다고 볼 수 없다"며 기각했다.

참고문헌

게오르그 옐리네크 외 저. 김효전 옮김. 2004. 『독일 기본권 이론의 이해』. 법문사.

김대환. 2001. 『기본권 제한의 한계』. 법영사.

김문현. 2006. "헌법 개정의 기본방향." 『공법연구』 34집 4호 2권. 49-82.

김민전. 2007. "국회와 헌법 개정." 『담론 201』 10권 3호. 75-111.

김배원. 2009. "한국 헌법사와 현행 헌법 기본권장의 개정방향." 『공법학연구』 10권 3호. 65-95.

김용철. 2007. "개헌 논의 체제의 민주화 : 민주화 이후 개헌 논의를 중심으로." 『정치정보연구』 10권 2호. 97-116.

김장한. 1990. "장기집권 음모로서의 내각제 개헌." 『정세연구』 75-90.

김종세. 2009. "기본권 일반조항의 바람직한 헌법 개정방향." 『법학연구』 34호. 19-38.

김종철. 2007. "대통령 4년 연임제 '원 포인트' 개헌론에 대한 비판적 검토." 『헌법학연구』 13권 1호. 61-104.

로베르트 알렉시 저. 이준일 옮김. 2007. 『기본권 이론』. 한길사.

문광삼. 2009. 『한국헌법학 : 기본권론』. 삼영사.

민경국. 2009. "경제헌법의 문제와 개헌과제." 한국제도경제학회 2009년 추계 학술심포지움. 국회입법조사처. 11월.

박인수. 2009. "헌법 개정과 선진한국." 『세계헌법연구』 15권 2호. 301-332.

박주현. 1990. "한국 헌정의 반성과 내각제 개헌 논의의 반역사성." 『기독교사상』 34권7호. 45-56.

안성호. 2009. 『CEO Report : 왜 지방분권형 개헌인가?』. 경기개발연구원.

오호택. 2009. 『헌법강의』. 동방문화사.

윤명선. 2005. 『미국 기본권 연구』. 경희대학교 출판부.

윤종빈. 2007. "2007년 대통령 헌법 개정 제안에 대한 연구." 『신아세아』 14권 4

호. 143-165.

이직행. 1997. "기본권의 본질과 내용 : 한국 기본권 이론의 반성과 과제." 정천 허영 박사 회갑기념논문집 간행위원회. 『한국에서의 기본권이론의 형성과 발전』. 박영사. 72-82.

임종훈. 2006. "국가권력구조의 개편방향." 『헌법학연구』 12권 4호. 393-419.

임지봉. 2007. "개헌의 바람직한 방향 : 정부의 개헌시안에 대한 비판적 분석과 기본권규정 개정을 중심으로." 『헌법학연구』 13권 4호. 327-360.

______. 2008. "헌법상 통치구조 개헌의 바람직한 방향과 내용." 『세계헌법연구』 14권 2호. 207-226.

정종섭. 2007. 『기본권의 개념』. 금붕어.

조재현. 2008. "정부형태에 관한 헌법 개정논의." 『법학연구』 14권 4호. 225-258.

권용태. 2009. "헌법 개정 논의 어디까지 왔나." 《인터넷 법률신문》(7월 17일). www.lawtimes.co.kr/LawNews/NEwsAccs (검색일 2010. 2. 16).

김상철. 2005. 개헌 논의 유감 : 문화연대 문화읽기 7.21. http://culturalaction.org (검색일 2010. 1. 12).

김 욱. 2008. 개헌의 정치적 의미와 권력구조 개편. http://www.kifs.org (검색일 2010. 1. 10).

대화문화 아카데미. 대화모임-새로운 헌법 필요한가 : 쟁점과 접점. http://www.daemuna.or.kr (검색일 : 2010. 1. 10).

대통령자문 정책기획위원회. 2008. 참여정부 정치개혁의 성과와 과제. http://pcpp.pa.go.kr

미래전략연구원. 2008. 개헌의 내용과 절차에 대한 검토. http://www.kifs.org (검색일 2010. 1. 10).

정태호. 2007. 지금 "원 포인트 개헌"을 해야 하는 이유. http://www.knsi.org (검색일 2010. 1. 10).

제8장

양원제 개헌론 재고(再考)

_신우철

I. 들어가는 말

작년 여름, 헌법연구자문위원회는 "한국 헌법에 있어서 하나의 이방인에 속했던 양원제"(한태연, 2001b : 161) 개헌방안을 전격 채택했다. 의회의 구성문제는 그간 개헌의 중심과제에서 다소 비켜 있었는데,[1] 그럼에도 양원제의 도입을 주장하는 견해들은 드물잖게 제기되었다. 그 논거로는 대개 ① 정치의 지역주의 극복과 권력구조의 지방분권화, ② 국회의 날치기입법 근절 필요성, ③ 통일친화적 국가구조의 모색 등이 제시되었고, 그 반대 논거로는 ① 상·하원의 상호충돌상황의 문제, ② 양원제가 전제로 하는 연방제의 적실성 문제, ③ 추가되는 경제적 비용의 문제 등이 제시되었다(신우철, 2002 : 174-177 ; 이상윤, 2006 : 289-290 ; 성낙인, 2010 : 891-894 참조). 최근의 연구로서

① 단일국가라는 점과 양원충돌의 우려를 감안하여 하원보완적 성격의 상원을 도입하되(입법에 대한 정지적 거부권을 갖고 헌법 개정에 참여함), ② 구성에서는 슬로베니아 상원처럼 지역대표와 직능대표를 결합하고 추가로 소수자의 입장을 대변할 수 있는 가능성을 마련하며, ③ 여기에 접목하여 기존 국회의 지역구 인구 불균형을 해소하고 비례대표 의석수를 확대하는 등을 골자로 한 구체적 양원제 구상도 주목된다(송석윤, 2008 : 341-343).

헌법연구자문위원회의 최종 연구결과는 우선 그 도입 논거로서 ① 의회 내 상호 견제를 통한 의안심의 과정의 신중성 제고, ② 상원을 통한 입법부·행정부의 극단적 대립상황 조정의 두 가지를 들고, 다음 그 구성방안으로서 ① 의원 정수는 법률로 정하되 현재 국회의원 정수를 유지할 경우 이를 하원 221명(74%)과 상원 78명(26%)으로 하고, ② 임기는 하원 4년 상원 6년으로 직선하되 상원은 2년마다 1/3씩을 교체하도록 했으며, 또한 그 권한배분에서는 ① 법률안은 원칙상 양원의 의결을 요하는 것으로 하고, ② 양원의 의사가 불일치할 때는 양원협의회에서 단일안을 만들어 의결하되 그렇지 못하면 하원 재적의원 2/3 이상의 재의결로써 확정하며, ③ 예산법률안은 하원이 우선 심의·의결하여 상원으로 송부하고(이원정부제에서는 정부가 제출, 대통령제에서는 하원이 제안), ④ 헌법 개정은 각원 재적의원 과반수 찬성으로 발의하여 양원합동회의 재적의원 2/3 이상의 찬성으로 의결하도록 했다(헌법연구자문위원회, 2009 : 125-127).[2] 상원의 구성에 있어 지역대표로 할 것인지 아니면 인구비례로 할 것인지, 그리고 상원의 권한을 하원과 대등하게 할 것인지 아니면 일정한 범위로 제한할 것인지(인사 사전통제, 하원 견제 및 정부·하원 갈등 조정, 지역관련 권한 등)에 대해서는 의견이 나뉘었던 것으로 보인다(헌법연구자문위원회, 2009 : 122-124).

과연 양원제는 "기원에 있어서의 그 반민주주의적인 원죄(原罪)"(한태연, 2001b : 157)의 한계를 넘어 우리 헌법의 일부분으로 장착될 수 있을 것인가? 그 판단에 있어서는 당위적 필요성과 효과(작용) 못지않게 현실적 가능성과 한계(부작용)가, 그리고 선진제국의 보편적 추세 못지않게 우리 헌법사의 특수한 경험이 신중하게 저울질되어야 하리라고 본다.

II. 역사의 경로 : "원칙에서 경험으로"

양원의 상호 거부권을 통해 권력의 균형상태가 달성될 수 있다고 본 몽테스키외(Montesquieu, 2006 : 77)나 제2원이란 제1원에 반대할 때는 유해하고 그렇지 않을 때는 무용하다고 본 시에예스(Emmanuel-Joseph Sieyès)[3]나 각각 양원제-단원제를 정당화하는 어떤 '이론적 · 원리적 논거'를 제시하려 했다는 점에서만은 일치한다. 신분, 재산, 명예에 있어서 두드러진 사람은 입법에 참여하는 몫을 우대받아야 하며, 세습되는 귀족원이 '저지하는 권한'을 갖는 조정자의 역할을 해야 한다는 몽테스키외의 생각(Montesquieu, 2006 : 71-72)이나, 주권의 최고성은 단일 · 불가분인 것이므로 편향적으로 분리된 불평등한 대표란 영원히 추방되어야 할 '정치의 괴물'이라고 본 시에예스의 생각(Dippel, 2003 : 419 재인용)이나 이 점에서만은 차이가 없는 것이다. 하지만 미국에 있어서 초기 잠시 원용되었던 "하원은 인(人)을 대표하고 상원은 재산을 대표한다"는 귀족주의적 대표 이론은 인민주권론에 직면하여 "입법부와 행정부의 대립을 중재한다"는, 다시 말해 "제어되지 않은 다수의 성급하고 조악한 입법을 막는다"는 견제·균형의 현실론으로 대체되었다(Dippel, 2003 : 412, 415, 416–417). 프랑스에서도 상황은 다르지 않았다. 혁명 초기 1791년 헌법과 1793년 헌법을 지배했던 시에예스의 주권의 단일·불가분 원칙 및 이에 입각한 대표의 평등성 원칙은 "하원은 대중의 상념(imagination)을, 상원은 그 이성(reason)을 구현한다"는 모토 하에 입법부의 양원제를 채택한 1795년 헌법을 고비로 "원칙에서 경험으로"의 급격한 전환을 겪게 되는 것이다(Dippel, 2003 : 419–421).

단원제에서 양원제로의 역사적 발전경로에서 관찰되는 이러한 '이론적·원리적 논거'로부터 '현실적·경험적 논거'로의 대체를 법사학자 디펠(H. Dippel)은 경제학자 레온티에프(W. Leotief)의 용어법을 빌려 투입지향적(input–oriented) 관점에서 산출지향적(output–oriented) 관점으로의 전환이라고 설명했다(Dippel, 2003 : 415).[4] 마치 입헌군주제의 압도적 흐름 속에서 인민주권론의 주장이 단원제의 형태로 치환되어 등장했듯이[5] 인민주권론의 지배적 대세 속에서 양원제는 권력의 견제·균형이라는 현실론 쪽으로 기울어졌던 것이다. 권력의 형성·대표 측면에서의 민주주의론(외부적 정당성)과 권력의 한정·통제 측면에서의 권력분립론(내부적 정당성)의 교차·종착이야말로 양원제의 역사적 발전경로를 특징짓는 하나의 중요한 모순점이 아닐 수 없다. 그 역사의 얽힌 실타래는 오늘날 한쪽에서는 미디어와 대중여론이, 다른 한쪽에서는 헌법재판이, 또 다른 한쪽에서는 정당이 제각각 영향력을 행사하고 있는 복잡한 상황에서도 여전히 풀리지 않는 '현실'로 남을 것인가?[6]

III. 합리적 선택 : "정치 측면과 효율 측면"

원인보다는 효과에, 이론보다는 현실에, 원칙보다는 경험에서 양원제의 정당성을 찾았던 미국 '헌법의 아버지들'의 생각(더 정확히는 '연방주의자들'의 생각)이 오늘날 '합리적 선택'의 관점에서 양원제의 유효성을 논증하는 '공공선택학파'로 연결되는 것은 어쩌면 당연한 결과일 것이다.[7] 『연방주의자 논집』(*The Federalist*)에 나타난 양원제 선택의 근거는 다음 다섯 가지였다(Muthoo/Shepsle, 2008 : 254-256) : 첫째, 입법부 다수의 독재(majority tyranny)에 대한 견제,[8] 둘째, 입법의 급격한 열정을 식히는 지연의 미덕(virtues of delay)의 요청,[9] 셋째, 하원의 입법지식 결여에 대한 보완의 필요성,[10] 넷째, 정책 및 정부의 안정성(stability) 요청,[11] 다섯째, 지속적 관심이 요구되는 과제를 장기적 시야에서 추진할 필요성.[12] 공공선택이론은 이러한 '헌법의 아버지들'의 관점을 이어받아 다수-소수 간의 견제·균형이라는 양원-대립적 이해의 측면('정치측면')과 입법의 질과 안정성을 높인다는 양원-공통적 이해의 측면('효율 측면')에서 면밀한 수학적 분석을 전개하고 있다(양원제의 '효율 측면'과 '정치 측면'의 구분은 Tsebelis/Money, 1997 : 15-17).

뷰캐넌(J. Buchanan)과 털록(G. Tullock)은 공공선택학파의 본격적 출발을 알린 그 고전적 역작 『국민합의의 분석』(*The Calculus of Consent*)에서 양원제는[특히 양원 선거구의 완전한 다양성(complete diversity)의 상황에서] 새로운 입법의 의결에 요구되는 다수결의 크기를 단원제에서보다 대폭 확대하는 효과가 있음을 밝혔다[Buchanan/Tullock, 1962/2004 : chap. 16 (222–236), 230].[13] 즉 이질적 사회에서 양원제는 다수의 독재를 막는 유용한 수단인 동시에(Kailitz, 2009 : 3) 단원제와 비교할 때 조직된 소수의 독재에 대해서도 더욱 효과적인 보호장치가 된다는 것이다(Tsebelis/Money, 1997 : 36 ; König, 2001 : 411–412). 해먼드(T. Hammond)와 밀러(G. Miller)는 행정부의 거부권과 입법부의 재의결권을 포함한 6종류의 양원제 · 단원제 게임 모델 분석을 통해 두 원이 서로 다르면 다를수록[두 원 구성원의 이상점(ideal point)이 서로 멀면 멀수록] 양원 전체의 파레토 효율을 보장하는 'non–empty core'가 생길 여지가 큼을 밝히면서, 양원제 입법 게임이 단원제 입법 게임에 비해 양원제 재의결권 입법게임이 단원제 재의결권 입법 게임에 비해 더욱 안정적(stable)임을 논증했다(Hammond/Miller, 1987 : 1160–1161, 1169, 1170).[14]

라이커(W. Riker)는 다수의 독재 및 불안정(instability)의 원인인 투표의 순환현상이 양원제에서는 회피될 수 있다고 하면서 유사한 효과를 갖는 헌법적 장치로서 ① 단원제에서의 가중다수결, ② 독립적 행정부, ③ 비례대표–단원제의 다당제 구조, ④ 사법부의 위헌법률심사 등을 거론하는데, 균형(equilibrium)이 존재하지 않을 때 지연(delay)을 통해 현 상태(status quo) 유지를 도모하는 점에서 양원제는 이들 헌법적 장치와 차이가 없지만, 균형이 존재할 때 그 실현을 조장하는(최소한 저지하지 않는) 점에서 양원제는 이들과 구별된다고 설명한다(Riker, 1992a : 101–116 ; Riker, 1992b : 166–168). 레브모어(S. Levmore)도 양원제는 투표의 순환상황에서 의안설정자(agenda setter)의 영향을 감축시킴으로써 다수결원칙을 진작하고, 부패의 위험이 있는 가중다수결과 달리 콩도르세 승자(Condorcet winner)의 등장을 저지하지 않음으로써 안정화 효과를 가져다 줄 뿐만 아니라, 로그롤링(log-rolling)을 촉진하는 양원협의회(conference committee)를 창출함으로써 의사결정 비용을 줄이고, 특히 연방제에서 그것은 관할의 중복으로 증폭된 정부개입을 차단하는 메커니즘으로 기능하기도 한다고 설명한다(Levmore, 1992 : 145–162, 147–149, 150–151, 155–158, 159–161).[15)]

체벨리스(G. Tsebelis)와 머니(J. Money)는 'core', 'yolk', 'uncovered set' 등 협력적 게임 이론의 개념들을 이용하여 양원 상호 간의 교섭관계를 검토했는데, 단원제와 비교할 때 양원제는 현 상태(status quo)에 대한 변경을 더욱 어렵게 하고, 협상성공/의안지연(delay)에 대한 비인내도(impatience)에 따라 각 원의 상대적 권력 강도가 달라지며, 다른 원의 타협의사의 불확실성 정도에 상응하여 교섭차수가 증가하는 것으로 분석되었다(Tsebelis/Money, 1997 : part. II, 75, 87, 89, 90, 101, 104).[16)] 로저스(J. Rogers)의 연구에 의하면, 양원제는 더 많은 정보를 가진 원이 법안발의를 할 수 있도록 함으로써 정보비용을 경제화하게 되며, 더 많은 정보를 가진 원이 법안을 발의하게 되는 그만큼 양원제 입법부는 단원제 입법부에 비하여 더 많은 정보에 기초하여 결정을 내리게 되는데, 미국 각주 상·하원의 실증자료 역시 상원에 대한 하원의 의원수 비율격차가 상대적으로 더 클수록(즉 정보취득 비용이 상대적으로 더 작을수록) 가결된 법안의 하원 발의비율이 상대적으로 더 높음을 보여준다고 한다[이 점, 원내 단일정당이 지배할수록, 즉 입법부가 동질적 선호를 가질수록 더 뚜렷하게 나타남. Rogers, 1998 : 1025–1060, 1042, 1043(Table 1), 1044, 1047, 1048–1050, 1054–1055].

브래드버리(J. Bradbury)와 크래인(W. Crain)은 체벨리스와 머니 연구의 연장선에서 양원 간의 상호작용 분석을 통해 각기 다른 선거구에서 선출되는(즉 각기 다른 이해관계를 대표하는) 양원의 존재로 인해 부(富)를 이전하는 재정정책의 가결에 더 광범한 합의가 필요하게 되고, 의원들의 재분배적 이전정책 추구능력이 감소함에 따라 국가재정의 한층 효율적인 지출이 유도된다는 사실을 통계적으로 실증했다(Bradbury/Crain, 2002 : 646–659). 콩글턴(R. Congleton)은 정당정치의 요소를 감안한 스웨덴, 덴마크(두 나라 모두 양원제에서 단원제로 전환) 및 유럽연합에서의 실증연구를 바탕으로 단원제와 비교할 때 양원제가 오히려 공공정책의 예견 가능성을 제고하고 중위 투표자(median voters)의 장기적 이해관계를 더 잘 반영하는 경향이 있음(특히 정당규율이 강하고 양원 크기가 비슷할 때)을 밝혔다(Congleton, 2006 : 163–188 ; Congleton, 2003a : 29–49). 요컨대 공공선택이론의 대세는 양원제가 입법에 있어서 수(다수든 소수든)의 횡포를 저지하고, 현명한 지연으로 입법과열을 차단하며, 정보의 폭을 넓혀 입법지식 부족을 보완하고, 현상유지로써 입법의 안정성을 제고하며, 정책의 장기적 예견가능성을 높이는 등 긍정적 효과를 가져온다는 것이다(Tsebelis/Money, 1997 : 35–42 ; Muthoo/Shepsle, 2008 : 254–258 ; Congleton, 2006 : I. ; Congleton, 2003a : II.B. ; Cooter, 2000 : 58–60, 185–189).

Ⅳ. 비교헌정공학 : "정치학의 공리?"

양원제와 단원제의 비교헌법적 추세 · 경향 판단에는 몇 가지 난점이 존재한다. 첫째, 양원제와 단원제의 구분은 일응 분명한 것 같지만 기실 노르웨이, 아이슬란드(~1991), 대만(2000~)의 예와 같은 1.5원제(이른바 'one into two' 시스템) 형태가 존재한다(Kailitz, 2009 : 5-6 ; Lijphart, 1999 : 201-202).[17] 둘째, 헌법규정과 헌법현실의 차이로 인해 제도적으로는 양원제로 보이지만 실질적으로는 단원제인 경우도 있고(보츠와나, 피지, 룩셈부르크), 양원 중 어느 쪽이 제1원(하원)이고 어느 쪽이 제2원(상원)인지 전통적 기준으로는 판단하기 곤란한 경우도 있다(콜롬비아, 파라과이, 우루과이) (Kailitz, 2009 : 6-7). 셋째, 조사자의 양원제 · 단원제에 대한 선호에 따라 객관적 자료에 대한 해석이 왕왕 달라지곤 한다. 비슷한 샘플에 기초한 연구들이 그 결론에서 실질적 차이를 보이는 것은 바로 이 세 번째 점 때문으로 여겨지는데, 가령 양원제를 선호하지 않는 측에서는 ① 세계 의회 중 단원제가 3분의 2를 차지하고 있고(Tsebelis/Money, 1997 : 1),[18] ② 북유럽 국가들을 위시하여 상원을 폐지하는 국가들이 늘어나고 있으며(Vatter 2005 : 195),[19] ③ 동유럽 체제전환 국가들 중에도 단원제를 채택한 국가들이 적지 않다(Vatter, 2005 : 194-195)[20]는 사실을 강조한다. 반면 양원제를 선호하는 측에서는 ① 서구 민주주의 국가 가운데 어느 정도 규모와 경제수준을 갖춘 경우는 대부분 양원제를 채택하고 있으며,[21] ② 북유럽 국가들이 단원제로 전환한 것은 국가 규모, 사회동질성,

지방의회 권력 등 특수성을 반영한 결과일 뿐이며(북유럽 국가들의 특수상황에 대해서는 한태연, 2001b : 165-168 ; 스웨덴 · 덴마크에서의 단원제 경험에 대한 비판적 실증연구로서 Congleton, 2006 : I. 및 Congleton, 2003a : III.B.C. ; Congleton, 2003b : 157-180 참조), ③ 오히려 동유럽 체제전환 국가들의 양원제 채택 경향이 주목된다고 한다.[22)]

카일리츠(S. Kailitz)의 최근 연구는 1945년부터 2007년까지[즉 헌팅턴(S. Huntington)의 제2의 민주화 물결부터 현재까지] 존재한 민주정체를 대상으로 한 포괄적 분석이라는 점에서 참고의 가치가 매우 높은데, 여기에 의하면 1950년에는 단원제 비율이 1/4 남짓한 8개/30개였으나 2007년에는 절반이 넘는 47개/88개로 나타나고 있다[Kailitz, 2009 : 10-12, 11(Table 4), 12(Table 5), 그 조사대상의 선정기준은 Kailitz, 2009 : 7 참조]. 양원제 폐지 추세는 의원내각제에서 두드러지지만(뉴질랜드, 덴마크, 스웨덴, 아이슬란드, 타이) 신생 민주정체의 준대통령제 경우에도 나타나며(페루), 대통령제의 경우에도 의원내각제 못지않게 나타난다(베네수엘라, 에콰도르, 니카라과)고 한다(Kailitz, 2009 : 10). 그보다 더욱 장기적인 추세로 본다면 양원제에서 단원제로의 경향이 확연히 관찰된다. 마르제벤(H. Maarseveen)과 탕(G. Tang)의 연구에 의하면, 1788년에서 1945년 사이의 22개 헌법전 중 양원(또는 그 이상의 원)을 규정한 것은 모두 18개로 81.8%에 달한 반면, 1976년도의 각국 헌법전 중 양원(또는 그 이상의 원)을 규정한 것은 모두 52개로 전체의 36. 6%에 그친 것으로 나타났다(Maarseveen/Tang, 1978 : 61, 140, 166).

정부형태와 양원제-단원제의 상관관계도 다양한 각도에서 조사 · 분석되고 있다. 레이파아트(A. Lijphart)는 의원내각제에서 과

〈그림-1〉 세계의 양원제 분포(2008. 1. 1. 기준)

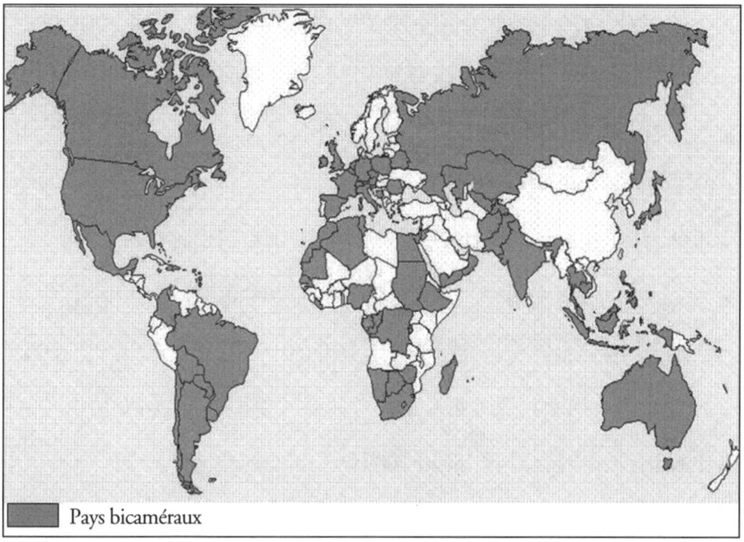

출처 : www.senat.fr/senatsdumonde/cartebicamerismemonde.html

잉연합(oversized coalition)은 강한 양원제(즉 강력한 상원의 존재)로 말미암아 정부의 안정성이 위협받는 것을 막기 위한 수단이라고 주장하면서(Lijphart, 1984 : 104)[23] 강한 양원제는 그가 지향하는 "한층 친절하고 온화한"(kinder, gentler) 민주주의, 즉 합의제 민주주의 모델[비(非)웨스트민스터(non-Westminster)형 의원내각제]의 요소이며, 단원제 또는 약한 양원제는 다수제 민주주의 모델[웨스트민스터(Westminster)형 의원내각제 및 대통령제]의 요소일 것이라고 한다(Lijphart, 1999 : 18, 39, 200-215). 반면 사르토리(G. Sartori)는 "양원의 권한이 불균등할수록(비대칭일수록) 그 구성은 이질적일 수 있다(즉 강한 양원제일수록 그 구성의 유사성이 보장되어야 한다)"면서 이질적으로 구성된 균등한(대칭적) 권한의 양원이 서로 충돌할 경우 대통령제와 달리 의원내각제에서는 달리 해결책이 없음(인도나 독일처럼 구성과 권한 측면에서 어느 한 원을 약화시키는 것 외에는)을 강조한다(Sartori, 1997 : 188-189).[24] 카일리츠의 연구에서는 의원내각제 중에서도 웨스트민스터형이냐 비웨스트민스터형이냐에 따라 양원제-단원제 빈도에는 의미 있는 차이가 나타났으며, 단원제 빈도는 의원내각제나 대통령제보다 이원정부제와 준대통령제에서 더욱 높은 것으로 나타났다(〈표-1〉 참조, Kailitz, 2009 : 8). 양원제와 ① 정부형태, ② 대통령제, ③ 연방제, ④ 인구규모의 상관관계 계수는 각각 ① 0.161(0.01 수준에서 유의), ② 0.041(0.05 수준에서 유의), ③ 0.465(0.01 수준에서 유의), ④ 0.466(0.01 수준에서 유의)으로 나타났다(Kailitz 2009 : 9-10, Table 3 참조).[25]

〈표-1〉 정부형태와 양원제의 빈도(1945~2007)(Kailitz 2009 : 9)

정부형태	단원제	1.5원제	양원제	표본수
의원내각제	37.4%	3.8%	58.8%	1,637
준의원내각제	43.0%	13.9%	43.0%	330
이원정부제	58.9%	2.7%	38.4%	224
준대통령제	64.3%	0.5%	35.3%	221
대통령제	45.7%	0%	54.3%	803
웨스트민스터형	23.1%	0%	76.9%	778
비웨스트민스터형	50.1%	8.4%	41.5%	1,283

한편 양원제에서 두 원의 권한 강도에 대해 사르토리는 ① 상원이 지연권한만 갖는 경우(영국), ② 재의결 없는 절대적 거부권을 갖는 경우(네덜란드), ③ 특정 사안에서만 절대적 거부권을 갖는 경우(독일), ④ 하원의 가중정족수에 의한 재의결이 인정되는 경우

〈표-2〉 정부형태와 양원의 권한 강도(1945~2007)(Kailitz 2009 : 13-15)

권한강도 정부형태	강비대칭	약비대칭	대칭	표본수	상원권한계수(100)
의원내각제	45.1%	39.7%	15.2%	955	56.6
준 의원내각제	56.3%	43.7%	0.0%	142	47.8
이원정부제	73.9%	6.5%	19.6%	92	48.5
준 대통령제	20.8%	61.1%	18.1%	72	65.7
대통령제	0.0%	0.0%	100%	444	100
웨스트민스터형	81.3%	18.7%	0.0%	583	39.5
비웨스트민스터형	7.0%	62.4%	30.6%	532	74.5
비연방제				1,058	64
연방제				647	72.4

(75%·60% 등), ⑤ 하원의 일반정족수에 의한 재의결이 인정되는 경우(오스트리아) 등으로 구분했다(Sartori, 1997 : 185, 187). 레이파아트는 ① 헌법상 권한의 강도와 대표의 선발방법(직선·간선·임명)을 기준으로 대칭(symmetrical) 양원제와 비대칭(asymmetrical) 양원제를 나누고, ② 상원의 지역적 과잉대표성 등 그 구성상의 불균등 정도에 따라 대등(congruent) 양원제와 비대등(incongruent) 양원제를 나눈 후, ③ 이를 다시 ①②의 조합에 따라 강한 양원제(4.0), 중간강도 양원제(3.0), 약한 양원제(2.0), 1.5원제(1.5), 단원제(1.0) 등으로 계량화했다(Lijphart, 1999 : 205-213).[26] 카일리츠는 헌법상 권한의 강약에 따라 ① 양원이 거의 동등한 권한을 가진 대칭(symmetrical) 양원제(미국)(100), ② 상원이 모든 입법절차에 동등하게 관여하지는 않는 약한 비대칭(slightly asymmetrical) 양원제(독일)(66.6), ③ 상원이 정지적

거부권을 가질 뿐인 강한 비대칭(very asymmetrical) 양원제(영국)(33.3)로 계량화한 후(Kailitz, 2009 : 12–13),[27] 정부형태와의 상관관계를 분석했는데, 대칭 양원제는 대통령제에서 일반적이고 의원내각제와 준의원내각제에서는 예외적이며(가령 이탈리아, 오스트레일리아), 강비대칭 양원제는 합의제적인 비웨스트민스터형보다 다수제적 웨스트민스터형에서 전형적이고 이원정부제 역시 후자의 경향과 궤를 같이하는 것으로 나타났다(〈표–2〉 참조, Kailitz 2009 : 13–15).[28]

양원의 구성 측면에서는 ① 상원이 대개 하원보다 숫자가 적고, ② 상원이 대개 하원보다 임기가 길며, ③ 양자의 선거는 대개 교차한다(Lijphart, 1999 : 203–204 ; Patterson/Mughan, 1999 : 4–5 ; 상세히는 Tsebelis/Money, 1997 : 46–54). 상원의 민주적 정당성에 대해 카일리츠는 ① 직선(미국)(100), ② 간선(인도)(75), ③(행정수반에 의한) 임명(캐나다)(50), ④ 세습(~1999 영국)(0) 등 경우를 계량화하여 정부형태와의 상관관계를 분석했는데, 직선 상원은 대통령제에서 일반적이며(단, 2001년 이전 아르헨티나 제외) 의원내각제에서는 다소 드문 것으로 나타났으며, 다수제적 웨스트민스터형보다 합의제적인 비웨스트민스터형에서 직선 경향이 강하게 나타났다(〈표–3〉 참조, Kailitz, 2009 : 15–18). 상원의 기능적 정당성에 대해 카일리츠는 ① 지역적 이해관계를 대변하는 경우(미국·독일)(100), ② 지역적 이해관계를 부분적으로 대변하는 경우(벨기에)(75), ③ 일정 사회계급을 대변하는 경우(슬로베니아)(50), ④ 전근대적 사회구조의 흔적인 일정 직능을 대변하는 경우(아일랜드)(25), ⑤ 상류계급의 이해관계를 대변하는 경우(영국)(0), ⑥ (냉각기능 외) 별도의 독립적 기능이 없는 경우(일본)(0) 등으로 계량화하여 정부형태와의 상관관계를 분석했는데,

〈표-3〉 정부형태와 상원의 민주적 정당성(1945~2007)(Kailitz, 2009 : 17)

정부형태	민주적 정당성 계수(100)	표본수
의원내각제	68.1	941
준의원내각제	68	142
이원정부제	83.4	92
준대통령제	72	72
대통령제	99	429
웨스트민스터형	55.9	583
비웨스트민스터형	83	518
비연방제	74.1	1,044
연방제	81.8	632

〈표-4〉 정부형태와 상원의 기능적 정당성(1945~2007)(Kailitz, 2009 : 20-21)

상원기능 / 정부형태	없음 (0)	계급/부분 (25)	계급 (50)	지역/부분 (75)	지역 (100)	기능적 정당성 계수 (100)	표본수
의원내각제	61.5%	0.0%	6.2%	8.1%	24.2%	33.4	941
준의원내각제	0.0%	44.4%	12.0%	0.0%	43.7%	60.7	142
이원정부제	46.7%	0.0%	0.0%	53.3%	0.0%	39.9	92
준대통령제	13.9%	0.0%	0.0%	20.8%	65.3%	80.9	72
대통령제	9.0%	0.0%	0.0%	22.5%	68.5%	85.4	444
웨스트민스터형	56.2%	11.3%	0.0%	11.3%	21.3%	32.1	583
비웨스트민스터형	44.4%	0.0%	13.4%	2.2%	40.0%	41.2	532/518
비연방제						26.3	1,044
연방제						92.6	647

이 역시 의원내각제보다 대통령제 및 준 대통령제에서 상원이 지역적 이해관계를 대변하는 독립된 기능이 높게 나타났다(〈표-4〉 참조, Kailitz, 2009 : 18-21).[29)]

카일리츠의 연구에서 대통령제와 ① 상원의 권한, ② 상원의 민주적 정당성, ③ 상원의 기능적 정당성의 상관관계 계수는 각각 ① 0.781, ② 0.664, ③ 0.46(모두 0.01 수준에서 유의)으로 매우 높게 나타났는데, 대통령제에서 상원의 존재는 행정부가 상대해야 할 강력한 적수가 하나 추가되었다는 것을 의미하며, 이는 결국 대통령제의 대통령은 의원내각제의 수상보다 강력한 상원에 봉착하여 정국이 교착될 위험이 더 높다는 사실을 의미한다(Kailitz, 2009 : 22-23, 24-25).[30)] 아무튼 정부형태와(권한 · 구성 · 기능 면에서) ① 강한 양원제와 ② 약한 양원제 및 단원제 사이의 상관관계는 레이파아트의 주장처럼 ① 비웨스트민스터형(합의제)과 ② 대통령제 · 웨스트민스터형(다수제)의 대립쌍보다 ① 대통령제 · 비웨스트민스터형과 ② 웨스트민스터형의 대립쌍에서 훨씬 뚜렷이 나타난다는 것이 카일리츠의 실증연구에서 밝혀진 요지이며, 경우에 따라서는 강력한 상원의 존재가 대통령의 권한을 강화하는 방향으로 작용하는 사례도 있으므로, 모든 경우에 레이파아트가 주장하듯이 "강한 양원제가 합의제 민주주의를 불러오지는 않는다"는 것이다(Kailitz, 2009 : 26).[31)]

V. 상원 : "안정의 축? 보수의 아성?"

지식으로 충만한 제2원이 슬기로운 지연의 미덕을 발휘하여 다수의 횡포를 막고 정부의 안정을 지켜낼 것이라는 미국 '헌법의 아버지들'의 꿈은 과연 이루어질 것인가. 공공선택이론의 다양한 분석모형들이 도식 속에서 입증한 바 그대로 양원제는 현실세계에서도 '합리적 선택의 유토피아'를 보장할 것인가. 실제로 『연방주의자 논집』에 상정된 정부형태는 ① 행정부가 아니라 의회가 입법안을 주도하며, ② 정당규율이 아니라 의원의 개인선호가 투표를 지배한다는, 즉 오늘날의 행정국가 · 정당국가 상황에서는 충족되기 어려운 두 전제를 바탕으로 깔고 있는 것이다(Kailitz, 2009 : 25). 게다가 ③ 현대 정보 미디어 네트워크의 눈부신 발전은 "광활한 영토와 성긴 인구는 오히려 와전된 허위의 악영향이 더욱 오래가도록 만들" 것이기에, "급격한 열정에 감염되거나 부당한 이해관계에 결부될 위험"으로부터의 회피를 위해 상원이 더욱 필요하다는 그 논증(A. Hamilton or J. Madison, *The Federalist*, no. 63)의 설득력을 약화시키고 있다['숙고의 원'(chambre de réflexion) 내지 '지혜의 원'(Rat der Weisen)의 가능성에 대한 회의]. "대표자의 의지인 법률이 시민의 의지인 헌법에 반할 때에 헌법을 포함하여 법을 해석하는 법원은 시민의 의지를 따라야 한다"(A. Hamilton, *The Federalist*, no. 78)는 원칙 하에 확립된 ④ 사법부의 위헌법률심사제(Marbury v. Madison, 1803) 역시 양원제의 필요불가결성에 대한 의문을 증폭시키고 있다.

우선 오늘날 행정부 주도·정당지배의 현실 속에서 양원제가 그 본연의 작용을 기대대로 수행할 수 있을 것인지 재고해 볼 필요가 있다. 의원내각제에서 하원=행정부의 존속의 보장이야말로 정책과 정부의 안정성을 높이는 첩경이 될 터인데, 가령 의원내각제-양원제에서 상원까지도 행정부에 대한 불신임권한을 갖게 될 경우, 그 이중의 책임성(dual responsibility)의 요청으로 인해 행정부 존속의 불안정성은 가중될 것으로 예상된다(Kailitz 2009 : 23 ; Vatter 2005 : 208-209). 오스트레일리아의 경우처럼 하원=행정부를 견제하기 위한 강력한 상원의 존재가 결국 행정부의 불안정을 초래한 실제 사례도 있었다(오스트레일리아의 사례에 대해서는 각주 24 소재 G. Sartori의 비판 및 Stone, 2002 : 267-268 ; Vatter, 2005 : 208-209 ; Kailitz, 2009 : 22 등 참조). 그러나 상원의 불신임권한을 인정한 이탈리아, 벨기에(~1995), 스웨덴(~1970) 등을 대상으로 한 디어마이어(D. Diermeier)와 에라슬란(H. Eraslan), 메를로(A. Merlo)의 연구에 따르면, 체벨리스[『거부권 행사자 : 정치제도는 어떻게 작동하는가』(*Veto Players : How Political Institutions Work*, 2002)]의 예측과 달리 이중의 책임성이 행정부의 불안정성을 가속시킬 것이라는 일응의 추정에는 근거가 발견되지 않았다(Diermeier/Eraslan/Merlo, 2007 : 229, 251). 무엇보다도 행정부의 독자적 존속[이원적 민주적 정당성(dual democratic legitimacy)]을 개념징표로 하는 대통령제에서는 양원제와 행정부 존속 간의 영향관계가 더더욱 뚜렷하지 않다.[32] 내각의 존속에 서로 이질적인 양원 모두의 신임을 필요로 하도록 규정한 아이티(Haiti) 1987년 헌법이 대통령 지위의 무력화를 초래한 사례는 비교헌법상으로는 대단히 예외적인 경우에 속한다(Shugart/Carey, 1992 : 72-73).

그 밖에 정당지배의 현실도 양원제–단원제의 정치적 작용을 결정하는 데 중요한 변수로 작용한다. 콩글턴(R. Congleton)은 스웨덴에서의 사례연구를 토대로 비례대표제 하에서 정당지도부의 정책결정권 장악으로 인한 대표자–선거민 사이의 의사 불일치는 양원제보다 단원제에서 더욱 심각하게 나타나는 것으로 분석했다(Congleton, 2006 : I.). 그러나 드러크만(J. Druckman)과 티스(M. Thies)의 실증연구는 그 표본이 다소 제한적이기는 하지만, 양원제냐 단원제냐의 차이가 그다지 결정적이지 않다는 결과를 보여준다. 즉 현대 정당정치에서 양원 의석분포로 표현되는 상·하원 간 정당·이념격차는 기실 매우 근소하며(통상 정당의 양원 간 의석점유 편차는 3.1%에 불과함), 상원의 다수의석 확보는 하원의 다수의석 확보만큼 행정부의 존립에 결정적인 요소는 아니라는 것이다(하원 다수의석을 장악한 행정부는 그 반대경우에 비해 붕괴 위험률이 84.9% 감소한 반면 상원의 경우는 그 위험률이 56.4% 감소하는 데 그침, Druckman/Thies, 2002 : 766–767). 반면 유럽연합을 대상으로 한 코스텔로(R. Costello)의 최근 연구는 유럽의회(European Parliament)와 유럽평의회(Council of Europe)의 공통 다수결을 요하는 사안과 그렇지 않는 사안을 비교할 때, 전자의 경우 정당 간 연합이 중도적 유럽자유민주개혁당(ELDR)을 중심으로 한 매우 안정적인 형태로 나타난다는 사실을 지적하고 있다(Costello, 2009 : 23–25). 즉 적어도 유럽연합 차원에서는 양원제가 정당 간 연합형태의 안정성을 증진시키는 작용이 관찰된다는 것, 다시 말해 전술한 레이파아트의 과잉연합(oversized coalition) 명제가 타당할 수 있다는 것이다.

한편 정당정치의 영향력이 강하게 나타나는 독일에서의 실증연구결과는 이로 인해 양원제의 효과가 어느 정도 희석될 수 있음을 밝혀준다. 노동정책과 사회정책에 있어서 분데스탁(Bundestag)의 원내 각 정당과 분데스라트(Bundesrat)를 구성하는 각 주(Land)의 이념 편차를 분석한 쾨니히(T. König)의 연구는 노동정책에 관한 바덴-뷔르템베르크 주의 입장을 제외하고는 모든 경우에 양자의 방향이 일치하는 것을 보여준다(König, 2001 : 423–424, 433). 이는 독일 양원제의 당파적 속성을 여실히 드러내는 동시에 이념 스펙트럼의 양 극단을 분데스탁의 원내정당이 아닌 분데스라트의 주들(브레멘, 라인란트-팔츠)이 점하고 있는 점에서 그 지역대표형 양원제가 정당정치의 영향력을 완화시키는 방향으로 전혀 작동하지 못하고 있음을 단적으로 보여준다(König, 2001 : 424, 433). 독일 양원제에서 분데스라트의 입법저지 원인을 분석한 레너트(M. Lehnert)와 린하르트(E. Linhart), 쉬카노(S. Shikano)의 연구는 그 입법교착이 양원 간의 정보부족으로 인한 선호예측의 곤란에서 비롯되었다기보다 양원 모두에 정당정치의 이해관계가 작용한 결과인 정당 간의 '책임전가 게임' (blame game)으로부터 비롯되었음을 밝히고 있다(Lehnert/Linhart/Shikano, 2008 : 367–380, 371, 375–376). 즉 분데스라트를 야당연합이 지배하고 있는 경우보다 단일야당이 지배하는 경우에, 그리고 입법기의 시점(始點)보다 종점에 가까울수록(연방선거가 가까울수록) 입법실패율이 높게 나타난 것이다(Lehnert/Linhart/Shikano, 2008 : 375–376). 아무튼 정당제 민주정치의 엄연한 현실 속에서 "하원보다는 정당적 색채가 희박"한 상원이 "대통령적 다수가 지배하는 하원에 대한 억제적 권력으로서 기능"할, 프랑스 1969년과 같은 상황(한태연, 2001b : 168–169)이 재현되기는 쉽지 않을 것으로 보인다.

여기서 OECD 21개국에서의 정치경험(1971~1996년)을 샘플로 한 파터(A. Vatter)의 최근 연구는 양원제의 기능·효과(작용)에 대한 포괄적 분석을 시도한 점에서 우리에게 시사하는 바가 크다(조사대상 중 14개 양원제 국가의 개요는 Vatter, 2005 : 213–215 참조). 그에 의하면, 연방제 구조에 따른 지방–농어촌의 과잉대표와 전통사회 잔재에 따른 구 사회계급의 과잉대표로 말미암아 상원에서는 하원에 비하여 자유주의정당·보수정당이 과잉대표 되는 경향이 나타나는데(Vatter, 2005 : 196–197),[33] 레이파아트의 양원제 강도를 기준으로 하여 ① 시장우호적 입장에서 국가개입을 축소하는 자유주의 효과, ② 현 상태(status quo) 우호적 입장에서 개혁을 약화하는 보수주의 효과, ③ 주 우호적 입장에서 중앙정부를 억제하는 탈 중앙집권 효과 등을 측정한 결과 양자 간에는 밀접한 상관관계가 있음이 확인되었다(Vatter, 2005 : 197, 200–201, 203–207, 208, 210).[34] 반면 ④ 권력분립(separation of powers)의 정도, ⑤ 정치적 안정(political stability)의 정도, ⑥ 소수자보호(minority protection)의 정도, ⑦ 입법개선(better legisla-tion)의 정도 등과 양원제의 강도는 직접적 상관관계가 없음이 확인되었다(Vatter, 2005 : 198, 201–202, 207–208, 208–209, 210).[35] 파터의 연구결과를 위시하여 일반적으로 양원제는 지역적 과잉대표성과 밀접한 관계가 있는 것으로 나타나는데(각주 25 부분 서술 및 〈표–4〉 참조), 베이커(L. Baker)와 딘킨(S. Dinken)은 미국의 극단적인 지역적 과잉대표성이 ① 큰 주에서 작은 주로의 구조적 소득재분배를 초래하며, ② 상원의 대표성에 있어서 상당한 인종차별을 초래하고 있음을 통계수치로 입증한 바 있다(Baker/Dinkin, 1997 : 30–42, 43–47).[36] 요컨대 강한 양원제는 그것이 가져다주는 효과(작용)에 상응하여 일정한 반대효과(부작용)를 반드시 수반한다는 것이다.

입법에 필요한 지식의 보완이란 측면에서도 오늘날과 같은 정보화 사회에서도 별도의 원의 조직으로써만 입법지식이 보완되는 것인지 의문일 뿐더러, 양원제가 여기에 꼭 정(正)의 효과를 가져다 주는지도 의문이다. 양원제가 정보의 경쟁적 확산을 촉진한다는 로저스(J. Rogers)의 연구는 우선 원내 단일정당이 지배한다는(즉 입법부가 동질적 선호를 가진다는), 정당제 민주정치의 상황에서는 성립하기 어려운 가정에 기초하고 있는 데다가 이에 의하더라도 정보를 가진 쪽(즉 입법지식을 가진 쪽)은 인원이 많고 시간을 더 쓰는 하원이지 상원이 아니다(Rogers, 1998 : 1044, 1047). 프랑스에서의 양원 간 협상과정에 대한 체벨리스와 머니의 경험적 연구는 이 점을 분명하게 보여준다. 즉 양원 사이의 의안순환(navette)에 있어서 승부를 결정지은 것은 ① 다수의 교체가능성, ② 의안의 촉급함, ③ 선거주기의 차이 등에서 비롯되는 하원의 비인내도(impatience)의 차이였지 상원의 지혜, 지식이나 전문성의 차이가 아니었다(Tsebelis/Money, 1997 : 145-175, 146-148, 170-175). 상원이 영향을 미친 법안과 그렇지 못한 법안 사이에 상원의 지혜·지식이나 전문성 측면에서 차이가 있다고 할 수는 없고, 만일 지혜·지식이나 전문성이 문제였다면 법안의 순환은 1-2회에 그쳤어야 할 터인데 실제로는 3-4회 이상 순환된 법안이 더 많았던 것이다(Tsebelis/Money 1997 : 171-172).

일찍이 라이커(W. Riker)가 양원제와 유사한 효과를 갖는 헌법적 장치로 거론한 사법부의 위헌법률심사제도 역시 그 양원제와의 관련성이 세밀하게 검토되어야 할 필요가 있다. 쿠터(R. Cooter)에 의하면, 양원제의 도입은 새로운 입법에 두 권력의 협력을 요구하게 되

〈표-5〉 권력집중-권력분립의 정도(Cooter, 2000 : 212 참조)

유형	권력	순위	실례
독재제	행정부의 전 권력 장악	1	소련
법치주의+단원(실질)/의원내각제	법원+하원/수상	2	영국
법치주의+양원/의원내각제	법원+상원+하원/수상	3	독일
법치주의+단원(실질)/대통령제(이원정부제)	법원+하원/총리+대통령	3	프랑스
법치주의+양원/대통령제	법원+상원+하원+대통령	4	미국
법치주의(사법이원제)+양원/이원정부제	**법원+헌재+상원+하원/총리+대통령**	5(?)	**한국(개헌)**

므로 위헌법률 심사에 있어서 법원의 재량권을 확대하는 결과를 초래할 것이라고 한다(Cooter, 2000 : 228-229). "대통령제와 함께 권력분립의 사각지대"요 "권력의 통제로부터 해방된 하나의 치외법권 지역"을 의미하는 단원제가 "연말의 정기국회에서 수백 건의 법률이 단 수분 내에 양산되는" 불량입법의 제조장치로 화하고(한태연, 2001b : 169-171), 그 결과 헌법재판소로 하여금 매년 거의 20건에 달하는 법률을 위헌으로 선고하게 만드는 현재의 상황은 양원제의 도입으로써 어느 정도 통제될 수 있으리라고 본다. 그러나 이로써 입법의 정량적 측면에서 국회 내부의 상·하원 간 자체통제를 통해 헌법재판소의 개입 여지('범위')와 사건 처리부담을 줄이는 효과가 생길지는 몰라도, 입법권의 추가적 분할로 인해 그 정성적 측면에서 헌법재판소의 개입 정도('깊이')는 오히려 강화될 가능성이 높아진다. 특히 헌법연구자문위원회의 결론대로 이원정부제를 채택할 경우(헌법연구자문위원회, 2009 : 208 이하), 기존의 사법부의 이원적 구조까지 감안한다면

강한 양원제의 도입은 서구 선진제국과 비교하더라도 유례 없이 높은 정도로 권력분립적인 체제를 잉태하게 될 것이다(〈표-5〉 참조).

VI. 맺음말

> "훗날에 먼 훗날에 나는 어디선가, 한숨을 쉬며 이야기할 것입니다. 숲 속에 두 갈래 길이 있었다고, 나는 사람이 적게 간 길을 택했다고, 그리고 그것 때문에 모든 것이 달라졌다고."
>
> – 프로스트, 「가지 않은 길」

양원제를 둘러싼 우리 초기 헌법사의 특수한 경험, 즉 '주권독립 도구로서의 의회주의'의 국가주의·권력집중 속성(신우철, 2009 : 20–23)과 혁명적 평등의식의 소산으로서 '특별의원을 부인하는 단일의원 체제'(신우철, 2009 : 25–27)는 건국 초기 입법의 효율을 중시하는 단원제 채택으로 이어졌고, 1960년 헌법체제—의원내각제·양원제·헌법재판소제—의 전면적 부인을 의미하는 1962년 헌법에서 단원제로 정착된 이후 현재에 이르고 있다. 그리고 지금 우리는 그 역사의 소산이 '선진제국의 보편적 추세'에 정합적인지를 판단해야 할 시험대에 올라와 있다. 상술한 논의들을 토대로 헌법연구자문위원회의 최종연구결과를 검토해 보면 다음 두 가지 문제점이 두드러진다.

첫째, "양원제·단원제 여부는 정부형태와 직결되는 문제는 아니"(헌법연구자문위원회, 2009 : 209, 223)라거나 "양원제는 의원내각제와 제도적 친화성이 있"(헌법연구자문위원회, 2009 : 121)다는 인식이다. 비교헌법의 최근 연구결과는 양원제 그 자체가 제도적 친화성을 갖는 것은 의원내각제 일반이라기보다 웨스터민스터형 의원내각제이며(앞 〈표-1〉 참조), 특히 상원의 권한이 강한 대칭형 양원제는 의원내각제·이원정부제보다 오히려 대통령제와의 친화성이 월등히 높음을 보여준다(앞 〈표-2〉 참조). 둘째, 양원의 의사가 불일치할 때 "양원협의회에서 단일안을 만들"고 그렇지 못할 경우 "하원 재적의원 2/3 이상의 재의결로써 확정"하도록 한 부분(헌법연구자문위원회 2009 : 126)이다. 양원 의사가 충돌할 경우 양원협의회에 의한 해결방식은 양원 합동회의를 개최하는 방식에 비해 상원의 권한을 보장하는 형태이며(각주 26, 27 참조), 우리 정치지형에서 하원 재적의원 2/3 이상의 재의결이란 현실적으로 얻어내기 어려운 요건이다. 아울러 상원을 직선의원으로 구성케 함(헌법연구자문위원회, 2009 : 126)으로써 강력한 민주적 정당성을 부여한 점까지 감안한다면 결국 그것은 대칭형 양원제에 상당히 근접한 제도설계로 판단된다. 그렇다면 이는 정부형태에 관한 헌법연구자문위원회의 결론 중 하나인 이원정부제(행정부의 존립이 부분적으로 의회의 신임에 의존하는)(헌법연구자문위원회, 2009 : 208 이하, 215-216) 또는 의원내각제(특히 웨스트민스터형 의원내각제)와는 비교헌법상 조화되기 어려운 방식이 될 것이다(각주 24, 28, 32 부분 서술 참조).

헌법연구자문위원회의 최종 연구결과로 채택되지는 않았지만 논의과정에서 '지역의 이익을 대표'하도록 한다는 관점(헌법연구자문위원회, 2009 : 121-123)이 상당히 강력했던 것으로 보인다. 제2원의 지역대표성, 그것도 특정 지역의 과잉대표성을 인정하는 것이야말로 오늘날 양원제에 거의 유일하게 남아있는 존재이유로 여겨진다(Dippel, 2003 : 424). 하지만 이 세상의 모든 일들이 그렇듯 그러한 제도구상에도 어떤 불가피한 부작용들이 수반됨을 명심해야 한다. 첫째, 우리 국가상황에서 대표성을 우대받게 될 지역이란 결국 인구밀도가 낮은 비수도권-농어촌지역이 될 수밖에 없고, 따라서 이는 앞서 파터의 연구결과가 보여주듯 장기적으로는 상원에서의 자유주의정당·보수정당의 과잉대표로 귀결될 소지도 없지 않다.[37] 둘째, 지역의 과잉대표성을 인정할 경우, 한편으로는 현재 국회의 선거구 간 인구불균형(헌법재판소에 의해 ±50%까지의 편차를 용인 받고 있는)을 시정할 수 있는 계기가 되겠지만(송석윤, 2008 : 343), 다른 한편으로는 베이커와 딘킨의 연구결과가 보여주듯이 중앙-지방 간 불공평한 재정이전을 초래하거나 소수자의 대표성을 약화시킬(우리의 경우 특히 연령적 소수자가 그 피해자가 될 가능성이 높다) 공산이 크다. 셋째, 오늘날 정당제 민주정치의 현실 속에서 상원을 장악하게 될 정치세력의 실체가 어떻게 구성될지도 짚어봐야 한다. 즉 우리 정치지형에서 상원은 정책정당 간 건전한 경쟁의 장이 되기보다, 기껏해야 '지역제후(영남·호남 및 충청)의 연합체'인 퇴행적 지역당 대립이 증폭된 형태로 재현될 소지가 높다.[38]

이 모든 비관적 전망을 넘어 양원제를 도입한다고 할 때 예상되는 위험에 대비하여 취할 수 있는 가장 현명한 방식은, 그 구체적 제도내용을 헌법에 직접 규정하지 아니하고 가급적 법률에 위임하는 것이다. 두말할 필요도 없이 '가지 않은 길'은 조심해서 가야 하기 때문이다. 문제될 소지가 큰 양원제가 헌법규정으로 덜컥 확정되어

마치 미합중국헌법 제5조처럼 '급소에서 빼내지 못하는 비수' 와도 같이 곤혹스러운 상황(Baker/Dinkin, 1997 : 68-72 참조)에 몰린다면. 그렇다면 헌법학자는 마지막으로 남겨둔 역설논법을 써먹어야 할 것이다. "단원제 국회는 이처럼 무모하게 양원제를 도입하는 경솔함을 보임으로써 양원제의 불가피함을 그 스스로 증명하였다"라고.

주

1. 가령 한국공법학회에서 발간한 헌법 개정 관련 세미나자료(한국공법학회, 2006)에는 의회의 구성문제가 아예 다루어지고 있지 않다.
2. 위원회에서는 양원제의 도입 그 자체에 대한 찬반논란도 제기되었던 것으로 보인다. 찬성하는 쪽에서는 ① 국회 법안심의 과정의 졸속과 경솔을 방지할 수 있다는 점, ② 지역이익을 균형적으로 반영하거나 직능대표로 활용할 수 있다는 점, ③ 의원내각제를 도입할 경우에 제도적 친화성이 있다는 점, ④ 의회 내 권력분립 원리 구현을 통해 다수횡포를 방지할 수 있다는 점, ⑤ 통일에 대비한 국민통합의 제도적 틀이 된다는 점 등을 들고 있고, 반대하는 쪽에서는 ① 귀족원 전통이나 연방국가 형태 등 양원제의 조건 · 환경이 구비되지 않은 점, ② 국회구성 · 기능의 본질적 변화에 대한 국민적 공감대가 형성되지 않은 점, ③ 양원 간 의사불일치로 인한 의안지연과 양원 간 갈등으로 인한 행정부 견제력 약화가 우려되고 책임소재가 불분명해지는 점, ④ 남북통일은 아직 현실과 괴리가 있으며 우리 정치문화와 의회 운영현실에 비추어도 시기상조라는 점 등을 들고 있다(헌법연구자문위원회, 2009 : 121–122).
3. 여러 곳에서 재인용되고 있는 시에예스(Sieyès)의 이 간결한 정리의 원래 출전은 그러나 불확실하다[Tsebelis/Money, 1997 : 1 (FN2) ; 이상윤, 2006 : 292 (FN18) 참조].
4. 디펠(H. Dippel)에 의하면 "당파의 원인은 제거할 수 없고 그 효과만을 통제할 수 있을 뿐"이라는 매디슨의 생각이나(J. Madison, *The Federalist*, no. 10) "입법권을 분할함으로써 정치적 회의체의 움직임을 늦추"는 이점은 "세월과 경험"을 통해서 확립된 "우연한 정치학의 공리"라는 토크빌의 생각이야말로(Tocqueville, 1997 : 144–145) 그 산출지향적 사고의 표현이라고 한다(Dippel, 2003 : 419–421).

5. 일본 명치헌법(1889) 제정 당시 급진세력의 단원제 의회론 주장이 대표적 실례이다(신우철, 2008 : 24).
6. 이 점에 대한 디펠(H. Dippel)의 결론은 다음과 같다 : "[미디어/대중여론·헌법재판·정당의 (입법에 대한) 영향력이 강력하게 작용하는] 오늘날의 상황에서 하원의 입법에 대한 상원의 추가적인 견제가 150년, 200년 전만큼이나 적절해 보이지는 않는다" (Dippel, 2003 : 423). 그 밖에 양원제도·이론의 역사적 발전에 관해서는 체벨리스(G. Tsebelis)와 머니(J. Money)의 개괄적 설명도 참조할 것(Tsebelis/Money, 1997 : 15–43).
7. 이 점에 대한 카일리츠의 간략한 언급(Kailitz, 2009 : 3) 및 무투와 쉡슬의 다소 자세한 설명(Muthoo/Shepsle, 2008 : 254–256) 참조. 버지니아 플랜(Virginia Plan)의(상·하원 평등구성의) 양원제 선택과 버지니아 학파(Virginia School)의 양원제 선호가 단순히 역사에 있어서의 지정학적 우연의 일치만은 아닐 것이다.
8. "입법부의 제2원인 상원이 제1원인 하원과 구별되고 또 그와 권력을 분점한다면 어떤 경우에도 정부에 대한 유익한 견제가 될 수 있다. 두 개의 구별되는 원의 의견일치를 요구함으로써 권력찬탈이나 배신의 획책에 대해 인민에게 이중의 안전장치를 제공한다" (A. Hamilton or J. Madison, *The Federalist*, no. 62). "공화주의 정부에서는 입법부의 권위가 우월하기 마련이다. … 입법부의 권위가 갖는 무게로 인해 그것이 (양원으로) 분할되어야 하듯이 행정부는 그 취약함으로 인해 보강을 요구하는 것이다" (A. Hamilton or J. Madison, *The Federalist*, no. 51). 다수의 절대권력, 즉 입법부에 의한 폭정의 위험성은 토크빌도 이를 재차 확인하고 있다(Tocqueville, 1997 : 347–349).
9. "다수로 구성된 단일의 원은 급격한 열정의 충동에 굴복하기 쉬우며, 당파 지도자들에 의해 현혹되어 무절제한 악성의 결정을 내리기 쉽다. …(제1원의) 이러한 약점을 교정하고 그 자신 또한 같은 약점에서 자유로우려면 제2원은 일단 그 수가 적어야 하고 … 상당기간 지속되는 임기에 의해 그 권위가 유지되어야 한다" (A. Hamilton or J. Madison, *The Federalist*, no. 62).
10. "상원에 의해 보완되어야 할 또 다른 결점은 입법의 목적과 원칙에 대한 상응한 지식의 부족이다. … 우리 정부가 저지른 실수는 감정보다는 지성으로부터 기인한 것이었다. … 좋은 정부란 다음 두 가지를 함축한다. 첫째, 인민의 행복이라는 정부의 목적에 대한 충실, 둘째, 그 목적을 가장 잘 달성

할 수 있는 방법에 대한 지식. … 미국 정부는 이 중 후자에 대한 관심이 부족했다" (A. Hamilton or J. Madison, *The Federalist*, no. 62).

11. "매 선거마다 대표의 절반이 교체된다. 사람의 교체에는 의견의 교체가 뒤따르고, 의견의 교체에는 정책의 교체가 뒤따른다. 아무리 좋은 정책이라도 자주 교체된다면 신중한 것이 못될 뿐 아니라 성공을 기약할 수도 없다. … 어떤 정부도 질서와 안정(stability) 없이는 진정으로 존중받을 수 없다" (A. Hamilton or J. Madison, *The Federalist*, no. 62).
12. "이(하원의 단기성)에 대한 적절한 구제책은 지속적 관심을 필요로 하는 과제를 처리하기에 충분한 영속적인 기구를 입법부에 추가로 두는 것이다" (A. Hamilton or J. Madison, *The Federalist*, no. 63).
13. 특히 보다 일반적으로 나타나는 선거구의 부분적 다양성(partial diversity)의 상황, 즉 선거구의 배열(arrangement)의 다양성과 수(number)의 다양성의 경우에 대한 논의를 주목할 것(Buchanan/Tullock, 1962/2004 : 232–236).
14. 해먼드(T. Hammond)와 밀러(G. Miller)에 의하면, 양원을 서로 다르게 구성하고자 했던 헌법제정자들의 희망과 달리 상원의 주민직선(제17차 헌법수정)이나 현대 정당정치의 발전은 양원의 이상점(ideal point)을 서로 접근시키게 될 것이라고 한다(Hammond/Miller, 1987 : 1060–1061). 한편 브레넌(G. Brennan)과 햄린(A. Hamlin)은 2차원 정책공간에 한정된 해먼드/밀러의 연구결과가 n차원 정책공간에서도 일반적으로 타당함을 입증했다(Brennan/Hamlin, 1992 : 169–179). 두 원의 파레토 조합이 서로 충분히 다를 경우 양원제는 'non-empty core'의 존재를 보장한다는 것, 즉 안정적 균형을 지탱하는 양원 분할이 존재한다는 것이다(Brennan/Hamlin, 1992 : 177). 그 밖에 이 두 연구는 각각 중추투표자(pivotal voters)와 중위투표자(median voters)의 존재와 역할을 감안하여 분석한 점이 주목된다.
15. 참고로 체벨리스와 머니는 양원제가 다수의 독재, 소수의 독재뿐 아니라 개인의 독재, 즉 의안설정자의 독재를 막는 장치라고 보았고(Tsebelis/Money, 1997 : 35–36), 카일리츠는 현대 민주주의에서 의안설정자는 곧 행정부라고 보았다(Kailitz, 2009 : 3).
16. 그 밖에 이들의 양원협의회(conference committee) 모델분석도 참조(Tsebelis/Money, 1997 : 110 이하, 116–117).
17. 카일리츠는 이를 냉각효과 외에는 별다른 기능이나 용도를 갖지 않는 유사양원제라고 봤다(Kailitz, 2009 : 23, 24).

18. 구체적으로 패터슨(S. Patterson)과 무간(A. Mughan)은 단원제 122개국, 양원제 61개국이라는 통계를 제시하고 있다[Patterson/Mughan, 1999 : 3, 4, 6–8 (Table 1.1)].

19. 파터(A. Vatter)는 게르만(R. E. Germann)을 인용하면서 "개별국가 차원에서 필수적 양원제의 시대는 유럽에서는 끝났다"고 단언한다(Vatter, 2005 : 195). 달 역시 노르웨이, 스웨덴, 덴마크가 상원 없이도 잘 해나가고 있으며, 1950년 이래 안정적 민주주의를 유지하고 있는 22개 국가 중 확고한 양원제를 유지하고 있는 것은 미국, 오스트레일리아, 독일, 스위스 등 4개의 연방국가밖에 없다고 한다(Dahl, 2005 : 129–131, 255–256).

20. 체제전환 국가들 중 헝가리, 불가리아, 우크라이나, 슬로바키아 등은 단원제를, 그리고 폴란드, 루마니아, 크로아티아, 슬로베니아, 체코 등은 양원제를 채택했다.

21. 레이파아트(A. Lijphart)에 의하면 조사대상 36개 민주정체 중 조사대상 기간 동안 단원제로 전환한 4개국을 제외하면 출발 시점에는 오직 9개국만이 단원제였다고 하며(조사대상 중 단원제에서 양원제로 전환한 경우는 없었다고 함), 총 13개 단원제 국가 중 가장 큰 그리스가 인구 1,000만 명을 약간 상회하는 규모였고 그 중 연방제 국가는 하나도 없었다고 한다(Lijphart, 1999 : 202–203). 패터슨과 무간에 의하면 단원제는 북유럽을 위시한 소규모 국가들이나 연방제 국가의 주 의회에서 주로 채택되고 있는데, 대규모 국가 중에는 페루와 중국이 예외적으로 단원제를 채택하고 있으며, 양원제는 서구 민주주의 국가들에서 주로 채택되고 있다고 한다(Patterson/Mughan, 1999 : 3–4). 프랑스 상원 홈페이지 자료(Sénats du Monde)에 의하면, GDP 상위 15개국 중에 중국과 한국만이 단원제를 채택하고 있다고 한다(Muthoo/Shepsle, 2008 : 253). 그러나 중국은 전국인민대표대회가 다시 그 상무위원회를 구성하여 권력을 여기에 전이하고, 전국인민정치협상회의라는 다당합작기구가 별도로 존재한다는 점에서 순수한 단원제라기보다 1.5원제 내지 양원제에 접근하고 있다. 한태연은 양원제의 퇴조는 20세기 들어 의회가 전능의 지위에서 집행권의 시녀로 전락한 데서 비롯되었다고 하면서(한태연, 2001a : 156) 프랑스의 1995년 헌법 개정과 소련 붕괴 후 동구권의 양원제 채택을 들어 "양원제에 대한 르네상스의 조짐"이 보인다(한태연, 2001a : 158)고 전망한다(한태연, 2001a : 155–158) (관련하여 송석윤, 2008 : 315도 참조).

22. 프랑스 상원 홈페이지의 2000년판 보고서에 의하면, 지난 25년 동안 양원제 국가의 수는 두 배 가까이 늘어났는데, 이는 동유럽 공산국가의 민주화 확산 효과 때문일 것이라고 한다(Muthoo/Shepsle, 2008 : 253) (또한 한태연, 2001a : 158 ; 송석윤, 2008 : 315).
23. 강한 양원제 하에서 상원에서 최소승리연합(minimal-winning coalition)을 달성하려는 목적 때문에 하원에서 과잉연합(oversized coalition)이 형성된다는 레이파아트의 이 명제는 그러나 통계적으로 실증되지 않고 있다. 드러크만(J. Druckman)과 티스(M. Thies)에 의하면, 조사대상 624개 정당 가운데 오직 9개(1. 4%)만이 하원에서는 과잉(surplus)이면서 상원에서는 필수적(necessary)인 것으로 나타났다(Druckman/Thies, 2002 : 765). 이러한 결과는 그의 샘플에서 양원 간 정당 · 이념 격차가 매우 근소한 사실과도 유관한 듯하다(Druckman/Thies, 2002 : 767). 아무튼 양원제에서도 라이커의 최소승리연합 정리는 여전히 유효한 것으로 보인다.
24. 강한 양원제 하에서 서로 적대적인 다수가 충돌할 경우 레이파아트는 과잉연합(oversized coalition)을 해결책으로 제시하지만, 대연정이란 정부-의회 간 교착상황을 회피하기 위해 정부 내 교착상황을 창출하는 것에 불과하며, 오스트레일리아의 예에서 보듯 그것은 실제 나타나지도 않고 해결책으로서 가능하지도 않은 방법이라고 한다(Sartori, 1997 : 186-187). 그에 의하면 인도의 라이야 사바(Raiya Sabba)는 주 입법부에서 선출되지만 강한 중앙집권적 연방제 하에서 그 지역대표성이 약화되었으며, 독일의 분데스라트(Bundesrat) 역시 분데스탁(Bundestag)과 달리 수상의 선임 · 해임에 관여하지 않고 주에 영향을 미치는 입법에 대해서만 절대적 거부권을 갖는 점에서 그 권한이 불균등하다고 한다(Sartori, 1997 : 188-189). 카일리츠도 "연합이 크고 이질적일수록 유지하기가 더 힘들어진다"고 보았다(Kailitz, 2009 : 24).
25. 레이파아트의 연구에서도 연방제-지방분권도와 양원제 강도의 상관관계 계수는 0.64(1% 수준에서 유의)로 매우 높게 나타났다(Lijphart, 1999 : 213-215). 중앙집권적 단원제 국가이면서 예상외로 강한 양원제를 채택한 콜롬비아, 프랑스, 이탈리아의 경우는 그 인구규모와 상관이 있을 것이라고 한다(Lijphart, 1999 : 215).
26. 레이파아트는 ① 양원의 헌법상 권한의 강도에 있어서 인도나 베네수엘라는 양원이 대립할 때 양원합동회의를 소집하기 때문에 권한이 균등하지 않

은 것으로 보아 콜롬비아, 이탈리아, 스위스, 미국만 균등한 권한의 상원으로 분류했다(Lijphart, 1999 : 205). ② 대표의 선발방법에 있어서 균등한 권한의 직선제 상원 콜롬비아, 이탈리아, 미국(이상 전부) 및 스위스, 벨기에(이상 일부), 불균등한 권한의 직선제 상원 오스트리아, 일본, 절대적 거부권을 갖는 간선제 상원 네덜란드, 주 행정부를 대표하는 임명제 상원 독일 등을 모두 대칭적 상원으로 분류했다(Lijphart, 1999 : 206–207). ③ 연방제 국가에서 상원의 지역적 과잉대표성 정도는 지니계수로 측정되었는데 오스트리아, 벨기에, 인도 등의 비대등성이 비교적 낮게 나타났으며(Lijphart, 1999 : 207–210), 단일제 국가의 경우 프랑스, 스페인, 콜롬비아 상원의 비대등성이 비교적 높게 나타났는데 직능대표제를 채택한 아일랜드 상원은 정당정치의 압도적 영향으로 인해 하원과의 비대등성이 높지 않았다(Lijphart, 1999 : 210–211). ④ 대칭/비대등 양원제는 강한 양원제로, 대칭/대등 양원제와 비대칭/비대등 양원제는 중간강도 양원제로, 비대칭/대등 양원제는 약한 양원제로 각각 분류하되 영국과 보츠와나의 상원은 비대칭/비대등이지만 역사의 유물로 치부하여 2.5에 배치했다(Lijphart, 1999 : 211–213).

27. 양원의 의사가 불일치하는 경우 ① 양원협의회(conference committee)를 소집하거나 ② 양원합동회의(joint session)를 소집하거나 ③ 의안순환(navette) 시스템을 취하게 되는데, ①의 경우는 양원이 대등한 것으로(대개 양원 동수로 협의회 구성), ②의 경우는 하원이 우월한 것으로(대개 하원의 의원수가 많음), ③의 경우는 의안순환을 정지시키는 규정이 없거나 의안을 먼저 제출한 원이 결정케 하거나 다른 원이 제출한 의안을 재고하는 원이 결정케 하는 때에는 양원이 대등한 것으로 보았다(Kailitz, 2009 : 12–13). 그 밖에 양원 의사대립의 해결방안 및 주요국가 양원협의회의 실상에 대해서는 체벨리스와 머니의 분석을 참조할 것(Tsebelis/Money, 1997 : 54–70 및 chap. 9, 176–208).

28. 프랑스의 이원정부제 도입은 의회에 대항해서 행정부를 강화하기 위한 것이었는데(Kailitz, 2009 : 13), 영국의 상원폐지론도 강력한 행정권의 요청에 기인한 것이었다고 한다(한태연, 2001a : 155–156). 대통령제와 대칭 양원제의 친화성은 각주 24 부분의 사르토리의 설명과도 일치한다. 바로 이러한 맥락에서 카일리츠는 “대통령제는 다수제를 불러온다”(Presidentialism spells majoritarianism)는 레이파아트의 표현(Lijphart, 2008 : 151)을 뒤집어

영국형 의원내각제는 다수제를, 미국형 대통령제는 합의제를 불러온다고 쓰고 있다(Kailitz, 2009 : 24). 관련하여 〈표 3〉, 〈표 4〉, 각주 30, 31 부분의 본문서술도 참조.

29. ③의 경우를 50/100으로 계량한 것은 일단 그것이 하원에서 이미 인구비례로 대표되고 있을 뿐만 아니라, 노-사 간 계급이익은 오늘날 정당에 의해서도 대변되고 있기 때문이라고 한다(Kailitz, 2009 : 18-19).

30. 의안순환(navette)에 대한 정지규정이 없는 필리핀을 그 대표적 사례로 들고 있다.

31. 칠레는 양원이 거의 동등한 권한을 갖는 강한 양원제를 채택했지만 대통령이 제안한 법안을 어느 원이 통과시켰을 경우 다른 원이 이를 저지하려면 출석의원 4분의 3의 찬성을 필요로 하므로 결국 그것은 대통령의 권력집중을 조장하는 방향으로 작용하게 된다고 한다.

32. 카일리츠는 바로 이 점을 들어 일반적으로 대통령제의 제2원이 의원내각제의 제2원에 비해 강력한 것은 "우연이 아니다"라고 한다(Kailitz, 2009 : 23).

33. 뒤베르제(M. Duverger)는 프랑스 상원의 지역적 과잉대표성을 일컬어 '농업의원'이라 지칭한 바 있다(Lijphart 1999 : 210).

34. 국가개입 정도를 판단하는 지표로는 ① 정부지출 ② 사회보장지출 ③ 조세부담 ④ 공공부문고용을, 현상유지·개혁약화 정도를 판단하는 지표로는 ① 노동시장개혁 ② 가족정책개혁 ③ 조세정책개혁 ④ 사회정책개혁을, 탈중앙집권 정도를 판단하는 지표로는 ① 재정집중수준 ② 재정조달곤란수준을 각각 사용하였다(Vatter 2005 : 200-201). 그 결과 양원제의 강도는 정부지출(-)·사회보장지출(-)과, 노동시장개혁(-)·조세정책개혁(-)과, 재정집중 수준(-)·재정조달 곤란 수준(+)과 각각 밀접한 상관관계가 있음이 드러났다(Vatter, 2005 : 208).

35. 권력분립의 정도를 판단하는 지표로는 ① 레이파아트의 행정부 우월 수준 ② 케만(Keman)의 행정부-입법부 균형 수준을, 정치적 안정의 정도를 판단하는 지표로는 ① 내각교체의 빈도, ② 정치불안의 수준, ③ 파업활동의 빈도를, 소수자 보호의 정도를 판단하는 지표로는 ① 군소지역의 과잉대표 수준, ② 여성의 의회대표 수준을, 입법개선의 정도를 판단하는 지표로는 우선 민주주의 수행지표로서 유로지표(Euro Barometer) 조사의 ① 민주주의 만족도와 ② 의회 만족도, ③ 달(Dahl)의 민주주의 지수, 다음 경제 수행지표로서 ① 경제성장, ② 실업, ③ 인플레이션을 각각 사용하였다(Vatter,

2005 : 201–202). 그 결과 양원제의 강도는 내각교체의 빈도(+), 군소지역의 과잉대표 수준(+), 여성의 의회대표 수준(–), 인플레이션(–)과 각각 밀접한 상관관계가 있음이 드러났다(Vatter, 2005 : 207–208, 208, 209). 즉 양원제의 강도는 권력분립의 정도나 정치적 안정의 정도(내각교체의 빈도를 제외한) 및 입법개선의 정도(인플레이션 수준을 제외한)와 직접 상관관계가 없는 대신 군소지역의 과잉대표 수준 및 여성의 저 의회대표성과는 밀접한 상관관계가 있다는 것이다.

36. 이들에 의하면 전체 인구 18%의 대표가 입법을 저지할 수 있고, 하원과 달리 상원에서는 토론종결 · 표결회부에 3/5의 다수결이 요구되는 점('cloture rule')을 감안한다면 전체 인구 11%의 대표(인구규모 하위 21개주 대표)가 입법을 저지할 수 있다는 결과가 된다(Baker/Dinkin, 1997 : 29). 1995년도 연방정부 재정기준으로 규모 상위 10개 주 거주인의 1인당 소득이전액은 –446달러인 반면 규모 하위 10개주 거주인의 1인당 소득이전액은 +356달러였다(Baker/Dinkin, 1997 : 41). 전체 미국 인구의 24%를 차지하는 소수인종은 어느 주에서도 과반수를 차지하고 있지 못하며, 그 중 절반이 규모 상위 5개 주에 거주하는 결과 상원에서는 19인의 의원으로 대표되고 있을 뿐이다(Baker/Dinkin, 1997 : 43, 46).

37. 그러나 18대 국회의원 선거결과를 두고 볼 때 수도권–비수도권 사이에, 그리고 도시지역–농어촌지역 사이에 정당 좌우 스펙트럼의 편중은 발견되지 않고 있다. 가령 보수정당인 한나라당의 전국 지지도는 43.45%(지역구) · 37.48%(비례대표)에 그쳤지만 그 서울지역 지지도는 50.01%(지역구) · 40.22%(비례대표)에 달했다(중앙선거관리위원회, 2008 : 286, 288). 반면 진보정당인 민주노동당의 전국지지도는 3.39%(지역구) · 5.68%(비례대표)에 달했지만 그 서울지역 지지도는 1.98%(지역구) · 3.78%(비례대표)에 그쳤다(중앙선거관리위원회, 2008 : 286, 288). 아마도 서울지역에서의 한나라당에 대한 높은 지지도는 서울시장 출신 이명박 후보를 대통령으로 뽑은 직후의 동시선거(concurrent election)에서 나타난 동반당선 효과(coattail effect)의 결과가 아닐까 추측된다.

38. 18대 국회의원 선거결과에서도 이 점은 두드러진다. 한나라당의 광주 · 전북 · 전남지역 득표율은 각각 6.11% · 7.16% · 6.09%(지역구), 5.9% · 9.25% · 6.35%(비례대표)였고, 통합민주당의 부산 · 대구 · 경북 · 경남지역 득표율은 각각 11.77% · 0.77% · 3.10% · 8.50%(지역구), 12.73% · 4.92% ·

5.61% · 10.51%(비례대표)였다(중앙선거관리위원회, 2008 : 286, 288). 자유선진당은 대전 · 충북 · 충남에서 각각 40.01% · 14.11% · 46.38%(지역구), 34.34% · 13.72% · 37.78%(비례대표)를 득표한 외에, 어떤 지역에서도 10% 이상 득표하지 못했다(중앙선거관리위원회, 2008 : 286, 288).

참고문헌

로버트 달. 박상훈·박수형 옮김. 2005. 『미국헌법과 민주주의』. 후마니타스.

몽테스키외. 고봉만 옮김. 2006. 『법의 정신』. 책세상.

성낙인. 2010. 『헌법학』. 법문사.

송석윤. 2008. "양원제의 도입방안에 대한 연구." 『헌법학연구』 14-4. pp. 313-348.

신우철. 2002. 『헌법과학 : 새로운 방법론의 탐색』. 동현출판사.

______. 2008. 『비교헌법사 : 대한민국 입헌주의의 연원』. 법문사.

______. 2009. "대한민국헌법(1948)의 '민주주의제 제도 수립'-그 역사적 연속성의 복원을 위하여." 『중앙법학』 11-1. pp. 7-50.

이상윤. 2006. 『일본헌법제도론』. 세종출판사.

중앙선거관리위원회. 2008. 『제18대 국회의원선거총람(2008. 4. 9. 시행)』. 중앙선거관리위원회 선거상황팀.

한국공법학회. 2006. 『통일시대를 대비한 헌법 개정의 방향(2006. 5. 20)』.

한태연. 2001a. "근대헌법에 있어서의 양원제-권력분립의 원리에 있어서의 또 하나의 과제(상)." 『고시연구』 330. pp. 149-187.

______. 2001b. "근대 헌법에 있어서의 양원제-권력분립의 원리에 있어서의 또 하나의 과제(하)." 『고시연구』 332. pp. 149-171.

헌법연구자문위원회. 2009. 『헌법연구자문위원회결과보고서(2009. 8)』.

A. 토크빌. 임효선·박지동 옮김. 1997. 『미국의 민주주의 I』. 한길사.

Baker, Lynn A and Samuel H. Dinkin. 1997. "The Senate : An Institution Whose Time Has Gone?." *Journal of Law and Politics* 13. pp. 21-103.

Bradbury, John Charles and W. Mark Crain. 2002. "Bicameral Legislatures and Fiscal Policy." *Southern Economic Journal* 68-3. pp. 646-659. http://findarticles.com/

p/articles/mi_qa5421/is_3_68/ai_n28895273(검색일 2010. 4. 18).

Brennan, Geoffrey and Alan Hamlin. 1992. "Bicameralism and Majoritarian Equilibrium," Public Choice 74–2. pp. 169–179.

Buchanan, James M. and Gordon Tullock. 1962/2004. The Calculus of Consent : Logical Foundations of Constitutional Democracy. The Selected Works of Gordon Tullock v. 2. Indianapolis : Liberty Fund.

Congleton, Roger D. 2003a. "On the Merits of Bicameral Legislatures : Policy Stability within Partisan Polities." Year Book of New Political Economy 22. pp. 29–49. http://rdc1.net/ forthcoming/BICAMEURO3.PDF(검색일 2010. 4. 18).

Congleton, Roger D. 2003b. *Improving Democracy through Constitutional Reform : Some Swedish Lessons*. Boston : Kluwer Academic Publishers. chap. 12. pp. 157–180.

Congleton, Roger D. 2006. "On the Merits of Bicameral Legislatures : Intragovernmental Bargaining and Policy Stability." in Congleton, Roger D., Birgitta Swedenborg eds. *Democratic Constitutional Design and Public Policy : Analysis and Evidence*. Cambridge : The MIT Press. chap. 6. pp. 163–188. http://rdc1.net/forth coming/DCD%20(Chap%206,%20 Bicameralism,%20Congleton).pdf(검색일 2010. 4. 18).

Cooter, Robert D. 2000. *The Strategic Constitution*. Princeton : Princeton University Press.

Costello, Rory. 2009. "Does Bicameralism Promote Stability? Inter–institutional Relations and Coalition Formation in the European Parliament." Paper prepared for the annual meeting of the Midwest Political Science Association 67th Annual National Conference(2009. 4. 2~5). www.mb.utwente.nl/polmt/staff/Costello/ bicameralismpromotestability.pdf(검색일 2010. 4. 18).

Diermeier, Daniel, Hülya Eraslan and Antonio Merlo. 2007. "Bicameralism and Government Formation," *Quarterly Journal of Political Science* 2–3. pp. 227–252.

Dippel, Horst. 2003. "The Ambiguities of Modern Bicameralism : Input– vs. Output–oriented Concepts in the American and French Revolutions." *Legal History Review* 71–3/4. pp. 409–424.

Druckman, James N. and Michael F. Thies. 2002. "The Importance of Concurrence : The Impact of Bicameralism on Government Formation and Duration."

American Journal of Political Science 46–4. pp. 760–771.

Hammond, Thomas H., Gary J. Miller. 1987. "The Core of the Constitution." *The American Political Science Review* 81–4. pp. 1155–1174.

Kailitz, Steffen. 2009. "Two Sides of the Same Coin? The Theoretical and Empirical Relationships between the Form of Government and the Design of Bicameralism." Paper prepared for the annual meeting of the Midwest Political Science Association 67th Annual National Conference (2009. 4. 2–5). www.allacademic.com//meta/p_mla_apa_research_citation /3/6/4/0/2/pages364027/p364027–1.php(검색일 2010. 4. 18).

König, Thomas. 2001. "Bicameralism and Party Politics in Germany : an Empirical Social Choice Analysis." *Political Studies* 49–3. pp. 411–437.

Lehnert, Matthias, Eric Linhart and Susumu Shikano. 2008. "Never Say Never Again : Legislative Failure in German Bicameralism." *German Politics* 17–3. pp. 367–380.

Levmore, Saul. 1992. "Bicameralism : When are Two Decisions Better than One." *International Review of Law and Economics* 12. pp. 145–162.

Lijphart, Arend. 1984. *Democracies : Patterns of Majoritarian and Consensus Government in Twenty–one Countries*. New Haven : Yale University Press.

Lijphart, Arend. 1999. Patterns of Democracy : Government Forms and Performance in Thirty–six Countries. New Haven : Yale University Press.

Lijphart, Arend. 2008. *Thinking about Democracy : Power Sharing and Majority Rule in Theory and Practice*. New York : Routledge.

Maarseveen, Henc van and Ger van der Tang. 1978. *Written Constitutions : A Computerized Comparative Study*. Dobbs Ferry : Oceana Publications.

Muthoo, Abhinay and Kenneth Shepsle. 2008. "The Constitutional Choice of Bicameralism." in Elhanan Helpman ed. *Institutions and Economic Performance*. Cambridge : Harvard University Press. chap. 6. pp. 249–291. http://privatewww.essex.ac.uk/~muthoo/Muthoo ShepsleBICAMERALISM.pdf(검색일 2010. 4. 18).

Patterson, Samuel C. and Anthony Mughan eds. 1999. *Senates : Bicameralism in the Contemporary World*. Columbus : Ohio State University Press.

Riker, William H. 1992a. "The Justification of Bicameralism." *International Political Science Review* 13–1. pp. 101–116.

Riker, William H. 1992b. "The Merits of Bicameralism." *International Review of Law and Economics* 12. pp. 166–168.

Rogers, James R. 1998. "Bicameral Sequence : Theory and State Legislative Evidence." *American Journal of Political Science* 42–4. pp. 1025–1060.

Sartori, Giovanni. 1997. Comparative Constitutional Engineering : An Inquiry into Structures, Incentives and Outcomes. 2nd ed. Houndmills : Macmillan.

Sénats du Monde (www.senat.fr/senatsdumonde/syntheselebicamerismedanslemonde.html) (검색일 2010. 4. 18).

Shugart, Matthew Soberg and John M. Carey. 1992. *Presidents and Assemblies : Constitutional Design and Electoral Dynamics*. Cambridge : Cambridge University Press.

Stone, Bruce. 2002. "Bicameralism and Democracy : The Transformation of Australian State Upper Houses." *Australian Journal of Political Science* 37–2. pp. 267–281.

Tsebelis, George and Jeannette Money. 1997. *Bicameralism*. New York : Cambrige University Press.

Vatter, Adrian. 2005. "Bicameralism and Policy Performance : The Effects of Cameral Structure in Comparative Perspective." *The Journal of Legislative Studies* 11–2. pp. 194–215.

제9장

지방분권과 개헌 : 지방분권 개헌론에 관한 정치학적 논의[1)]

_전용주

I. 들어가는 글

우리 헌법인 '1987년 헌법'과 그에 기초한 현재 국가구조와 정치체제는 급격한 사회변화와 새로운 시대상황에 대해 효과적으로 대응할 수 없다는 인식이 설득력을 얻고 있는 듯하다. 특히 강력한 대통령제의 부정적 측면과 그 해결을 위한 개헌안이 점차 사회적 의제로 대두되고 있다. 예를 들어 대통령단임제로 인한 책임성 부재와 정책추진의 동력 부재 등은 대통령중임제를 둘러싼 논의를 촉발시키고 있다. 특히 대통령 1인으로의 권력집중의 부작용은 보다 권력이 분산된 형태의 통치구조, 예를 들어 삼권분립에 충실한 순수 대통령제나 분권형 이원집정부제에 대한 관심을 불러일으키고 있다.

다른 한편에서는 이 같은 권력집중의 문제를 '수평적 권력분산' 과 함께 지방분권을 보장하는 '수직적 권력분산' 을 통해 해결해야 한다는 주장이 대두되고 있다. 이 주장에 의하면 1987년 헌법의 문제는 지방자치에 대해 매우 추상적이고 불충분하게 규정함으로써 실질적인 지방자치 구현을 저해하고 있다는 것이다.[2] 지방분권 개헌론자들에 의하면 이것은 과거 중앙집권적 국가발전 패러다임의 산물로서 새로운 변화와 발전에 적응하기에는 역부족이며, 따라서 개헌을 통해 수평적 분권뿐만 아니라 지방분권을 통한 수직적 분권을 이루어 국가 권력구조를 시대에 맞게 전면적으로 개조해야 한다고 주장한다.

이와 같은 한국 사회에서의 지방분권 개헌에 대한 담론과 분권운동은 2000년부터 본격적으로 제기되었으며, 2002년 전국의 지방 시민단체와 지식인들이 주축이 된 "지방분권 국민운동"의 결성으로 본격화되었다.[3] 이는 2002년 대통령 선거에서 주요 후보들이 지방분권 및 균형발전을 주요 의제로 채택하게 하는 계기가 되었다. 또한 지역 균형발전을 국정기조의 하나로 삼았던 노무현 정부 하에서 2003년 12월 이른바 '지방살리기 3대 특별법'[4]이 국회를 통과하게 된다. 특히 헌법 개정을 통한 지방분권 실현은 정치권에서도 어느 정도 목소리를 얻게 되었다. 예를 들어 "전국시도지사협의회"는 지방분권 개헌을 2006년부터 주요 의제로 제기하기 시작했고, 국회 내 의원 연구단체인 "미래한국헌법연구회"에서도 2008년부터 지방분권을 위한 개헌 필요성을 본격적으로 논의하기 시작했다.

이 글은 현재 개헌담론의 한 축을 차지하고 있는 이 같은 지방분권 개헌론을 비판적으로 검토하고자 한다. 특히 지방정부와 중앙정부의 관계를 대등한 관계로 전환하는 내용의 개헌을 주장하는 이른바 ‘광폭의 지방분권 개헌론’ 혹은 ‘적극적 지방분권 개헌론’을 중심으로 그 주장의 내용은 무엇인지, 그 주장이 내포하고 있는 전제와 가치, 이념은 어떤 것이고 또 쟁점과 문제는 무엇인지를 논의할 것이다. 다음으로 개헌을 하나의 ‘과정’으로 파악하면서, 즉 지방분권의 역사적 맥락과 개헌의 정치적 측면에 초점을 맞추면서 지방분권 개헌론이 가지고 있는 문제점과 실현 가능성을 살펴보도록 할 것이다. 특히 정치과정과 제도변화를 이해하는 주요한 요소인 ‘이념’(idea), ‘이익’(interest), 그리고 ‘제도’(institution)를 중심으로 논의를 진전시킬 것이다. 더불어 한국 지방정치 현실에 대한 평가에 기초하여 실질적 지방분권 개헌이 가능하기 위해서는 어떤 조건들이 충족되어야 하는지, 그리고 현재 시점에서 실현 가능한 대안은 무엇인지에 관한 논의를 진행시킬 것이다.

II. 지방분권의 정의, 필요성, 그리고 지방분권 개헌론의 내용

1) 지방분권의 정의 그리고 분권화 유형

‘분권’(decentralization)은 다양한 의미로 정의되고 있다. 일반적으로 상위 수준의 정부로부터 하위 수준의 정부로 공공 정책, 공공 관리, 그리고 정책결정에 관련한 권위(authority)와 권력(power)을 이전시키는 것을 의미한다(Rondinelli, 1983). 노리스(2008)는 분권을 세

가지 유형으로 구분하고 있다. 행정분권(administrative decentralization), 재정분권(fiscal decentralization), 그리고 정치분권(political decentralization)이 그것이다. 행정분권은 정책결정의 권한, 공공 서비스의 제공과 규제, 그리고 자원확보의 책임을 중앙정부로부터 지역의 하위 단위 정부로 이전하는 것을 의미한다. 재정분권은 자원확보와 배분의 결정권한, 특히 세금과 지출에 관한 권한을 중앙정부에서 지방정부로 이전하는 것이다. 마지막으로 정치분권은 보다 폭넓은 개념으로 중앙정부의 권력과 책임을 지방단위의 지방정부에 넘기는 것이다. 특히 지방정부의 행정수반이나 의회를 주민의 선거를 통해 선출함으로써 지방정부의 정치적 정당성을 확보하고 해당 지역과 관련한 정책결정에서의 주민 정치참여를 보장하는 것을 의미한다(164-166).[5]

이와 같은 분권은 특정 목적을 실현하기 위한 수단 혹은 그 자체가 목적으로 간주되어 왔다. 분권을 통해 달성하고자 하는 목적은 바로 '자기 통치'(self-rule)라고 할 수 있다. 그러나 현대 사회에서 자기 통치라는 것은 사실상 불가능하기 때문에 인간은 가급적 심리적·물리적·지리적으로 근접한 공공 기구(public body)가 정책결정에 있어 자기 자신의 의사를 반영하기 수월하다고 생각하며, 따라서 그 공공 기구가 권리보장과 의무규정의 권한을 갖는 것, 즉 '지방자치'를 선호하게 된다.[6]

이러한 논의는 이른바 '보충성 원리'(principle of subsidiarity)로 연결된다. 이 원리에 의하면 어떤 공공 정책이나 행정수요가 발생하면 가능한 한 개인과 가정에서 해결하고, 그것이 불가능할 경우 단체나 집단 수준에서 충족하는 것이 바람직하다는 것이다. 이 수준에서도 해결이 불가능할 경우 주민과 가장 가까운 정부인 지방정부가 그

수요의 충족을 책임지며, 그보다 큰 단위의 중앙정부는 지방정부가 수요 충족을 하지 못할 경우에 한해서 보충적으로 책임을 진다는 것을 의미한다. 따라서 이 원리에 의하면 중앙집권적 국가 구조보다는 지방분권적 구조가 이 원리를 충족시키는 수단으로서 더 적합한 것이 된다.

1980년대 이후 세계 각국에서 진행되어 온 분권화의 경향과 현상은 이 같은 '자기 통치'와 '지방자치'를 달성하기 위해 혹은 그 자체가 목적이 되어 다양한 형태와 내용을 담고 진행되어 왔다.[7] 그렇다면 이러한 분권화 과정은 어떻게 유형화할 수 있는가? 이종수(1998)는 분권화 유형을 바라보는 세 가지 관점을 통해 각국의 분권화 과정을 분석하고 있다. 첫째, 분권화 과정은 시민의 참여와 주권을 확대시키기 위한 하나의 정치과정이라는 관점이다. 이 관점은 대체적으로 다원주의적 전통에 기초한 것으로 지방분권을 '지방자치'와 동일한 개념으로 인식한다. 즉 지방정부는 하나의 정치체제로서 정치적 자유와 권리를 보장하고 나아가 민주주의 실현을 위한 교육을 담당하는 '학교'로 인식된다.[8]

둘째, 시장경제적 관점에서 지방분권과 지방정부를 인식하는 유형이다. 이에 의하면 지방정부는 공공 서비스의 전달 단위로서 경제적 효율성의 극대화를 지향하는 단위체이다. 이 때 서비스의 수혜자는 주민으로서 지방정부가 이 목적을 달성하지 못할 때 개혁의 대상이 된다. 대부분의 경우 민주주의를 어느 정도 달성한 국가에서 정치체제의 대응성과 경쟁력의 제고를 위해 국가의 수직적 재구성, 즉 분권을 추진하게 된다는 것이다. 특히 지방분권을 지방자치의 본질을 침해하지 않으면서 지방정부에 시장의 원리와 경쟁의 원리를 도

입하는 과정이라고 이해한다.[9)]

셋째, 현대 사회의 구조변화와 초국가적 현상의 대두로 분권화 추진이 이루어졌다고 보는 관점이다. 세계화로 인해 공동체의 문제들을 대응하는 방식도 달라질 수밖에 없다는 점, 세계화에 의한 세계 경제의 상호 의존성 심화와 경쟁은 중앙정부와 지방정부의 차별화된 대응을 요구하고 있다는 점, 특히 행위주체로서의 지방정부의 위상과 역할이 높아지고 있다는 점이 그 필요성으로 지적된다. 또한 포스트포디즘(post-Fordism)의 특징, 즉 소비자의 선호 변화에 능동적으로 대처하는 소량 생산방식으로의 변화는 작은 단위의 행위주체가 갖는 유연성과 탄력성에 주목하게 되었다는 것이다(이종수, 1998 : 181-184).

2) 지방분권 개헌론의 근거

그렇다면 현재 한국에서 제기되고 있는 지방분권 개헌론의 근거는 무엇인가? 지방분권은 여러 가지 측면에서 그 필요성이 강조되고 있다. 특히 이종수(1998)의 논문에서 정리한 분권화에 관한 세 가지 시각과 유형이 복합적으로 발견되고 있다고 할 수 있다. 그것을 정리하면 다음과 같다. 첫째, '풀뿌리 민주주의' (grass-root democracy) 확립을 위한 학교라는 주장이다. 즉 한 국가 내에서 민주주의라는 이상적 목표를 실현하기 위해서는 작은 지역단위에서 정치 엘리트들과 주민들이 자치를 통해 민주주의 가치의 중요성과 절차를 훈련받을 수 있다는 것이다. 둘째, 분권을 통해 '권력에의 다층적 접근점' (access point)을 마련해야 한다는 것이다. 권력을 수직적으로 분산하여 국민들에게 권력에의 접근점을 여러 층에 만들어 줌으로써 시민사회의 다양한 이익들이 정책결정 과정에 충분히 반영되도록 해야 한다는 것이다.

셋째, 경제적 · 행정적 '효율성' (efficiency)의 확보이다. 정보통신의 발달을 전제하더라도 하나의 중앙정부가 넓은 지역을 통치하는 것은 비효율적이며, 오히려 제한된 자원을 효율적으로 배분하는 것은 지리적으로 한정된 곳에서의 정부가 그 지역의 특성을 잘 반영할 때 이루어질 수 있다는 것이다. 정책집행이라는 행정적 효율성도 마찬가지이다.

넷째, 분권과 경쟁을 통한 '다양성' (diversity)의 확보이다. 즉 세계화와 환경변화에 따른 국가 체제의 대응능력을 키우기 위해 지방분권이 필요하다는 주장이다(이기우, 2008 ; 최병선, 2007). "현대의 세계는 시스템 경쟁, 제도 경쟁의 시대이다. 이 경쟁에서의 요체는 어떤 시스템과 제도가 국민의 창의성과 다양성을 극대화하고 예측불가능한 시대에 대한 적응 능력을 극대화할 수 있느냐 하는 것이다" (최병선, 2007 : 77). 이 때 중앙집권적 형태보다는 '느슨하게 연결된 체제' (loosely coupled system), 즉 분권체제가 강점을 가지고 있다는 것이다.[10] 이러한 경쟁은 당연히 주민의 선호를 반영하는 경쟁일 것이고, 따라서 이는 민주주의의 실현이라는 가치에도 부합한다는 것이다.[11]

넷째, 지방자치를 통해 지방정부 단위 간 경쟁적 '정책대안의 제시와 선택' 그리고 '출구' (exit)를 마련해 줄 수 있다는 주장이다. 지방분권은 작은 지역단위가 특정 정책의 실험장이 될 수 있도록 해준다. 그 정책이 성공한다면 다른 지역으로의 '정책 확산'(policy diffusion)이 일어날 것이며, 설사 실패한다 하더라도 그 파급효과는 그 지역에 제한될 것이다. 이러한 상황은 지방자치단체 간의 정책경쟁을 유도하게 될 것이며, 결국 상호 '학습효과'를 통해 동반발전의 기회가 부여될 것이다. 그리고 그 혜택의 수혜자는 바로 주민들이다. 예를 들어 자신이 거주하는 지역의 지방정부가 자신의 선호나 이익과 배치되는 정책을 수립하여 집행할 경우 그는 다른 지역으로 이주할 수 있다는 일종의 선택지, 즉 '출구'(exit)를 갖게 된다. 이러한 선택지는 국가단위의 경우는 힘들거나 불가능한 반면 지방단위에서는 비교적 수월하다는 주장이다(이기우 2008 ; 최병선 2007).

다섯째, 한국의 지나친 저분권화된 현실을 들 수 있다. 현재 한국에서 지방분권을 지향하는 개헌 논의들은 위에서 제시한 분권화의 필요성이 한국적 상황에서 더 정당화될 수 있다고 주장한다. 한국의 국가 구조는 매우 중앙집권적이고 저분권화된 상태이기 때문에 지방정부로의 획기적인 권한과 권력의 이양이 필요하다는 것이다. 저분권화된 현실로 공통적으로 지적되고 있는 것은 다음과 같다. 첫째, 국가사무 대비 지방사무의 비율이 지나치게 저조하고 감사 등 중앙집권적 규제가 과도하다는 점, 둘째, 헌법에 국회에 입법권, 행정부에 행정입법권을 부여하고 있으나 지방자치단체의 경우 헌법 제117조의 '법령의 범위 안에서' 조례를 제정할 수 있기 때문에 그 위치가 법령의 하위 개념으로 치부되어 자치입법권이 침해당하고 있다는 점, 셋째, 중앙정부가 지방정부에 위임한 사무, 즉 기관위임사무가 과다하게 많다는 점, 넷째, 중앙정부와 지방자치단체 간 사무, 권한, 책임이 불분명하다는 점, 다섯째, 중앙정부 위주의 재정권으로 지방자치단체의 중앙정부 의존 정도가 심화되고 있다는 점, 여섯째, 중앙정부의 입법 및 정책결정에 지방자치단체의 참여가 배제되고 있다는 점, 일곱째, 지방정부에 대한 중앙정부의 과도한 감사[12]로 간섭과 개입이 제도화되어 있다는 점 등이 그것이다(김성호, 2007). 이러한 현실로 인해 그동안의 지방분권 노력에도 불구하고 중앙정부는 여전히 지방정부에 대해 후견인 혹은 감독인의 지위를, 지방정부는 중앙정부의 하위 단위 혹인 대리인으로서의 지위밖에 갖고 있지 못하다고 진단한다. 나아가 다른 국가와의 비교에서도 한국이 저분권 상태라는 사실도 적극적 형태의 분권화를 주장하는 주된 근거가 되고 있다.[13]

3) 지방분권 개헌론의 내용

지금까지 논의한 바와 같이 지방분권을 지향하도록 헌법 개정이 이루어져야 한다는 논의들은 여러 필요성을 근거로 분권 개헌을 주장하고 있다. 즉 중앙과 지방의 합리적 역할배분을 통해 권한과 책임을 부여함으로써 지금의 중앙정부와 지방정부와의 관계를 '후견적 감독관계'에서 '대등한 쌍방향적 관계'로 전환시키고, 실질적 자치가 가능하도록 지방자치단체의 권한과 자기 책임성을 높이는 방향으로 개헌해야 한다고 주장하고 있는 것이다(최봉석 2009).

현재 한국에서 제기되고 있는 지방분권 개헌론은 그 내용에 있어 크게 세 가지로 구별할 수 있다. 첫째는 '지방자치강화형' 개헌안으로, 현재의 헌법을 크게 변경하지 않으면서 지방자치단체의 권한을 일정 정도 강화시키자는 방안이다. 둘째는 '광역지방정부형' 으로, 지방자치단체의 권한을 강화시킬 뿐만 아니라 입법부를 현재의 단원제에서 양원제로 변경하여 입법과정에서의 지역 대표성을 확보하자는 중폭의 개헌안이다. 마지막은 가장 큰 폭의 헌법 개정을 필요로 하는 '연방정부형' 개헌안으로, 현재의 단방제적 국가 성격을 지역 중심의 연방제적 형태로 변경하자는 내용을 담고 있다(김선혁 · 김병국, 2007). 현재 지방분권 운동과 개헌담론을 주도하고 있는 단체나 지식인들의 주장은 대체로 '지방자치강화형' 과 '광역지방정부형', 혹은 이 두 대안의 혼합형에 가깝다고 할 수 있다.[14] 이들 개헌론의 주요 내용을 정리하면 다음과 같다.

첫째, 보충성의 원칙을 명문화하여 '지방자치의 본질' 을 헌법으로 보장해야 한다는 것이다(김병기, 2007 ; 이기우, 2008). 이를 위해 헌법 총강에 지방분권 국가임을 명시하는 안을 제시한다. 예를 들어 김병기(2007)는 헌법 제1조에 "대한민국은 지방분권형 국가이다"라는 문구를 추가하는 것을 제안하고, 헌법 제117조 제1항으로 "모든 지방자치단체의 권력은 주민의 의사에 기초하여야 한다"는 조항을 추가하는 방안을 제시한다. 이기우(2008)도 지방자치단체의 사무처리에 관한 자기 책임성의 헌법 명문화를 주장한다. 즉 헌법 제117조에 "지방자치단체는 법률의 범위 안에서 자기 책임 하에 주민의 복리에 관한 사무를 처리한다"는 조항을 추가할 것을 제안하고 있다.

둘째, 지방자치단체의 기관성도 지방에서 '자율적' 으로 결정할 수 있도록 헌법으로 보장해야 한다는 것이다. 이를 위해 지방의회가 주민의 대표 기관임을 명문화하고, 그 조직과 권한을 주민이 자율적으로 결정하게 하며, 나아가 집행기관 구성의 다양성을 보장할 필요가 있다는 것이다. 즉 지방의회의 조직과 권한이 전국적으로 동일할 필요가 없으며, 헌법 개정을 통해 지역의 특수성이나 정치적인 의사결정에 따라 다양한 모델을 발전시키도록 유도하자는 것이다(김병기, 2007 ; 이기우, 2008 : 9).[15] 지방의회와 마찬가지로 지방자치단체장 선출방식도 지역별로 다양한 모델을 발전시켜 상호 비교와 확산의 효과를 가져 오도록 헌법을 개정해야 한다고 제안한다.[16]

셋째, 지방정부의 '자치입법권'을 실질적·적극적으로 보장하기 위한 헌법 개정 제안을 들 수 있다. 이기우(2008)는 지방자치단체가 단순히 중앙정부의 하급 집행기관이 아닌 대등한 정책기관으로 작동하도록 하기 위해서 자치단체의 입법권을 강화해야 한다고 주장한다. 예를 들어 현행 헌법 제117조 제1항은 '법령의 범위 안에서' 자치에 관한 규정을 제정할 수 있도록 하고 있다. 즉 지방의회는 국가가 제정한 법령 내에서 그 지방의 사무에 관한 조례를 정하거나 지방자치단체장도 법령과 조례의 범위 안에서 규칙을 제정할 수 있는 것이다. 바꾸어 말하면 지방자치단체는 국가의 법률이 정한 기준을 벗어나는 입법을 할 수 없다는 것이다. 이와 같은 조항은 중앙정부가 획일적으로 법적 기준을 강요함으로써 지방자치단체의 변화 적응력과 근접성의 원칙을 훼손해 왔다는 것이다. 따라서 헌법 개정을 통해 지방자치단체의 제한적 입법권을 확대할 필요성이 있다고 주장한다. 또한 지방의회도 주민의 대표로 구성된 기구로서 국회와 동일한 입법권을 보유하며, 따라서 그 대표기관이 제정한 조례도 법령과 대등한 위치를 가져야 한다고 주장한다. 즉 자치사무에 대한 입법권을 원칙적으로 지방의회에 부여하는 입법권의 분권 및 재분배가 필요하다는 것이다(김병기, 2007 : 259 ; 이기우, 2008 : 8).[17]

넷째, 지방자치단체의 '행정권'과 '집행권'과 관련해서도 헌법 개정을 통해 그 권한과 책임을 명확히 해야 한다는 제안이다. 김병기(2007)는 헌법 제117조 제1항을 "지방자치단체는 보충성의 원칙에 기초하여 주민의 복리 및 지역사회의 발전에 필요한 주거, 환경, 교통, 통신, 교육, 치안, 안전, 문화에 관련한 지방자치단체의 사무를 자기 책임의 원칙 하에 처리한다"로 수정해야 한다고 주장한다(257). 또한 중앙정부가 행정권과 집행권을 행사하지 않는 부분, 즉 공백부분에 대해 지방자치단체가 '경합적인 입법권'을 갖게 하도록 헌법을 개정하자는 의견도 제시되고 있다(김성호, 2007 : 131 ; 이기우, 2008 : 8).

다섯째, '재정분권화'를 통해 중앙과 지방 간 합리적인 재원배분을 가능하게 하고 지방정부의 책임과 권한에 맞는 재원을 확보해 주어야 한다는 방안이다. 즉 지방자치는 스스로 자원을 마련하고 집행할 수 있을 때 비로소 자치운영의 성공적 조건이 마련된다는 주장으로 자주적 재정권을 헌법에 명시해야 한다는 것이다.[18] 이를 위해 지방세의 세목을 신설하고, 그 세율을 자율적으로 결정하도록 하며, 중앙정부와 지방정부의 주요 세목의 배분을 의무화하는 개헌안을 제시한다.[19]

여섯째, 지방자치단체의 국가입법 및 정책결정 참여를 헌법에 제도화해야 한다는 의견이다. 이러한 지방자치단체의 정책결정 과정에의 참여를 통해 중앙정부에 의한 법령 미비와 정책 결함의 보완, 정책집행의 실효성 및 비용절감, 중앙집권에 대한 견제, 주민의 의사반영 등의 목적을 달성할 수 있다는 것이다. 이 같은 방안은 두 가지로 제시되고 있다. 하나는 지방자치단체 협의체에 법률안 제출권을 부여하는 것이다.[20] 다른 하나는 지역대표의 상원제를 구성하는 방법이다(안성호, 2007). 예를 들어 국회를 국가원과 지방원으로 구성하여 전자는 현행처럼, 그리고 후자의 경우는 광역단위 지역대표로 구성하여 법률안 제안권과 국가원이 제안한 지방자치 관련 법률안에 대한 거부권과 재의요구권을 갖도록 하고, 그 선출방식은 광역지방자치단체가 의회의 동의를 얻어 임명하거나 주민들이 직접 선출하는 방식을 헌법에 명문화하도록 제안하고 있다(김성호, 2007).

일곱째, 현재 지방자치법에 규정되어 있는 지방자치단체의 종류를 헌법에 명문화하자는 의견이다. 이를 통해 미래의 특정 시점에서 국회에서의 다수가 법률 개정을 통해 정치적·자의적으로 지방자치단체의 종류를 변경하여 지방분권의 근간을 흔드는 것을 방지해야 한다는 것이다(김성호, 2007 : 130 ; 이기우, 2008 : 6).[21]

여덟째, 주민 참여의 헌법적 근거를 마련함으로써 대의민주주의의 문제점을 직접민주주의의 강화를 통해 보완해야 한다는 주장을 들 수 있다(이기우, 2008 ; 최봉석 2009). 예를 들어 김병기(2007)는 주민 참여를 통한 직접민주주의의 실현을 위해 헌법 제118조에 제3항으로 "국가는 지방자치단체의 주민이 그가 속하는 지방자치단체의 중요한 의사결정에 직접 참여할 수 있는 기회를 최대한 보장하여야 한다"(265)는 조항을 명문화할 것을 주장한다.

마지막으로 중앙정부에 의한 중복감사 문제를 해소하는 헌법 개정 방안이다. 김병기(2007 : 263)는 두 개 조항의 개정이 필요하다는 의견을 내놓는다. 헌법 제97조에 국가의 세입·세출의 결산, 국가 및 법률이 정한 단체의 회계감사를 위하여 대통령 소속 하에 감사원을 둔다"는 조항을 삽입하고 헌법 제117조에 "지방자치단체에 대한 국가의 감사는 단일감사를 원칙으로 한다"는 조항을 명문화하는 방

안이 그것이다.[22]

요약하면 다수의 지방분권 개헌론은 지금까지 정리한 내용을 헌법에 명시함으로써 중앙정부와 지방정부의 관계를 일정 정도 대등한 관계로 균형을 이루도록 해야 한다는 내용을 담고 있는 것이다.

III. 지방분권 개헌론 관한 정치학적 논의

1) 정치과정으로서의 개헌

헌법 개정을 통한 '지방분권', 즉 국가 권력의 지방으로의 '이전' (transfer)은 '하나의 상태' (a state)와 '하나의 과정' (a process)이라는 의미를 동시에 내포하고 있다. 그러나 위에서 정리한 대부분의 지방분권 개헌론은 이러한 사실을 간과하고 있는 듯하다. 대부분의 지방분권 개헌론은 분권화된 체제(decentralized system)를 전제로 논의를 진전시키고 있다. 이러한 전제로부터 가장 '이상적 상태' (ideal state)는 중앙정부와 하위정부가 권력에 있어 대등한 균형을 이룬 상태라는 결론에 도달하는 경우가 많다. 그러나 정책 및 제도변화는 '정치적 과정' 이다. 지방분권의 실현을 위한 헌법의 변경도 마찬가지이다. 이러한 과정으로서의 개헌의 정치를 간과한 결과 지방분권 개헌론이 상정하는 이상적 상태에 이르게 되는 속도와 과정에 대해서는 다루지 않은 경우가 대부분이다. 지방정부 간 경쟁, 특정 지역 내에서의 지방정치에 대한 다원주의적 시각에 근거한 분권화 주장도 이러한 문제점을 안고 있다고 할 수 있다.

하나의 정치적 과정으로서 '지방분권 개헌'을 이해할 때 그것은 내용에 있어서 다분히 '정치적'인 영역임을 알 수 있다. 이것은 분권화가 일어나는 상황과 '맥락'(context)에 대한 이해가 있어야 함을 의미한다. 이러한 분권화의 맥락적 요인에는 여러 가지가 있을 것이다. 기존 제도(institution), 가치(value), 문화(culture), 협상절차(negotiation procedure) 등이 그것이다. 또한 분권 개헌도 하나의 제도변화로서 권력의 재분배와 공유의 문제를 포함하고 있으며, 따라서 다양한 정치행위자와 집단의 '이익'(interests)과도 결부된다. 즉 지방분권과 그를 위한 개헌론은 그 논의와 과정의 정치적 의미를 정확히 파악하고 어떠한 상황에서 그것이 실현 가능한지에 대한 이해가 필요하다. 이러한 이해가 전제되어야 특정 시점에서 설득력 있는 대안을 제시할 수 있게 될 수 있을 것이다.

그렇다면 제도변화는 어떠한 정치적 상황에서 일어나고 어떠한 과정을 거치는가? 골드스타인과 커헤인(Goldstein and Keohane, 1993)은 '이념'(idea), '이익'(interest), 그리고 '제도'(institution)의 상호작용을 파악해야 한다고 강조한다. 특히 정책이나 제도변화에 '이념'이 미치는 영향은 매우 중요하다. 이념은 정치의 영역에서 '불확실성'에 직면하여 정치적 행위자 혹은 집단의 '이익'을 보호하거나 극대화하는 데 유용한 '로드맵'(road map)으로 작용하기 때문이다. 이념은 세계관이나 옳고 그름에 관한 규범적 신념, 그리고 현상의 인과관계에 관한 사고를 포함한다. 따라서 불확실성에 직면한 행위자들에게 현상의 인과관계 파악이나 도덕적 판단을 가능하게 해줌으로 그들의 행위를 '지도'(guide)하게 된다. 이 글에서 논의되고 있는 '지방분권'의 개념도 하나의 '이념'이라고 할 수 있을 것이다. 예를 들어 지방분권은 민주주의를 촉진시킨다거나 다원주의적 경쟁을 유발하여 지방경쟁력을 향상시킬 것이라는 사고가 바로 이것이다. 이와 같은 이념은 여러 행위자나 집단이 정책이나 제도변화에 대한 사고나 태도를 공유하게 함으로써 실제적으로 제도를 변화시킬 수 있는 강력한 '정치적 연합'(political coalition)의 형성을 가능케 하기도 한다.

그렇다면 어떤 새로운 이념이 정책변화를 유도할 수 있을까? 첫째, 기존 이념이나 그에 기초하여 형성되어 있는 기존 제도의 유용성을 의심하게 하는 일종의 '촉발사건'(triggering event)이 발생했을 때이다. 둘째, 새로운 이념의 설득력이 매우 강하여 특정 사회 다수의 정치적 행위자나 집단으로부터 지지를 받는 경우이다(Goldstein and Keohane, 1993 ; Kingdon, 1995). 셋째, 새로운 이념이 그 사회의 가장 강력한 정치적 행위자나 집단의 '이익'과 충돌하지 않아야 한다(Garrett and Weingast, 1993). 넷째, 우호적인 국민정서(national mood)의 존재, 여론의 갑작스러운 변화, 그리고 새로운 이념을 지지하는 정당의 의회 다수 형성 등 일련의 정치적 과정을 들 수 있다(Kingdon, 1995).

이러한 관점에서 한국의 정책변화 사례를 조명한 장훈(2009)의 논문은 주목할 만하다. 그는 행위자의 이익, 규범, 제도 등의 요인이 제도변화에 일정 정도 영향을 미치지만, 중요한 것은 시민을 포함한 다양한 집단의 광범위한 공유와 지지를 받는 개혁의제에 담긴 이념 혹은 사상이며, 이 요인이 상반된 이익을 갖는 행위자들의 연대를 가능하게 한 매개 고리로서 결국 제도변화를 유도했다고 밝히고 있다.[23)]

이와 같은 조건에 더해 한 가지 더 고려해야 할 점은 바로 정책이나 제도변화 과정의 '경로의존성' (path-dependency)이다. 즉 이념과 이익의 상호작용과 그 결과로서의 제도변화 여부는 '기존 제도' (existing institution)에 의해 매개된다. 제도는 행정부처, 법, 규범, 절차를 포괄하는 개념으로서, 하나의 이념은 특정 시점에 위의 조건들을 충족시켜 제도로서 자리 잡게 된다. 이후 그 제도는 행위자들의 상호작용이나 행위, 그리고 정책적 선택을 규정하고 제한한다(Hall, 1989). 예를 들어 지방분권에 관한 현재 헌법조항과 관련 법 또한 그간 한국 정치에서 행위자들에게 지방자치에 관한 규칙과 틀을 제시하면서 그들의 선택에 지대한 영향을 미쳐왔다고 할 수 있다.

한국에서의 지방분권 개헌에 관한 논의를 이해하고 그에 기초하여 실현 가능하며 설득력 있는 대안을 제시하기 위해서는 지금까지 논의한 제도변화 과정에 있어서의 이념, 이익, 그리고 제도의 역할을 충분히 파악해야 한다. 더군다나 '경성헌법' 인 한국의 헌법을 변경하는 문제는 제도변화의 조건들을 더 엄격한 수준으로 충족시켜야 함은 물론일 것이다.

2) 지방분권을 둘러싸고 충돌하는 이념과 이익

그렇다면 2000년부터 등장한 지방분권 개헌론은 하나의 이념으로서 헌법이라는 제도의 변화를 가능하게 할 수 있을 것인가? 헌법에서 지방자치 관련 조항을 획기적으로 바꾸어야 할 '촉발사건' (triggering event)이 발생하거나[24] 강력한 지방분권 공약을 내세운 정치세력이 집권하지 않는 한, 현재 시점에서 지방분권 개헌론은 헌법 변경을 가능하게 하는 조건을 충족시키지 못하고 있는 것처럼 보인다. 특히 하나의 새로운 '이념'으로서 '지방분권 개헌론'은 기존의 헌법내용과 관련 제도를 변화시킬 정도의 광범위한 사회적 합의와 지지를 얻지 못하고 있는 것으로 보이며, 오히려 주요한 정치적 행위자와 집단 간 '이익 갈등'(conflict of interest)을 심화시킬 가능성이 높아 보인다.

특히 현상의 인과관계를 설명해 주는 이념으로서의 '지방분권 개헌론'은 그 내용에 관해 여전히 논쟁적이다. 우선 적극적이고 광범위한 지방분권 개헌론이 전제하고 있는 첫 번째 가정, 즉 지방분권이 민주주의를 보장하는가의 문제이다. 다이아몬드(1999)는 지방분권이 민주주의 실현에 미치는 영향에 대해 다음과 같은 긍정적 측면과 부정적 측면을 동시에 갖는다고 주장한 바 있다. 먼저 긍정적 측면으로서는 민주주의 가치 배양, 지역주민 이익에 대한 책임성과 반응성 증가, 소외계층의 정치적 접근성 보장, 중앙정부의 자의적 통치 견제, 야당에의 정치적 기반 부여를 들고 있다. 반면 부정적 측면으로서는 지역 내 권위주의 및 토호집단의 권한 강화, 소수집단에 대한 억압적 편향성 증가, 지역 간 불균등한 발전, 행정적 중복과 낭비, 민족과 종족의식을 강화시켜 분리주의 운동의 기제로 작용할 위험을 지적하고 있다. 물론 반론도 있다. 예를 들어 노리스(2008)는 인도와 방글라데시 비교연구에서 두 국가의 중요한 사회경제적 요인들을 고려하더라도 '분권화'의 정도가 민주주의에 긍정적 영향을 미치고 있음을 밝히고 있다(117-185). 이와 같이 볼 때 지방분권이 민주주의를 자동적으로 보장하는 것이 아니라, 중앙집권보다는 상대적으로 '상호 친화적'이라고 말하는 것이 보다 정확한 것으로 보인다. 물론 그 친화의 정도는 특정 국가의 역사적 상황과 현실, 즉 '맥락'에 의해 그 정도는 달라질 수 있을 것이다.[25)]

둘째, 지방분권이 자치단체 간 경쟁을 촉진함으로써 장기적으로 국가 전체의 발전을 유도할 것이라는 내용이다. 특히 지방정부가 상호 경쟁을 통해 주민들에게 여러 정책 선택지를 제시하여 선택하게 하고 선호를 충족시킬 경우 그 지방정부에 '충성'(loyalty)을 보이고, 그렇지 않을 경우 타지방으로 이전하는 것—즉 탈출(exit)—이 가능하다는 주장도 논쟁적이다. 예를 들어 이 가정은 주민의 지방 간 이전 '비용'(cost)을 전제하고 있지 않다는 점, 그리고 주민은 지방정부가 제시하는 정책에 대한 모든 정보를 획득하여 그것을 바탕으로 자신의 선호에 따라 선택한다는 점 등 다소 현실성 없는 가정을 전제로 하고 있다(겐조, 2008 : 171 ; Prud'homme, 1994 : 7–8). 주민의 선호는 매우 복잡하고 다중적인 것이라고 할 수 있다. 특히 한국과 같이 주민들의 정치적 선호가 개인적 연고, 지역주의 혹은 정당일체감에 의해 형성되고 또 지방선거가 중앙정치의 장이 되는 현실을 감안할 때, 이러한 주장은 한국적 상황에서는 비판에 매우 취약하다고 할 것이다.

셋째, 지방자치단체의 정책결정이 주민의 선호를 반영한다는 전제 또한 비판에 취약하다. 한국적 상황은 지방 선거에서의 공약 대부분이 비현실적이고 구체적이지 못하거나 자치단체의 제한된 자원으로는 실천하기 매우 어려운 공약을 제시하는 현상이 지배적이다. 또한 '재선'(re-election)이라는 지방자치단체장의 최우선 '동기'(incentive)의 측면에서 판단할 때도 한국적 상황은 이러한 전제를 충족시키지 못한다. 한국에서의 많은 사례는 지방자치단체장들에게 공약실천이나 재임시의 정책성과는 재선을 위해서 그다지 필요한 요인이 아님을 보여주고 있다. 주민의 선호보다는 오히려 중앙 정당 지도부의 의사를 반영하는 것이 '공천'과 '재선'에 유리한 실정이다. 이와 같이 볼 때 주민들의 선호를 반영한 판단, '충성'과 '탈출', 그리고 그로부터 촉발되는 지방자치단체 간 경쟁과 발전은 매우 비현실적인 가정이라고 할 수 있을 것이다.

넷째, 지방분권이 행정적·경제적 효율성을 증진시킨다는 주장도 논쟁적이다. 이에 관해서는 '부패'(corruption)의 가능성과 '지방관료의 능력'에 근거한 비판이 주목할 만하다. 중앙정부보다 지방정부의 정치인과 관료들이 각종 인허가를 통해 지역 기업과 이익집단 간의 혜택의 거래라는 유혹에 쉽게 노출된다. 왜냐하면 중앙정부보다는 지방정부의 정치인과 관료들이 소규모의 특정 지역에서 장기간 재임하면서 지역의 기업과 단체와의 불법적·음성적 관계를 맺을 가능성이 높기 때문이다. 부패현상이 중앙정부 수준에서보다 지방정부 단위에서 보다 광범위하게 발생한다는 것은 한국 상황에서 증명되고 있다. 또한 중앙정부 관료보다는 지방정부의 관료들이 업무수행 능력에서 상대적으로 열등하다는 점은 분권으로 인한 행정적·경제적 효율성의 제고 효과에 대한 의문을 갖게 한다(Wibbel, 2005).

다섯째, 지방분권이 지역 간 경제적 '불균형'을 야기할 수 있다는 사실은 경험적으로 증명되고 있다(Wibbel, 2005). 예를 들어 극단적 형태로 모든 조세권을 지방정부로 이양할 경우를 가정해 보자. 이 상황에서 고소득 지역과 저소득 지역 간의 재정불균형은 더욱 심화될 것이다. 만약 저소득 지역에서 주민 간 소득격차를 줄이기 위해 강력한 재분배정책을 실시한다면 이는 지역 간 재정격차를 더 악화시키는 요인으로 작용할 것이다(Prud'homme, 15-16). 또한 선출된 지방자치단체장은 재선을 위해 인기가 없을 것으로 예상되는 강도 높은 재분배 정책을 추진할 동기도 없을 것이다(Peterson, 1995).[26] 따라서 개인 간, 지역 간 소득과 재정 불균형은 지방정부 단위에서 해결할 문제가 아니며, 중앙정부에 의한 자원 징수, 그로부터의 개인 및 지역에로의 자원 이전으로 바로잡을 수 있는 것이라는 주장이 오히려 설득력이 있는 듯하다. 이 문제에 대한 합의 부재는 한국적 상황, 즉 '지역균형발전' 이념과 '경쟁을 통한 지방발전'이라는 두 이념이 첨예하게 대립하고 있는 상황에서 정치적 행위자와 집단 간 이해와 이익의 충돌과 갈등을 가져올 수 있다.

여섯째, 지방분권 개헌론의 대부분 내용은 '다원주의적' 가정과 인식에 기초하고 있다는 점도 문제로 제기될 수 있다. '경쟁', '다층적 권력구조', 갈등 조정 '무대'로서의 중앙정부와 지방정부 등등의 개념은 다원주의적 가치와 가정에 기초한 것이라고 할 수 있다. 그러나 다음에서 논의할 한국의 지방정치 현실은 그러한 관점의 취약함을 보여준다고 할 수 있을 것이다.

마지막으로 보다 실질적 문제를 제기할 수 있다. 즉 지방분권은 중앙정치인 혹은 중앙정부 관료들에게는 권한의 상실을 의미하기 때문에 동의할 가능성이 낮으며, 따라서 '이익의 충돌'이 발생할 수 있다는 사실이다. 이종수(1998)는 그가 분류한 분권화 중 첫 번째 유형, 즉 정치적 민주화를 위한 분권화의 경우 대부분의 사례에서 중앙 관료집단과 기득권층의 강력한 저항이 있었다고 주장한다. 이들은 단지 사무의 '위임'만을 동의할 뿐 핵심적 정책영역과 권한의 이양에는 인색하다는 것이다.

결국 지방분권과 민주주의 혹은 효율성과의 관계에 대한 사회적 합의가 부재한 상태이며, 이와 같은 지방분권을 둘러싼 이념과 이익의 대립은 적극적 지방분권 실현을 위한 헌법 개정의 실현 가능성을 저하시키는 정치적 요인으로 작용하고 있다고 할 것이다.

3) 한국 지방자치의 현실

한국 지방정치의 제도와 현실은 '자치'라는 가치를 완전히 실현하기에는 그 탄생에서부터 역사적·제도적 한계를 가지고 있다. 1952년에 시작된 지방자치는 일본 식민지 지배와 미군정에 의해 구축된 정부조직과 제도의 일부로서 출발해 이승만 정부의 권력유지라는 정치적 목적에 의해 운용되었다. 따라서 지방정치는 중앙정치에 종속되는 성격을 띠게 되었다(손봉숙, 1991 : 23). 1961년 5·16 군사 쿠데타로 지방자치는 폐지되었고, 1987년 민주화 이후 폐지 30여 년 만인 1991년 다시 지방의회 구성을 위한 선거가 실시되었다. 그리고 1995년 지방자치단체장 선거로 비로소 지방정부의 모습을 갖추게 되었다. 물론 이는 밑으로부터의 민주화 요구의 결과이며, 중앙정부나 지도자들의 강력한 분권의지에 의한 것이 아니라는 점에서 지방자치는 여전히 중앙집권적이고 국가 주도 발전주의적 '이념'을 내재한 형태로 재출발하게 된 것이다. 이러한 역사적 '경로'(path)를 가진 지방자치와 관련한 헌법조항과 제도들은 이후 전개된 한국 지방정치와 지방자치의 내용과 행위자들의 선택에 지대한 영향을 미치게 된다.

그렇다면 현재의 지방자치와 정치의 현실은 어떠한가? 첫째, 지방정치와 권력구조는 매우 '비민주적'이고 '비다원적' 구조이다. 박종민 외(2000)는 1995년부터 1998년까지 5개 도시의 권력구조를 연구한 후 다음과 같은 결론을 내리고 있다. 즉 권력은 공식적인 지방정부에 있으며, 지방자치단체장은 그 정점에 있고 그가 지배하는 독점적 권력구조라는 것이다. 지방자치단체장은 의회 의원, 행정관료 및 지역 기업인과 후견-피후견인의 개별적인 교환관계와 유대관계를 형성하고 사적 연결망을 구축하면서 지방정치를 주도하고 있다고 주장한다. 배병룡(1999)도 유사한 연구결과를 제시하고 있다. 그는 진주시를 대상으로 한 연구에서 시장이 정책분야별로 학연, 지연, 혈연 등을 매개로 예산집행권과 인허가권 등 각종 권한을 활용하면서 자신의 지지세력을 구축하고 있다는 사실을 발견한다. 그리고 이 관계는 정적이고 결속력이 있는 것이 아니라 정책사안별로 형성되는 지방자치단체장 중심의 지역 엘리트들의 '분산적' 연합이라고 특징짓고 있다. 이 같은 상황에서 한 정당이 의회와 단체장을 독점할 경우, 혹은 지방의회에 의한 견제장치가 제도화되어 있지 않거나 실질적으로 작동하지 않는다면 적극적 형태의 지방분권은 특정 지역 경계 내에서 비민주적 정치체제를 등장시킬 가능성이 높다 할 것이다.

둘째, 지방정부의 대표성 문제도 심각하다. 낮은 투표율, 제한되고 편향된 소수 인원만의 지방정부 구성과 같은 정치충원의 문제(김석우, 2004 ; 김석우 외, 2008)로 인해 지방정부의 주민 선호 반영이 매우 미흡한 것이 현실이다. 물론 이러한 현상의 원인은 다양하나 근본적인 원인은 바로 한국 정당정치의 문제라고 할 수 있다. 예를 들어 지역에 기반하지 않은 중앙당 중심의 정당조직, 비민주적 정당 내부조직과 정책결정 과정 등의 문제로 인해 지방정부의 선출직 정치인들은 중앙정당에 의해 이른바 '포획'되어 있는 구조라고 할 수 있다. 그리고 이러한 현상은 실질적인 하향식 '공천' 과정을 통해 심화되고 있다.

셋째, 민주주의 정착을 위해 필요한 시민사회의 성숙도 여전히 미흡하다. 예를 들어 박종민 외(2001)의 연구는 5개 도시 주민들을 대상으로 면접조사를 실시한 결과 대다수의 주민들은 민주주의 실현에 필요한 능동적 참여의 정치문화를 가진 것이 아니라 '신민형'이나 '향리형'에 가깝다는 사실을 발견했다. 능동적 참여를 유발할 수 있는 민주적 가치로는 정치적 효능감, 정치·사회적 신뢰, 정치적 관심, 시민적 의무감 등을 들 수 있으나 우리 지역주민들은 이러한 가치를 내재화하고 있지 못하다는 것이 일반적인 평가이다(김태종 외, 2006 ; Delli Carpini, 2004).

또한 '사회적 자본'(social capital)이라는 개념에서 볼 때도 현재로서는 지방자치에 성공적인 요건을 갖추고 있지 못하다. 퍼트남(Putnam, 1995)에 따르면, 사회적 자본은 "사회구성원들이 공동의 목표를 추구할 수 있는 연계망(networks), 규범(norms), 신뢰(trust)"로 정의할 수 있다. 그러나 한국의 지역현실은 이러한 사회적 자본을 아직 갖추지 못한 것으로 보인다(김태종 외 2006). 예를 들어 한국개발연구원(KDI)이 2006년 발표한 신뢰지수에서 지방자치단체는 '낯선 사람'보다 더 신뢰를 받지 못한 것으로 나타났다.[27] 이는 지방자치단체 운영에서 노정해 온 고질적 부패 현상의 심화에 그 주요 원인이 있는 것으로 보이며,[28] 이로 인한 지방단위에서의 사회적 신뢰의 부재는 지방정치의 민주적 · 효율적 운영을 더욱 어렵게 하고 있는 것이다. 이 밖에도 지방 엘리트와 주민 간의 정책협의 관행과 제도 부재, 지방정부 관료들의 능력과 경쟁력 부재, 지방단위에서의 법치의 붕괴 현상(문상덕, 2008) 등과 같은 한국의 지방정치 현실은 광폭의 지방분권 개헌론에 대한 회의적 시각에 무게를 더해준다고 할 것이다.

이 같은 현실은 지방분권 개헌에 대해 우호적인 '국민정서' (national mood) 형성에도 부정적 요인으로 작용하고 있다. 한 여론조사에 의하면 "개헌 논의에서 가장 중요하게 다루어야 할 사안은 무엇이라고 생각하는가"라는 질문에 가장 많은 응답자가 '국민의 기본권 및 정보 보호' (45.7%)라고 답했고, 그 다음은 '권력구조 형태' (20.4%)였다. 반면 '행정구역 및 지방분권 문제' 라는 답한 응답자는 16.6%에 불과했다.[29] 결국 중앙정부 관료와 국민들을 설득하고 지방분권 개헌에 대한 중요성과 합의를 도출하기 위해서는 지방자치에 의해 실현되는 정치 · 경제 · 사회적 가치와 성과가 기존의 중앙집권적 이념, 그리고 그것을 내재화시킨 현행 헌법과 지방자치 관련 제도들이 달성해 온 성과보다 우월함을 보여줘야 하나 한국의 지방정치 현실은 그렇지 못한 것이다. 그리고 이러한 현실은 지방분권에 대한 광범위한 사회적 지지와 합의를 형성하는 데 걸림돌이 되고 있다고 할 수 있을 것이다. 따라서 현재 노정되고 있는 중앙집권적 권력구조의 부작용에도 불구하고 새로운 이념인 '지방분권' 이 기존의 지배적 이념인 '중앙집권' 을 상당 기간 대체하지 못할 가능성이 높아 보인다.

4) 지방분권 개헌, 어떻게 할 것인가?

적극적 형태의 지방분권 개헌에 회의적인 학자들은 지방분권의 문제는 헌법을 그대로 두고 그 해석을 통해, 그리고 기타 하위 법령 및 정치·문화개혁을 통해 해결할 수 있다고 주장한다. 오동석(2008)의 논문이 대표적이다. 그는 기존의 헌법 개정 논의를 3가지 유형으로 나누고 각각에 대한 의견을 제시하고 있다. 첫째, '법률확인적' 헌법 개정 사항으로 이미 법률로 보장되어 있는 것을 헌법으로 승격하는 문제이다. 이 유형의 대표적 예로서 지방자치법에 이미 명시되어 있는 지방의회와 지방자치단체장 선출방식, 주민발의제, 주민소환제, 주민투표제, 지방자치단체의 종류를 들 수 있다. 그에 의하면 이 같은 사항들은 우리나라의 민주주의 진전 정도를 고려할 때 개정을 주장하는 논자들이 우려하는 것처럼 국회 다수파에 의해 후퇴되거나 폐지될 수 있는 것이 아니기 때문에 현 단계에서 중요하거나 시급한 헌법 개정 사항이 아니라고 주장한다(83).

둘째, '헌법원리적' 헌법 개정 사항으로 구체적 입법화의 과제를 여전히 가지고 있는 사항을 들 수 있다. 대표적 예로서 지방자치의 본질, 지방분권 지향과 보충성의 원리 명시, 자주재정권, 지방정부의 국정 참여 등이 있다. 오동석은 이러한 사항을 헌법에 명문화한다 하더라도 결국 그 구체화는 입법권자의 의지에 달려 있으며, 현행 헌법 아래서도 법률로 이러한 내용을 실현할 수 있기 때문에 시급한 헌법 개정이 아니라고 주장한다(84). 셋째, '국가형태적 헌법 개정 사항'은 법률적 차원에서는 해결할 수 없으므로 반드시 헌법 개정이 필요한 사항이다. 그 예로서 연방제 또는 그와 유사한 준연방제, 혹은 광역정부 형태, 지방원 신설을 통한 양원제의 도입, 자치입법권 확대를 들 수 있다. 그는 이러한 내용은 국가의 기본 구조를 변경하는 것이기 때문에 더 많은 연구와 사회적 논의과정이 필요하며, 또한 지방정치의 현실을 고려할 때 여전히 시급한 문제가 아니라고 주장한다(2008 : 82).

이러한 '현상유지론'도 현재의 한국적 상황을 고려할 때 설득력이 있어 보인다. 지금까지 논의한 바와 같이 개헌을 통한 지방분권, 그리고 수직적 권력배분을 통한 국가 개조는 커다란 제도변화이며, 따라서 그것의 근거가 되는 가치와 이념에 대한 광범위한 사회적 합의를 만들어 가는 과정이 무엇보다도 중요하다. 동시에 실질적인 지방분권이 실현될 수 있도록 하는 필요조건들을 성숙시키는 것도 그에 못지않게 중요하다. 예를 들어 사회적 자본의 구축, 시민사회의 강화(전영평, 2007 : 강명구, 2009), 지방정부의 개혁(강명구, 2009), 지방정부 충원구조의 변화, 정당 민주화와 경쟁적 정당체제 구축, 주민과 지방정부 정책결과 참여 제도화 등이 적극적 의미에서의 지방분권 개헌에 선행되어야 할 필요조건들이라고 할 수 있을 것이다.

그럼에도 불구하고 헌법이 갖는 교육적 기능과 국가발전의 향도적 기능을 무시해서는 안 된다는 점도 동시에 강조될 필요가 있다. 제도는 행위자들의 행태를 변화시킬 수 있기 때문이다(March and Olson, 1989). 또한 분권화된 정치체제는 중앙집권적 정치체제보다 민주주의, 자치, 그리고 자율성 등 한국 사회가 향후 추구해야 할 가치와 친화적이라는 사실은 분명해 보인다(Norris, 2008). 따라서 적극적 의미의 지방분권 실현을 위한 필요한 조건들을 성숙시키는 노력과 제도개선이 전제된다면 '속도'에 있어서는 '점진적'(incremental)인, 그리고 '내용'에 있어서는 '최소한'(minimal)의 제도변화, 즉 비교적 한국 사회에서 광범위한 합의가 존재하고 이익 갈등을 최소화할 수 있는 방안은 지방분권을 위한 개헌안으로 긍정적으로 논의될 수 있을 것이다.

이 같은 관점에서 최근 국회의장 자문기관인 "헌법연구자문연구회"가 2009년 발간한 연구 보고서는 주목할 만하다. 보고서는 지방자치단체의 입법권 보장과 관련하여 지방자치단체의 입법권과 관련한 개헌에는 찬성하나 다소 소극적인 입장을 취하고 있다. 보고서는 "현행 법체계를 유지하되 '법령의 법위 안에서'를 '법령에 저촉되지 않는 범위 내에서'로 수정하여 지방자치단체의 입법권을 소극적으로 확대하는 방안을 제시한다(2009 : 311-312).[30] 또한 보고서는 직접민주주의의 강화방안으로 주민투표와 주민소환의 헌법적 근거를 마련하는 안에는 찬성하고 있다(319). 즉 현재까지 헌법적 근거 없이 법률로 시행되어 온 두 가지 직접민주주의 장치를 헌법으로 승격하는 이른바 '법률확인적' 개헌안을 제시하고 있는 것이다.

반면 보고서는 지방자치단체의 자율적인 재정권에 대해서 부정적이다. 외국의 사례에서도 지방정부의 완전한 과세 자주권보다는 법령으로 과세할 수 있도록 한 경우가 대부분이며, '조세법률주의' 조항과도 충돌할 가능성이 있기 때문에 헌법에 명문화하는 것은 무리라는 견해이다(2009 : 312-314). 단, 보고서는 지방자치단체 간의 재정적 불균형 등의 문제를 조정하고 해소함으로써 지방자치가 실현될 수 있도록 하는 국가의 적극적 역할은 헌법에 규정하도록 하는 개선안을 제시하고 있다(2009 : 320-322).

또한 보고서는 지방자치단체의 종류를 헌법에 명문화하자는 개헌론에 대해서도 반대의견을 제시하고 있다. 예를 들어 독일의 경우 의회의 3분의 2가 찬성하면 헌법을 개정할 수 있으나 우리의 경우 경성헌법이므로 자치단체의 종류를 규정하는 것은 상황변화에 따른 대응력을 떨어뜨린다는 것이다(헌법연구자문연구회, 2009 : 314). 더군다나 행정구역 개편에 대한 사회적 논의가 진행되고 있는 점을 감안하면 그 종류를 헌법에 명문화하는 것은 유보해야 한다는 입장이다. 그 밖에 앞서 정리했던 보다 넓은 폭의 지방분권을 지향하는 개헌론의 주요 내용에 대해서는 향후 더 심도 있는 연구와 논의가 필요하다는 점을 강조하고 있다.

요약하면 '헌법연구자문연구회'의 보고서는 지방분권을 위한 개헌에 있어서 그 속도에 있어서는 '점진적'이고 내용에 있어서는 '최소한'의 헌법 개정을 주장하고 있는 것이다. 즉 이 글의 관점과 어느 정도 부합한 개헌안이라고 할 수 있다. 이 밖에 추가적인 대안도 고려할 만하다. 예를 들어 주민투표와 주민소환제도 이외에 지방자치법에 이미 명시되어 시행되어 온 안정성과 객관성을 획득하고 있는 조항에 대한 법률확인적 개헌, 즉 지방의회와 지방자치단체장에 대한 민주적 선출방식을 명문화하거나 주민발의제 등 직접민주주의의 실현방안을 추가적으로 헌법에 명문화하는 방안이 그것이다.[31)]

IV. 나오는 글

한국 사회는 그동안의 급속한 산업화 과정에서의 중앙집권적이고 권위적인 발전국가 형태를 구축해 왔다. 그리고 그 부작용에 대한 반발로 민주화가 진행되었고 적극적 지방분권화 주장이 제기되고 있다. 그러나 지금까지 논의한 바와 같이 현재의 헌법을 대폭 개정하는 방식을 대안으로 제시하고 있는 적극적 지방분권론은 강력한 중앙집권에 대립하는 또 다른 극단적 형태의 논의인 것처럼 보인다. 적극적 의미의 지방분권을 주장하는 논의들은 분권을 '하나의 상태' 혹은 '이념형'으로 전제하고 연역적 · 규범적으로 주장을 전개시키는 경향이 있는 듯하다. 물론 다른 국가의 분권화 사례로부터 교훈을 찾는 노력은 발견되나 대부분의 논의가 정작 중요하게 다루어져야 할 한국의 역사적 · 정치적 '맥락'과 상황에 대한 분석은 생략하고 있다.

그러나 한국적 현실에서 지방분권의 역사적 경로와 맥락, 그리고 개헌이라는 제도변화가 갖는 정치적 측면, 즉 '이념'과 행위자 '이익'(interest)의 상호 대립과 갈등, 그리고 제도변화의 '경로의존성'을 정확하게 파악하지 않으면 그 대안의 설득력과 실현 가능성은 현저히 떨어지게 될 것이다. 이 같은 측면에서 앞서 논의한 대부분의 지방분권 개헌론은 합의되지 않은 이념과 가치에 기반하고 있어 이를 둘러싼 행위자와 집단 간 이익 갈등과 사회적 비용을 초래할 가능성이 높아 보인다. 만약 현재와 같이 지방분권을 둘러싼 이념과 가치에 대한 합의가 부재하고 한국적 현실에 대한 고려가 없다면 이상적인 지방분권을 지양하는 헌법개정안은 대립하는 행위자들의 이익 사이에서 다른 개헌 조항과 패키지 형태로 협상이 이루어질 수도 있으며, 그럴 경우 지방분권 개헌은 의도하지 않은 방향으로 진행될 가능성도 있다는 점을 인식해야 할 것이다.

따라서 현 시점에서 필요한 것은 지방분권을 이상적 '상태'가 아닌 정치적 '과정'으로 파악하는 인식의 전환이라고 생각된다. 그리고 설득력 있고 실현 가능한 대안을 제시하기 위해 지방분권과 자치와 관련한 한국의 특수한 역사적 '맥락'과 현실, 그리고 지방분권이라는 이념과 그를 둘러싼 정치적 행위자와 집단들의 이익에 대한 심도 있는 연구와 토론이 필요하며, 그를 통해 광범위한 사회적 합의를 얻어가는 과정이 필요해 보인다.

물론 지방분권이 우리 사회가 지향해야 할 가치, 예를 들어 민주주의와 다양성 등의 가치와 상호 친화적이라는 점, 그리고 제도가 인간의 행위를 변화시킬 수 있다는 점을 감안하면 소폭의 점진적인 지방분권 개헌은 바람직해 보인다. 그러나 이러한 헌법 개정도 앞서 논의한 실질적 지방분권을 이루기 위해 필요한 조건들을 충족시키는 사회적 · 제도적 노력이 동시에 진행될 때만 의미가 있을 것이다.

참고문헌

1. 이 글은『의정논총』제5권 제1호(2010년 6월 30일 발행)에 게재된 논문을 일부 수정한 것임을 밝혀둔다.
2. 현재 헌법에서 지방자치와 관련된 내용은 다음과 같은 두 개의 조항으로 이루어져 있다. "제117조 ① 지방자치단체는 주민의 복리에 관한 사무를 처리하고 재산을 관리하며, 법령의 범위 안에서 자치에 관한 규정을 제정할 수 있다. ② 지방자치단체의 종류는 법률로 정한다. 제118조 ① 지방자치단체에 의회를 둔다. ② 지방의회의 조직·권한·의원선거와 지방자치단체의 장의 선임방법 기타 지방자치단체의 조직과 운영에 관한 사항은 법률로 정한다."
3. 지방분권 운동은 2000년 10월 "지방분권과 자치를 위한 전국민시민행동"의 출범과 2002년 11월 지역 간 관련 시민단체들의 연대조직인 "지역균형발전과 민주적 지방자치를 위한 자방분권 국민운동"의 결성으로 본격화되었다(부산분권혁신운동본부 홈페이지에서 발췌. http://www.bsautonomy.or.kr).
4. 지방분권특별법, 국가균형발전특별법, 신행정수도이전특별법을 말한다.
5. 마이니스와 론디넬리(Minis and Rondinelli, 1983)는 다른 시각에서 분권을 세 가지 유형으로 구별하고 있다. 첫째, 공간분권(spatial decentralization)이다. 이것은 일종의 지역정책으로서 대규모 도시의 인구나 행위들을 대규모 집합체로서 지리적으로 먼 곳으로 분산시키는 과정을 의미한다. 둘째, 시장분권(market decentralization)이다. 이는 경제적 자유화로서 재화나 서비스의 공급이 정부보다는 시장기제에 의해 제공되도록 하는 것을 말한다. 셋째, 행정분권(administrative decentralization)이다. 그것은 공공 계획, 관리 그리고 자원의 징수와 배분에 관한 책임을 중앙정부로부터 정부의 지역적 하위 단위, 혹은 반독립적인(semi-autonomous) 공공 기관이나 공기업, 그

리고 비정부기구로 이전하는 것을 의미한다. 마이니스와 론디넬리는 행정 분권을 다시 세 가지 유형으로 분류한다. 첫째는 '위임' (delegation)으로서, 이것은 공공 정책과 자원관리의 책임을 하위 조직에 이전하는 것을 의미한다. 둘째는 '탈집중' (de-concentration)으로 중앙정부 내에서 여러 다른 수준으로, 정책결정 권한을 재분배하는 것이다. 마지막으로 '이양' (devolution)을 들 수 있는데, 이것은 독립적인 하위 정부조직으로 권력(power)을 이전하는 것이다.

6. 이러한 목적은 '자율성' (autonomy)이라는 가치와도 연결된다. 즉 국가의 간섭을 배제하면서 자기 결정과 지역 정치체제 작동이 자율적으로 이루어지는 것이다.
7. 여러 국가들의 지방분권과 자치에 대한 개관으로는 Rose and Denters (2005)와 Shah(2006)를 참조.
8. 이종수(1998)는 이러한 관점에서 바라볼 수 있는 분권화 사례로 동유럽의 민주화와 분권화, 그리고 한국과 필리핀, 일부 제3세계 국가의 사례를 들고 있다(174-175).
9. 이종수(1998)는 이 같은 경로를 밟은 사례로 영국, 독일, 프랑스 등 서유럽 국가들의 분권화 노력을 들고 있다(178-179).
10. 최병선(2007)은 환경변화에 대해 분권적 조직이 다음과 같은 강점을 지닌다고 주장한다. 작은 환경변화가 전체에 영향을 주지 않는 점, 환경변화의 감지능력 증가, 전체에 영향을 미치지 않고 각 부분이 특수성에 적응할 수 있는 능력 제고, 부분의 정체성, 독특성, 다양성을 유지하면서 환경변화에 대응하는 능력 제고, 한 부분의 문제나 실패가 다른 부분으로 전이되는 것을 방지, 그리고 조정비용의 최소화가 그것이다(77-78).
11. 이기우(2008)도 유사한 주장을 하고 있다. 중앙집권적 체제는 산업화 사회에서 요구되었던 위계적 질서의 구현으로서 그것은 현재의 세계화 진전과 '지식정보사회'의 도래라는 새로운 환경에 적응하기 어렵기 때문에 분권을 통한 자율성과 다양성 확보가 그 대안이라고 주장한다.
12. 감사원 감사, 국회의 국정감사, 지방의회에 의한 감사, 중앙정부의 합동감사, 주민에 의한 감사청구 등을 들 수 있다.
13. 김선혁과 정원칠(2007)은 지방자치 수준의 비교 국가분석 연구에서 세 가지 기준을 활용하여 한국의 분권 수준을 평가하고 있다. 첫 번째 기준은 중앙정부와의 관계에서 지방정부가 자치권을 어느 정도 확보하고 있는가이

다. 두 번째 기준은 지역주민과의 관계에서 지역문제가 주민의 참여 또는 대표자를 통해 해결되고 있는가이며, 세 번째 기준은 지역의 문제를 제대로 해결할 수 있는 역량을 확보하고 있는가이다. 앞의 두 가지 기준을 제도, 즉 헌법과 지방자치 관련 법규 조항에 대한 측정 지표 개발을 통해 평가한 결과 한국은 전체 연구대상 11개 국가 중 11위라고 결론 내린다.

14. 지방분권 개헌을 주도하고 있는 '지방분권국민운동', '전국시도지사협의회' 그리고 국회의 '미래한국헌법연구회' 등은 이 두 개헌안 중 하나 혹은 두 대안의 복합적 형태의 개헌안을 지지하고 있는 것으로 보인다. 또한 지방분권 개헌 논의를 상당히 진척시키고 있는 학자집단, 예를 들어 '동아시아연구원'(EAI)과 '대화문화 아카데미'도 마찬가지이다. 전자가 펴낸 최병선 외 공저인 『분권헌법 : 선진화로 가는 길』(2007)과 후자가 발간한 양건 외 공저인 『새로운 헌법 필요한가?』(2008)에 이러한 입장이 드러나고 있다. 반면 '연방정부형'의 경우는 지방분권 개헌의 담론에서 그다지 큰 비중을 차지하지 못하고 있다. 단, 이회창 자유선진당 대표는 2007년 대통령 선거에서 이른바 '강소국 연방제'를 주장한 바 있다. 그는 최근에도 "지방자치가 중앙정부의 하부 조직으로 있어서는 안 되며, 연방제 수준으로 개조를 해서 지방정부의 권한을 강화해서 여러 개의 강소국이 모인 강소연방제 형태로 가야 한다고 생각한다"고 주장하고 있다(《시사서울》, 2010. 5. 9. 출처: http://www.sisaseoul.com/news/articleView. html?idxno =21299).

15. 예를 들어 이기우(2008)는 "지방자치단체에는 주민의 대표기관으로 지방의회를 둔다. 지방의회는 주민이 직접·평등·보통·비밀선거에 의하여 선출한 지방의원으로 구성한다"는 조항과 헌법 제118조 1항에 "지방의회의 조직·권한·의원선거 등에 대해서는 법률이 정하는 범위 내에서 당해 지방자치단체가 조례로 규정한다"는 조항을 삽입하는 방안을 제안하고 있다(이기우, 2008 : 8-9). 김병기도 지방자치의 본질적 특성인 지방의회의 민주적 정당성을 확보하기 위한 방안으로 지방의회는 "주민의 보통·평등·직접·비밀선거에 의하여 선출된 지방의 의회의원으로 구성한다"는 조항을 삽입하는 개헌안을 제시하고 있다(김병기, 2007 : 264).

16. 지방자치단체장의 경우 현재 헌법 제118조에서 그 선임방법 및 조직과 운영에 관한 사항은 '법률'로 정한다고 규정하고 있다. 지방분권 개헌을 주장하는 학자들은 이를 바꾸어 "지방자치단체의 업무를 수행하기 위한 집행기관의 조직과 구성에 대해서는 법령이 정하는 범위 내에서 민주주의 원

칙에 따라 지방자치단체가 조례로 규정한다. 지방자치단체장의 장은 주민이 직접·평등·보통·비밀선거에 의하여 선출"한다는 조항으로 변경하자는 것이다. 김병기(2007)는 지방의회와 자치단체장 선출에 관한 이 두 조항을 통합하여 제118조에 다음과 같은 조항을 추가하기를 제안하고 있다. 예를 들어 "지방자치 실현에 필요한 지방의회와 지방자치단체장의 기관구성 유형은 제118조 제2항의 규정에도 불구하고 주민투표로 정할 수 있다"로 개정하자고 주장한다.

17. 이러한 주장을 하는 학자들이 제시하는 헌법개정안은 다음과 같다. "헌법 제117조 ① 지방자치단체는 주민의 복리, 질서유지 및 재산의 보호 및 자치에 관하여 조례를 제정할 수 있다. 헌법 제37조 제2항, 제12조 제1항, 제13조 제1항, 제23조 제1항, 제24조 제1항, 제59조의 법률에는 지방자치와 관련되는 경우 조례를 포함하는 것으로 본다"(김병기, 2007 : 259 ; 이기우, 2008 : 8).

18. 자주적 재정권에 관한 주장은 특히 지방자치단체가 재원을 보유하고 징수할 수 있는 권한을 갖도록 한 프랑스 헌법을 모델로 하고 있다(최진혁, 2008).

19. 예를 들어 김병기(2007)는 헌법 제117조에 "지방자치단체는 법률이 정하는 범위 내에서 지방세의 세목, 세율 및 기타 필요한 사항을 조례로 정할 수 있다"는 조항을 추가하자고 주장한다. 이기우(2008)도 "지방자치단체는 그 사무를 처리하기 위한 비용을 자기 책임 하에 충당하기 위해 필요한 세원을 가져야 하며, 세율을 결정할 수 있어야 한다"를 제117조 제1항으로 추가시켜야 한다고 의견을 제시한다. 이들은 나아가 보충성 원칙의 실현방안으로 헌법에 "국가는 지방자치단체가 그 사무를 원만하게 처리할 수 있도록 필요한 여건을 조성하고 지원을 하여야 한다"(이기우, 2008) 혹은 "국가는 지방자치단체의 사무처리를 위하여 필요한 재정적 지원을 하여야 한다"(김병기, 2007 : 261)는 조항을 삽입할 것을 주장한다.

20. 이를 위해 헌법 제117조에 "지방자치단체 협의체는 지방자치와 관련된 법률안을 국회에 제출할 수 있다"(김성호 2007, 130) 혹은 "지방자치단체의 장 등의 협의체는 법률이 정하는 바에 따라 법률안을 국회에 제출할 수 있다"(김병기 2007, 260)는 조항을 추가하는 대안이 제시되고 있다.

21. 김성호(2007)가 제시하는 개정안은 다음과 같다. 즉 제118조에 "광역지방자치단체는 지역적 공동체로서 특별시·광역시·도를 두며, 기초지방자치

단체는 주민공동체로서 시 · 군을 둔다. 자치구는 특별시 · 광역시 · 도의 조례에 의하여 지방자치단체로 둘 수 있다"는 조항을 삽입하는 방안이다(김성호, 2007, 130). 김병기(2007)도 다음과 같은 개정안을 제시한다. "헌법 제117조의 2 ① 지방자치단체는 광역지방자치단체, 기초지방자치단체 및 특별자치도를 둔다. ② 광역자치단체로는 특별시 · 광역시, 도를 두며, 기초자치단체로는 시 · 군 · 자치구(특별시와 광역시의 관할구역안의 구에 한한다)를 둔다" (264).

22. 중복감사 해소와 관련하여 김성호(2007)는 헌법 제117조에 "지방자치단체에 대한 국가 감사는 국비지원 관련 사항에 관하여 법률이 정하는 바에 따라 필요시 특정 단일 기관이 감사를 할 수 있다"는 조항을 추가할 것을 주장한다(133).

23. 장훈(2009)은 한국에서의 지구당 폐지 사례를 연구하면서 다음과 같은 세 가지 가설을 증명하고 있다. 첫째, "기존의 제도가 유지되기 어려운 위기 상황에서 이에 대응하는 대안으로서 제기되는 제도들 가운데 시민들 사이에 폭넓게 공유되는 지배적 규범과 친화적인 사상을 담은 제도가 실제로 채택된다." 둘째, "주요 행위자들이 외부적 위기에 따른 새로운 제도적 대안을 모색하는 과정에서 특정한 제도가 채택되는 과정은 관련된 결정과정(혹은 넓은 의미의 정치구조)의 구조적 특성에 의해서 영향을 받는다." 셋째, "제도에 담긴 사상이 현실화되는 과정에서 광범한 정책연합의 형성을 촉진하는 제도(사상)만이 채택된다" (129−130).

24. 예를 들어 1987년 민주화 운동이라는 '촉발사건' 의 결과로 현재의 5년 단임 대통령제가 탄생했다는 점을 유의할 필요가 있다.

25. 미국 일부 주에서 행해졌던 흑인에 대한 차별 정책을 견제할 수 있었던 것은 연방정부였다는 미국의 역사적 경험도 참고할 만하다(겐조, 2008 : 125). 즉 권위적 · 독점적 지방정부 하에서 주민의 인권이나 민주적 권리들이 침해될 경우 견제기제는 중앙정부 이외에는 없다는 것이다.

26. 피터슨(1995)은 미국 연방주의 체제하에서 지방정부는 높은 수준의 복지정책을 추진할 동기가 없으며, 오히려 타지역의 가난한 사람들의 유입을 막기 위해 복지예산을 삭감했다는 사실을 밝히고 있다.

27. 한국개발연구원은 전국 1,500명을 대상으로 1 대 1 면접방식으로 조사를 통해 한국의 사회적 자본을 측정하여 그 결과를 발표한 바 있다. 이에 따르면 신뢰지수 10점 만점에 '낯선 사람' 의 경우도 4점인 데 반해 지방자치단

체에 대한 신뢰도는 그보다 낮은 3.9였다. 이 밖에 국회가 3.0으로 최하위였고, 정당(3.3) 정부(3.4) 검찰(4.2) 법원(4.3) 경찰(4.5) 등 공공기관 대부분이 중간값인 5에 미치지 못했다(《한겨레신문》, 2006. 12. 26. 출처 : http://www.hani.co.kr/arti/society/society_general/180503.html).

28. 행정안전부 자료에 따르면 2006년 출범한 민선 4기 기초자치단체장의 경우 2010년 2월 현재 총 230명 중 95명(41.3%)이 기소되었다. 대부분이 선거법 위반이나 재임시 뇌물·부패사건에 연루된 것으로 이중 직위를 상실한 기초자치단체장은 36명이다(《조선일보》, 2010. 2. 3. 출처 : http://news.chosun.com/site/ data/html_dir/2010/02/03/2010020300086.html).

29. 『시사저널』과 미디어 리서치가 2009년 7월 8일 실시한 여론조사 결과임(http://www.sisapress.com/news/ articleView.html?idxno=49602).

30. 헌법연구자문연구회의 보고서는 내부토론에서 개헌을 통한 자치단체의 입법권 보장을 명문화하는 것 자체를 반대하는 의견도 있음을 밝히고 있다. 반대의견의 내용은 한국의 경우 단방국가로서 연방국가에서의 연방정부와 지방정부와의 관계처럼 입법권을 배분하는 것은 무리이며, 향후 법령과 조례가 충돌할 시 어차피 법령의 우위를 인정할 수밖에 없기 때문에 이러한 개정은 불필요하다는 입장이다. 그리고 자치입법권은 헌법 개정보다는 지방자치법 개정으로 해결해야 한다는 것이다(헌법연구자문위원회, 2009 : 311).

31. 물론 오동석(2008)은 그렇기 때문에 오히려 헌법 승격사항이 아니라고 주장하나 최근 정치권에서 여야 합의로 기초의회를 폐지하기로 한 움직임은 관련 법규의 안정성에 대한 회의를 갖게 하는 것이 사실이다. 최근 국회에서 여야는 잠정 합의안으로 2014년 지방선거부터 기초의회를 폐지하고 이를 대신해 군정·구정 협의회를 신설하기로 했다. 즉 기초자치단체의 경우 기초의회는 설치하지 않는 '준자치구'로 운영하기로 한 것이다. 대신 군정·구정 협의회를 설치, 자치구의 예산심의 조정을 비롯해 기초의회와 유사한 기능을 수행토록 하고 구체적인 군정·구정 협의회의 구성과 기능 등은 별도의 법률로 정하도록 했다(《매일신문》, 2010. 4. 2. 출처 : http://www.imaeil.com/sub_news/sub_news_view.php?news_id=14036&yy=2010). 이 경우 기초자치단체장에 대한 견제기능을 보장할 수 있는 제도적 장치가 약화될 것이라는 우려가 지배적인 것이 사실이다.

참고문헌

강명구. 2003. "분권과 발전주의 국가 재구조화 : 한국의 경험과 대안적 모색." 『한국정치학회보』 제37집 제1호. pp. 159–179.

______. 2009. "한국의 분권과 자치 : 발전론적 해석." 『지방행정연구』 제23권 제3호. pp. 3–23.

김병기. 2007. "미래를 위해 먼저 쓴 대한민국 헌법개정안." 최병선 · 김선혁 공편. 『분권 헌법 : 선진화로 가는 길』. EAI. pp. 247–307.

김석우. 2004. "기초단체장 충원과정에 관한 연구 : 6 · 13 지방선거 기초단체장 당선 결정 모델을 중심으로." 『한국정치학회보』 제38집 제1호. pp. 215–231.

김석우 외. 2008. "한국 정치사에서의 5 · 31 지방선거의 의미 : 정치적 충원의 의미." 『한국정치외교사논총』 제29집 제2호. pp. 349–373.

김선혁 · 김병국. 2007. "분권 헌법을 제안한다." 최병선 · 김선혁 공편. 『분권 헌법 : 선진화로 가는 길』. EAI. pp. 19–41.

김선혁 · 정원칠. 2007. "정밀분석 : 11개국 헌법 조문에 나타난 지방자치제와 분권." 최병선 · 김선혁 공편. 『분권 헌법 : 선진화로 가는 길』. EAI. pp. 169–202.

김성호. 2007. "국가권력의 수직적 분권을 위한 헌법개정안 연구 : 경기도를 중심으로." 『한국지방자치학회보』 제19권 제4호. pp. 113–135.

김순은. 2008. "지방분권과 헌법 개정." 국회 미래한국헌법연구회 발표문.

김철수. 1999. "한국 헌법과 지방자치의 방향." 『세계헌법연구』 제4권. pp. 58–114.

김태종 외. 2006. 『사회적 자본 확충을 위한 기본조사 및 정책연구』. KDI 국제정책대학원.

김해룡. 2009. "지방분권 강화를 위한 헌법 개정." 한국지방자치학회 추계학술회의 논문집. pp. 12–27.

문상덕. 2003. "지방자치와 법치주의 : 분권적 법치국가 시스템을 지향하며." 『법과 사회』 제25권. pp. 161-199.

______. 2008. "자치입법제도의 문제점과 개선방안." 『서울법학』 제16권 제1호. pp. 67-96.

미래한국헌법연구회. 2008. 『미래한국헌법연구회 정책보고서』.

박종민 외. 1999. "한국 지방정치의 특징." 『한국행정학보』 제33권 제2호. pp. 123-139.

박종민 외. 2001. "한국의 지방민주주의와 도시정치문화." 『한국정치학회보』 제35권 제1호. pp. 191-210.

배병룡. 1999. "진주시의 권력구조 : 시장 중심의 분산적 엘리트 연합." 『정부학연구』 제5권 제1호. pp. 47-79.

손봉숙. 1991. 『한국지방자치연구』. 삼영사.

안성호. 2007. "지역대표형 상원의 논거와 특징 및 설계구상." 『한국행정학보』 제41권 제3호. pp. 117-142.

양 건 외. 2008. 『새로운 헌법 필요한가?』. 대화문화 아카데미.

오동석. 2002. "지방자치의 필요충분조건으로서 지방분권과 참여민주주의." 『법과 사회』 제23권. pp. 9-36.

______. 2008. "헌법 개정과 자치." 국회 미래한국헌법연구회 제2회 토론회 발표집. pp. 81-91.

이경운. 2002. "현행 지방자치 관련 법제의 문제점과 개선방향 : 지방분권 관련 법제를 중심으로." 『저스티스』 제69호. pp. 5-31.

이기우. 2005. "지방자치 기반강화를 위한 헌법 개정." 『한국지방정치학회보』 제17권 제4호. pp. 5-25.

______. 2008. "분권적 국가권력구조의 개편을 위한 헌법 개정의 과제." 미래한국헌법연구회 제7차 개헌 세미나 자료집.

이승종. 2003. "분권과 균형발전." 『지방행정연구』 제17권 제3호. pp. 73-100.

이종수. 1998. "분권화의 패턴 : 지방자치 논의의 배경과 맥락에 대한 국가 간 비교분석." 『한국정치학회보』 제32집 제2호. pp. 169-190.

장 훈. 2009. "정치개혁의 사상 : 규범, 이익, 경로의존의 조정자 2004년 지구당 폐지의 경우." 『21세기정치학회보』 제19집 3호. pp. 121-143.

전영평. 2007. "분권개헌의 대전제 : 우리나라 지방자치의 공과와 과제." 최병선·김선혁 공편. 『분권 헌법 : 선진화로 가는 길』. EAI. pp. 309-349.

정상호. 2001. "한국 사회의 지역권력과 자영업집단의 이익정치." 『사회연구』 제

2권. pp. 151-182.

조규범. 2010. "헌법상 지방자치조항의 개정방향." 『공법학연구』 제11권 제1호. pp. 139-163.

최병선. 2007. "국가운영 시스템 선진화의 필수조건." 최병선 · 김선혁 공편. 『분권 헌법 : 선진화로 가는 길』. EAI. pp. 43-89.

최봉석. 2009. "실질적 자치권 보장을 위한 헌법 개정의 방향." 전국시도지사협의회 제18차 지방분권 정책포럼 발표문. pp. 1-18.

최우용. 2008. "지방자치의 관점에서 본 헌법 개정." 한국지방자치학회 토론회 자료집. pp. 7-34.

최진혁. 2008. "지방분권(개혁)을 위한 헌법 개정에 관한 연구 : 프랑스 사례를 중심으로." 『한국지방자치학회보』 제20권 제2호. pp. 77-101.

헌법연구자문위원회. 2009. 『헌법연구자문위원회 결과보고서』.

홍준형. 2007. "분권화, 헌법을 통해야 산다." 최병선 · 김선혁 공편. 『분권 헌법 : 선진화로 가는 길』. EAI. pp. 91-133.

겐고, 아키즈키. 하정봉 외 옮김. 2008. 『행정과 지방자치 : 이익 · 제도 · 이데올로기』. 논형.

Delli Carpini, M. X. 2004. "Mediating Democratic Engagement : The Impact of Communications on Citizens' Involvement in Political and Civic Life." In I. Kaid eds. *Handbook of Political Communication Research*. Mahwah, NJ : Lawrence Erlbaum. pp. 395-434.

Diamond, Larry. 1999. *Developing Democracy : Toward Consolidation*. Baltimore : Johns Hopkins University Press.

Garrett, Geoffrey., and Barry Weingast. 1993. "Ideas, Interests, and Institutions : Constructing the European Community's Internal Market." In Judith Goldstein and Robert Keohane eds. *Ideas and Foreign Policy : Beliefs, Institutions, and Political Change*. Ithaca, NY. : Cornell University Press.

Goldstein, Judith., and Robert Keohane. 1993. "Ideas and Foreign Policy : An Analytical Framework." In Judith Goldstein and Robert Keohane eds. *Ideas and Foreign Policy : Beliefs, Institutions, and Political Change*. Ithaca, NY. : Cornell University Press.

Hall, Peter. 1989. *The Political Power of Economic Ideas : Keynesianism across Nations*.

Princeton : Princeton University Press.

Kingdon, John. 1995. *Agendas, Alternatives, and Public Policies*. New York : Harper-Collins College Publishers.

March, J. and Olsen, J. 1989. *Rediscovering Institutions : The Organizational Basis of Politics*. New York : Free Press.

Minis, Henry and Dennis Rodinelli. 1989. "Promoting Economic Development and Employment Generation Through Decentralization in Senegal." USAID Working Paper, mimeo.

Norris, Pippa. 2008. *Driving Democracy : Do Power–Sharing Institutions Work?* Cambridge : Cambridge University Press.

Peterson, Paul E. 1995. *The Price of Federalism*. Washington, DC : Brookings Institution Press.

Prud'homme, Rémy. 1994. "On the Dangers of Decentralization." Policy Research Working Paper 1252. Washington, DC : World Bank.

Rondinelli, D. A. 1983. "Decentralization in Developing Countries." Policy Research Working Paper 581. Washington, DC : World Bank.

Rose, Lawrence and Bas Denters, eds. 2005. *Comparing Local Governance : Trends and Developments*. Basingstoke : Palgrave Macmillan.

Shah, Anwar. 2006. *Local Governance in Industrial Countries*. Washington, DC. : World Bank.

Wibbels, Erik. 2005. *Federalism and the Market : Intergovernmental Conflict and Economic Reform in the Developing World*. Cambridge : Cambridge University Press.

저자 약력

■ **강원택**

현 서울대학교 정치외교학부 교수

서울대학교 지리학과를 졸업하고 같은 대학에서 정치학과 석사를 받은 뒤 영국 런던정경대학(LSE)에서 정치학 박사학위를 받았다. 숭실대학교 정치외교학과 교수를 지냈으며, 2010년 한국정당학회장으로 있다. 주요 저서로는 『한국 선거정치의 변화와 지속』, 『한국의 정치개혁과 민주주의』 등 다수가 있다.

■ **김용호**

현 인하대학교 정치외교학과 교수

서울대 정치학과를 졸업하고 동 대학원 정치학과에서 석사를 거쳐 미국 펜실베이니아대학(University of Pennsylvania)에서 정치학 박사학위를 받았다. 한국정당학회 회장(2004–2005), 한국정치학회 회장(2006)을 역임했다. 주요 저서로는 『한국 정당정치의 이해』, 『북한의 협상 스타일』, 『비교정치학 서설』(공저), 『미국 민주주의 이론 서설』(역서) 등이 있다.

■ **김종철**

현 연세대학교 법학전문대학원/법과대학 교수

서울대학교 법과대학을 졸업하고 같은 대학에서 석사과정과 박사과정을 수료한 후 영국 런던정경대학(LSE)에서 법학 박사학위를 받았다. 헌법재판소 연구원, 한양대학교 법과대학 조교수를 지냈다. 주요 논문으로는 "헌법과 양극화에 대한 법적 대응", "Government Reform, judicialization, the development of public law in the Republic of Korea" 등 다수가 있다.

■ **박성우**

현 중앙대학교 정치외교학과 부교수

서울대학교 외교학과를 졸업하고 미국 시카고대학 정치학 박사학위를 받았다. 주요 관련 논문으로 "민주주의와 헌정주의의 갈등과 조화"(2006), "윤리와 정치의 결합으로서의 법의 지배"(2009) 등이 있다.

■ **서현진**

현 성신여자대학교 사회교육과 교수

성신여자대학교 정치외교학과를 졸업하고 미국 퍼듀(Purdue)대학에서 정치학 박사학위를 받았다. 현재 성신여대 여성연구소 소장이며, 한국정당학회 총무이사로 있다. 최근 논문으로는 "교육정책의 굿 거버넌스 모색", "미국 연방의회와 여성대표성에 관한 연구", "17대 국회 의원발의 법안의 가결요인 분석" 등이 있다.

■ **신우철**

현 중앙대학교 법학전문대학원 교수

서울대학교 법과대학 사법학과를 졸업하고 동 대학원에서 법학 석사, 법학 박사학위를 받았다. 중국 인민대학 법학연구소와 독일 괴팅겐대학교 국가학 · 정치학연구소에서 헌법학을 연구했으며, 영남대학교 법과대학 교수를 지냈다. 주요 저서로는 『헌법과학–새로운 방법론의 탐색』, 『'체제전환' 과 국가–독일통일 · 중국개혁의 비교헌법론』, 『비교헌법사–대한민국 입헌주의의 연원』 등이 있다.

■ **전용주**

현 동의대학교 정치외교학과 교수

연세대학교 정치외교학과를 졸업하고 미국 캔자스대학(University of Kansas)에서 정치학 석사와 박사학위를 받았다. 주요 편저서로는 『현대 비교정치이론과 한국적 수용』, 『정치자금과 선거』 등이 있다.

■ **조영희**

현 인하대학교 정치외교학과 강사, (사)한국동남연구소 선임연구원

인하대 정치외교학과와 동 대학원을 졸업했고, "정당다원주의 이후 캄보

디아의 정당정치와 선거 : 안정성 · 경쟁성 · 대표성 · 통치성에 관한 분석"으로 정치학 박사학위(2006)를 취득했다. 현재 (사)한국동남아연구소 선임연구원으로 있으면서 동남아 지역연구뿐만 아니라 아시아의 정당정치와 민주주의 심화에 관한 연구에 주력하고 있다. 주요 논문으로는 "캄보디아의 선거제도와 정당체계의 상호관계"(2009), "아세안 개발격차와 동아시아 지역협력"(2008) 등이 있다.

■ 조지형

현 이화여자대학교 사학과 교수

서강대학교 사학과를 졸업하고 석사를 거쳐 미국 일리노이대학교(Univ. of Illinois at Unbana-Champaign)에서 역사학 박사학위를 받았다. 한국미국사학회 총무이사를 역임했으며, 이화여대 지구사연구소(Institute of World and Global History) 소장으로 있다. 주요 저서로는 『헌법에 비친 역사』, 『대통령제의 탄생』, 『랑케 & 카 : 역사의 진실을 찾아서』, 『지구사의 도전 : 어떻게 유럽중심주의를 극복할 것인가』(편저) 등 다수가 있다.

■ 차동욱

현 동의대학교 행정학과 교수

서울대학교 정치학과를 졸업하고 서울대학교 법과대학 대학원에서 헌법전공으로 법학 석사학위를 받았다. 미국 펜실베이니아대학교 법과전문대학원에서 석사학위(L.L.M.)를 받은 뒤 미국 남가주대학에서 정치학 박사학위를 받았다. 주요 논문으로는 "공간분석 모델을 통해 본 헌법재판소의 전략적 판결과정"(『한국정치학회보』 제40집 5호, 2006) 외 다수가 있다.

헌법 개정의 정치 : 무엇을 어떻게 바꿀 것인가

초판1쇄 / 2010년 11월 5일

엮은이 **강원택**
펴낸이 **여국동**
펴낸곳 **도서출판 인간사랑**
인 쇄 **백왕인쇄**

출판등록 1983. 1. 26. / 제일 3호

정가 20,000원

ISBN 978-89-7418-012-6 93340

※ 잘못된 책은 교환해 드립니다.

(411-815) 경기도 고양시 일산구 백석동 1178-1
TEL (031)901-8144, 907-2003
FAX (031)905-5815
E-mail igsr@yahoo.co.kr / igsr@naver.com